Cent and

Remco Ens

DO
MI
NI
CU
S

Reeds verschenen

DOMINICUS LANDEN- EN REGIOGIDSEN

Andalusië
Argentinië
Aruba, Curaçao en Bonaire
Australië
Azoren
Birma (Myanmar)
Bolivia
Brazilië
Californië, Arizona, Utah en Nevada
Cambodja
China
Colombia
Costa Rica
Cuba
Ecuador en de Galápagos-eilanden
Estland, Letland en Litouwen
Finland
Frankrijk
Elzas, Vogezen en Jura (met Metz en Nancy)
Languedoc, Cevennen & Tarn
Normandië en Bretagne
Gambia en Senegal
Georgië en Armenië
Groot-Brittannië
Centraal-Engeland
Het Engeland van Jane Austen
Kanaaleilanden
Schotland
Wales
Zuid-Engeland
Ierland en Noord-Ierland
IJsland
India
Indonesië: Java–Bali–Lombok–Sumatra
Iran
Israël en de Palestijnse gebieden
Italië
Apulië
Sardinië
Toscane, Umbrië en De Marken
Jamaica
Japan
Jordanië
Kaapverdië
Kenia, Tanzania en Zanzibar
Kroatië
Laos
Madeira
Maleisië en Singapore
Malta en Gozo
Marokko
Namibië, Botswana en Zimbabwe
Nepal
Nieuw-Zeeland
Noorwegen
Oekraïne
Oman, Dubai en Abu Dhabi
Peru
Portugal
Schotland
Sint-Maarten, Saba en Sint-Eustatius
Slovenië
Slowakije
Sri Lanka
Suriname
Thailand
Vietnam
Zuid-Afrika
Zweden

DOMINICUS STEDENGIDSEN

Dresden, Leipzig en omgeving
Kaapstad
Marrakech
Moskou en Sint-Petersburg
Rome

DOMINICUS STAD IN KAART

Amsterdam
Barcelona
Berlijn
Bilbao en San Sebastian
Brussel
Istanbul
Kopenhagen
Lissabon
Londen
Madrid
Marrakech
Milaan
New York
Oslo
Parijs
Porto
Praag
Rio de Janeiro
Rome
Sevilla
Stockholm
Valencia

Tekst: Remco Ensel en Sandra Langereis
Grafische vormgeving: Suzanne Nuis, Haarlem
Zetwerk: Crius Group, Hulshout
Cartografie: G-O graphics, Y.T. Bouma
Omslagfoto: Thinkstock
Redactie: Annemieke Diekman
Foto's: Remco Ensel en Sandra Langereis; Adrian Houston, Amanda Slater, Andrew Sharpe, Andrew Whiting, Andrew Woodvine, Andy Ward, Britain on view, Charlie Rapple, Chris Coe, Colin Howley, Daniel Bosworth, David Merrett, Daz Smith, Elliott Brown, Eric Nathan, Gemma Amor, Gerry Labrijn, Howard Sayer, Ingrid Rasmussen, James McCormick, Jerzy Kociatkiewicz, Jim Linwood, John Morris, Karen Roe, Liberal Democrats, Martin Brent, Martin Knight, Martin Pettitt, Monika, Paul Fenton, Paul Reynolds, Pawel Libera, R.M. Calamar, Rod Edwards, Simon Clayson, Simon Kreitern, Simon Winnal, Stephen Lock, Stewart Morris, Thinkstock, Tim Fox, Tim Regan, Tony Hisgett, Tony Pleavin, World Economic Forum, Yellow Book

ISBN 978 90 257 6336 7 (boek)
ISBN 978 90 257 6337 4 (e-book)
NUR 512
Vierde druk 2017

Postbus 317, 2000 AH Haarlem
Uitgeverij J.H. Gottmer/H.J.W. Becht BV is onderdeel van de Gottmer Uitgevers Groep BV

Alle Dominicus-reisgidsen worden voortdurend geactualiseerd. Natuurlijk kan het ondanks onze zorg voorkomen dat je op reis merkt dat er veranderingen hebben plaatsgevonden die onze redactie niet tijdig bereikt hebben. We stellen het erg op prijs als je ons informatie over gewijzigde omstandigheden toestuurt: daarmee help je ons de volgende drukken actueel te houden. Je kunt ons bereiken via: travel@gottmer.nl. Meer informatie is te vinden op onze website: www.dominicus.info.

Inhoud

Kaarten & plattegronden

Woord vooraf

Deze reisgids voor Centraal-Engeland leidt van de kusten van het vlakke East Anglia naar de zachtglooiende heuvels van de Cotswolds. Dit omvangrijke gebied staat bekend als het historische en culturele hart van het Verenigd Koninkrijk. Hier zijn de universiteitssteden Oxford en Cambridge te vinden met hun eeuwenoude *colleges*. Tegelijkertijd geldt Centraal-Engeland als de bakermat van het moderne Engeland en Europa.

In deze gids wordt uitgebreid stilgestaan bij het industriële erfgoed van het gebied. De industriële revolutie begon in Shropshire, waar de allereerste ijzeren brug ter wereld werd gebouwd. In het gevolg van de uitvinding van de stoommachine verspreidde de industriële revolutie zich vervolgens als een olievlek over de Midlands, waar Birmingham uitgroeide tot de tweede stad van het land. De oude industriestad is vandaag de dag een belangrijke museumstad en heeft een bruisend uitgaanscentrum.

Typerend voor het industriële Centraal-Engeland is de aanleg van een uitgestrekt stelsel van kanalen en sluizen. Tegenwoordig vindt hierop een drukke pleziervaart plaats met uitbundig beschilderde oude vrachtbootjes. Ook de beroemde porseleinfabrieken Wedgwood, Spode, Worcester en Royal Doulton behoren tot de erfenis van de industriële revolutie.

Het hart van Centraal-Engeland wordt gevormd door Shakespeare's Country. In het middeleeuwse marktstadje Stratford-upon-Avon staat het geboortehuis van de schrijver. Karakteristiek voor de hele regio zijn de fraaie kerken – waaronder de beroemde kathedralen van Gloucester, Worcester, Tewkesbury, Ely en Peterborough – en de sfeervolle straten met vakwerkhuizen in de steden van Shropshire, Warwickshire en East Anglia.

Centraal-Engeland kan bogen op de aanwezigheid van opvallend veel statige landhuizen uit verschillende historische perioden, waarvan de kunstcollecties, woonvertrekken en tuinen zijn opengesteld voor publiek. Het landelijke Centraal-Engeland is volop terug te vinden in de Cotswolds met de honingkleurige *cottages*, langs de grens met Wales en in Norfolk en Suffolk, waar de Noordzeekust als natuurgebied een beschermde status geniet.

Remco Ensel en Sandra Langereis

1

THE NUTSHELL
THE NUTSHELL
THE SMALLEST PUB IN BRITAIN
Wall's
Wall's
GK

Cross Counties

1

Volgens de bekende Engelse schrijver Julian Barnes is Engeland een legpuzzel. Zijn roman England, England *begint met het verhaal van de kleine Martha die een houten puzzel van de Engelse* counties *(graafschappen) voor haar verjaardag krijgt. Ze heeft moeite om de counties uit elkaar te houden. Met behulp van ezelsbruggetjes lukt het haar de onderlinge locaties te memoreren: 'Norfolk en Suffolk zitten aan elkaar vast als broer en zus'; 'Oxfordshire speelt lepeltje met Buckinghamshire'; 'Nottinghamshire en Derbyshire liggen als twee worteltjes naast elkaar', maar 'waar hoorde Staffordshire ook al weer?'*

Aan het einde van haar gepuzzel ontbreekt er altijd één county ergens in Centraal-Engeland. Pas als papa dat laatste puzzelstukje uit zijn broekzak heeft getoverd, is Engeland compleet.

De moraal van dit verhaal is dat Centraal-Engeland belangrijke puzzelstukjes levert voor wat we vandaag de dag kennen en waarderen van Groot-Brittannië: Shakespeare, Robin Hood, 'Oxbridge'. Tegelijk lijken de afzonderlijke stukjes – dat wil zeggen de graafschappen – geen eenduidig beeld van de regio op te leveren. Het is een gebied met tal van bezienswaardigheden, maar het karakter van de streek is niet iedereen even duidelijk. In dit hoofdstuk zetten we Centraal-Engeland op de kaart.

< Zomaar een pub.

HET LANDSCHAP

Engeland is opgedeeld in een groot aantal counties of graafschappen. Hieronder vallen grote graafschappen, als die van East Anglia, en kleinere, ook onder Engelsen minder bekende graafschappen als Staffordshire en Derbyshire. Sommige graafschappen hebben een duidelijke eigen identiteit; zo zijn Shropshire en Norfolk historisch gegroeide eenheden met een apart karakter. Hereford & Worcester was bijvoorbeeld een county die in de moderne tijd om bestuurlijke redenen is ontstaan en inmiddels alweer is afgeschaft. In dit reishandboek zullen negentien counties de revue passeren. Samen vormen zij de regio 'Centraal-Engeland', het hart van het land Engeland dat samen met Wales en Schotland sinds 1602 de staat Groot-Brittannië vormt, en met Noord-Ierland, sinds de scheiding van Ierland en Noord-Ierland in 1920, het Verenigd Koninkrijk.

De grenzen van Centraal-Engeland

In het oosten van Centraal-Engeland vormt de Noordzee de natuurlijke grens. In het westen is de grens tussen Wales en Engeland tot op zekere hoogte natuurlijk. Wales is namelijk veel bergachtiger dan de Engelse counties Cheshire, Shropshire en (het voormalige) Herefordshire. De Black Mountains in het zuiden en de Clywidian Range in het noorden vormen natuurlijke barrières tussen deze twee landen van Groot-Brittannië. Toch is de huidige staatkundige en culturele grens vooral door menselijk ingrijpen tot stand gekomen. In de 8ste eeuw werd de grens gemarkeerd door Offa's Dyke; deze opgeworpen dijk loopt van noord naar zuid van zee tot zee. Waar andere marginale gebieden in de loop der eeuwen tot Engeland gingen behoren (bijvoorbeeld Cornwall), ontwikkelde Wales zich vanaf dat moment in relatieve zelfstandigheid ten opzichte van het machtige Engeland.

In het zuiden wordt de grens van Centraal-Engeland vooral bepaald door Groot-Londen. Alle graafschappen ten noorden van de hoofdstad worden in dit reishandboek tot Centraal-Engeland gerekend. De 'grenscounties' Oxfordshire en Gloucestershire zijn door hun natuurlijke omgeving (met de rivieren Severn en Thames), samenleving (de industrialisering in de 18de en 19de eeuw) en cultuur (de universiteit) hecht verbonden met Centraal-Engeland. Ten zuiden van Oxfordshire en Gloucestershire liggen de hoogvlakten van Salisbury en Berkshire die met de steden Bristol, Swindon en Reading in de reisgids over Zuid-Engeland thuishoren. In het zuidoosten is onder de rook van Londen, Essex de grenscounty. Essex begint simpelweg waar Groot-Londen ophoudt.

In het noorden wordt de grens van Centraal-Engeland bepaald door de stedenrij van Liverpool, Manchester en Sheffield. De gebieden ten zuiden hiervan liggen in de invloedssfeer van Groot-Birmingham en de stedendriehoek Nottingham, Derby en Leicester.

De *narrow boats* van de Midlands dienden ooit voor transport, nu voor de pleziervaart.

1

Zo is aan vier zijden een gebied afgegrensd dat globaal uiteenvalt in enerzijds de vlakke en landelijke counties van East Anglia, en anderzijds de meer heuvelachtige en verstedelijkte graafschappen van 'Shakespeare's Country' en het 'historische hart van Engeland'. Ertussen liggen de afwisselend vlakke en heuvelachtige Home Counties, zo genoemd vanwege de nabijheid van Londen. Dit hele gebied noemen wij hier Centraal-Engeland.

De waterwegen

Het meest karakteristieke van Centraal-Engeland als geheel is misschien wel de grote betekenis van de waterwegen – rivieren, kanalen en Noordzee – voor de ontwikkeling en het hedendaagse gezicht van dit deel van Groot-Brittannië. Het gebied wordt doorsneden door enkele van de belangrijkste rivieren van het land. De Severn in het westen ontspringt in Wales en loopt door Shropshire en Worcestershire om voorbij Gloucester in het Bristol Channel en vervolgens in zee uit te monden. Langs deze rivier begon de industriële revolutie, waarbij het hout van de toen nog beboste oevers als brandstof diende voor de ijzersmelterijen. Voordien leverden de snelstromende rivieren al de aandrijving voor de wol- en textielindustrie in Derbyshire en de Cotswolds. Later werd met het gebruik van fossiele brandstoffen de nabijheid tot mijnbouwgebieden belangrijker dan de nabijheid tot de rivieren. De grote rivieren en de hiermee verbonden kanalen gingen vanaf dat moment een rol spelen in het transport van industriële grondstoffen en eindproducten.

1

CANAL PEOPLE

Stel je voor dat je schipper bent van een *narrow boat* op het Grand Union Canal en in het jaar 1797 met een lading kolen op weg bent vanuit Birmingham. Vóór je, in de heuvels ten zuidwesten van Rugby, doemt de boog van de 1886 m lange Braunston-tunnel op. Wat nu? Op het jaagpad wordt hard gewerkt door je trekpaard – wel vijftig ton kan het dier trekken over het spiegelgladde kanaal. Maar in de smalle en donkere tunnel ontbreekt een pad. En je boot is nog lang niet uitgerust met een motor.

Er stond de schippers in dit soort situaties maar één ding te doen: de boot loskoppelen van het paard en zelf het lange schip voortbewegen – door op de rug op het dek te gaan liggen en met beide benen tegen de tunnelwand de zware boot over bijna 2 km vooruit te duwen.

In de hoogtijdagen van het Engelse kanalensysteem werkten en leefden talloze schippers met hun gezinnen onder zware omstandigheden dag in, dag uit op de smalle, lange boten. *Canal people* werden zij wel genoemd. De bootslui vormden een volkje op zich, en niet alleen omdat de kolenlast maakte dat zij al van verre te herkennen waren aan hun beroete kleding en gezichten.

Bootswerk bleef vaak van generatie op generatie in de familie. Op de boot hielpen mannen, vrouwen, kinderen, honden en trekpaarden mee; de kinderen gingen meestal niet naar school. De bootslui leidden een leven dat in tal van opzichten – hoe nauw verbonden het kanaaltransport ook was met de Engelse industriële revolutie – bijna 'dorps' van karakter bleef in vergelijking met de zich ontwikkelende arbeiderscultuur in de grote steden. De bootsfamilies van een bepaald gebied vormden een in zichzelf gekeerde schippersgemeenschap. Er werd onderling getrouwd en wederzijdse loyaliteit en een strenge gezinsmoraal stonden hoog in het vaandel. De transportfirma's die de narrow boats exploiteerden, namen de rol op zich van een patriarchale 'landheer'.

Schippersfamilies lieten hun boten, inclusief de schamele huisraad aan boord, in opvallende kleuren en en met motieven beschilderen. Sommige decorateurs waren bijzonder geliefd, zodat er sprake was van een grote mate van herkenbaarheid. Iedere regio had zijn eigen kleuren en motieven. Zo was direct zichtbaar tot welke clan een schipper behoorde.

De tweede grote rivier is de Thames. Deze rivier ontspringt in de Cotswolds en mondt in Essex in zee uit. Andere belangrijke rivieren zijn de Avon (van Shakespeares Stratford-upon-Avon), Wye, Trent en Dewent. Alle grote steden in het westen liggen aan een van deze rivieren.

In East Anglia stromen tal van rivieren als de Ouse en Nene die vroeger op kleinere schaal belangrijk waren voor het transport tussen de zeekust en het binnenland, maar die tevens voor veel wateroverlast hebben gezorgd. In Cambridgeshire, Norfolk en enkele Home Counties zijn de bewoners eeuwenlang in de weer geweest de rivieren in te dammen of om te leiden. In Cambridgeshire leidde dit in de 17de eeuw tot het ontstaan van een Hollands ogend polderlandschap. In het westen is het de Severn die regelmatig overstroomt, soms met desastreuze gevolgen. Ook in 2007 en in 2014 was het weer raak. In 2016 was Noord-Engeland de klos en werd Centraal-Engeland gespaard.

1

De rivieren speelden een belangrijke rol in de ontwikkeling van Centraal-Engeland, maar de onvoorspelbaarheid en moeilijke bevaarbaarheid zorgden ervoor dat kanalen de taak van de rivieren overnamen toen het watertransport echt belangrijk werd. De kanalen dienden om bestaande rivieren te omzeilen of juist met elkaar te verbinden. In Northamptonshire, de Midlands en in Cheshire lopen honderden kilometers kanalen die zijn gegraven tijdens de industriële revolutie. Een armada aan smalle vrachtschepen trok over de kanalen volgepakt met grondstoffen (kolen, zand) en eindproducten (keramiek, metaal, glaswerk) tussen mijnbouwgebieden en fabrieken en tussen fabrieken en afnemers in de grote steden. De jaagpaden (*towpaths*) langs de kanalen zijn nu aantrekkelijke wandelpaden. Nu de vrachtvaart is verdwenen, vormen de kanalen in toenemende mate het domein van plezierbootjes.

Ten slotte is er aan weerszijden van Centraal-Engeland de zee. In het westen wordt de monding van de rivieren Dee en Mersey bij Cheshire gedomineerd door het noordelijker gelegen Liverpool. In het oosten is de lange kust van de Noordzee echter verrassend weinig verstedelijkt. Het waren de steenkoolgebieden in het westen waar in de loop van de 19de eeuw grote steden als Birmingham en Nottingham verrezen. Meer zuidelijk, in Suffolk en Essex, was de invloed van Londen te groot. De Britse hoofdstad duldde geen tweede grote stad naast zich. Alleen Ipswich en het nabijgelegen Felixstowe konden zich ontwikkelen tot industriële en moderne handelscentra aan zee. De kust van East Anglia is daardoor betrekkelijk 'onbedorven'. In Essex en Suffolk zijn tal van plaatsen die zich nu als strandplaats profileren, terwijl meer naar het noorden de kust van Norfolk behouden is gebleven als natuurgebied en vogelreservaat.

Natuur- en cultuurlandschap

Belangrijke groene natuurgebieden zijn de Chiltern Hills in Buckinghamshire, de Malvern Hills in Herefordshire en Worcestershire en de uitlopers van het Peak District in Staffordshire en Derbyshire. Bijzonder zijn de

1

Chiltern Hills.

Welsh Marches in het grensgebied van Wales en Engeland in de huidige counties Shropshire, Cheshire en de oude county Herefordshire. Dit is een bergachtig gebied met beboste riviervalleien en heidegronden afgewisseld door kleine dorpen en Normandische kastelen.

Engeland heeft een uitgebreide structuur van natuurbeheer en flora- en faunabeschermende organisaties. Er is beschermende wetgeving voor inheemse zoogdieren, amfibieën en reptielen en een Royal Society voor de bescherming van vogels. Landschappen zijn beschermd via *The Wildfowl & Wetlands Trust* (met aandacht voor de Wetlands van Cambridgeshire), *Nature Reserves*, *Areas of Outstanding Natural Beauty* en een speciaal zeekustprogramma, getiteld *Heritage Coasts*.
De aandacht van de Engelse overheden gaat ook uit naar behoud van het cultuurlandschap: het huidige Engelse landschap ziet er grotendeels zo uit door menselijk ingrijpen. Zo zijn tienduizenden kilometers aan stenen muurtjes en heggen en hagen – die ter afscheiding van percelen dienden en de habitat vormden voor talloze dieren en planten – de afgelopen jaren verdwenen door herindelingen. Beschermers van het cultuurlandschap zijn hiertegen in verzet gekomen. Tegenwoordig verdient ook de erfenis van de eeuwenlange industrie bescherming als monument van het verleden van Centraal-Engeland.Veel dokken en fabrieken worden als erfgoed gerestaureerd en krijgen een nieuwe functie. Voor steden als Gloucester en Birmingham leidde de renovatie van de docklands tot een geweldige heropleving van de binnenstad. Er zijn restaurants, cafés en musea te vinden.
De Cotswolds vormen het bekendste pre-industriële cultuurlandschap, een gebied van overwegend zachtglooiende heuvels. Het cultuurlandschap, bestaande uit in de heuvels gelegen dorpen en stadjes, is eeuwenlang bepaald door de schapenteelt en de wolhandel. In de middeleeuwen gaven kloosters de opdracht om hele gebieden te ontginnen voor de schapenteelt waar de grond ongeschikt was voor landbouw. De snelstromende rivieren leverden in de 16de en 17de eeuw de energie voor de spinnerijen en weverijen. Door de welvaart die de wol bracht, ontstonden bloeiende woldorpen en wolstadjes.

Een modern industrieel cultuurlandschap dat de laatste jaren wordt ontwikkeld, is het Forest of Dean, waar voorheen steenkool werd ontgonnen. Het gebied nabij Gloucester hoort vanwege dit mijnbouwverleden eerder bij Zuid-Wales dan bij de Cotswolds en Gloucestershire waarvan het bestuurlijk deel is. Ingeklemd tussen de Wye en de Severn omvat het 'Forest' bos, landbouwvelden en voormalige mijnwerkersdorpen. Door de teloorgang van de mijnbouw behoorde de streek jarenlang tot de armste van Centraal-Engeland. Het is een echt cultuurlandschap met groene gebieden en industrieel erfgoed van kolentips en in onbruik geraakte spoorwegen.

Schapen grazend bij de toren van Broadway in Gloucestershire.

1

Stedenschoon en stedengruwel

De huidige steden in Centraal-Engeland zijn ontstaan in vier fasen. Allereerst is er de Romeinse oorsprong van steden als Oxford, St. Albans en Colchester. Het Romeinse geometrische stratenplan is er nog te herkennen. Andere steden als Shrewsbury en Norwich ontstonden rondom een kasteel dat in de 11de eeuw ter vestiging van de Normandische macht werd neergezet. Opvallend veel steden in Centraal-Engeland worden gedomineerd door een middeleeuwse kerk of kloostercomplex: de centra van Ely en Peterborough, Gloucester, Worcester en Hereford hebben prachtige kerk- of kloostergebouwen. Oxford en Cambridge hebben een wat aparte geschiedenis. Hun centra worden gedomineerd door universiteitsgebouwen, die colleges hebben wel veelal een kerkelijke oorsprong.

In de 18de eeuw werd de Engelse stad opnieuw uitgevonden door burgers die zichzelf een prominente plaats in de stad wilden geven. De Engelse stad kreeg een modern, *Georgian* uiterlijk. Dit is goed te zien in Bury St. Edmunds, waar het eeuwenoude kloostercomplex tot een ruïne verviel en de nieuwe stad volgens een geometrische stadsplattegrond en bijbehorende woonarchitectuur werd opgezet. Er werden nu open groene ruimten gecreeerd in de vorm van plantsoenen en parken. Het 18de-eeuwse kuuroord Cheltenham Spa werd de plek waar welvarende burgers konden ontspannen.

1

Modern Birmingham: het warenhuis Selfridges.

Zij konden elkaar treffen in de Pump Room, waar het bronwater voor de bezoekers werd opgepompt.

De Georgian stad ontstond tegen de achtergrond van de industriële revolutie, die zich in eerste instantie buiten de stad voltrok. Een eeuw later stonden de fabrieken in de steden en woonden de arbeiders er dus ook. Nu ontstonden grote stedelijke centra als Birmingham, Ipswich, Derby en Leicester met openbare gebouwen vol verwijzingen naar de klassieke architectuur, vaak bedoeld 'to show off', fabriekscomplexen en woonwijken voor arbeiders.

Birmingham is de tweede stad van Groot-Brittannië. De stad is uitgestrekt, met een wat rommelig centrum, en lijkt in horten en stoten te zijn opgebouwd. Eerst was er de snelle groei in de 19de eeuw als gevolg van de trek naar de stad na de industriële revolutie. De mooie oudere gebouwen – het stadhuis, stedelijk museum en fabriekspanden – dateren uit deze 'victoriaanse' bloeitijd met hier en daar een enkele kerk uit vroeger tijden. In de tweede helft van de 20ste eeuw ging de stad opnieuw op de schop. Nu werden grote autowegen en moderne gebouwen neergezet als station, winkelcentrum, concert- en congreszaal en hoge woonflats.

De laatste decennia zijn opnieuw hele steden uit de grond gestampt of zijn dorpen tot steden opgeblazen. Zo is in de Home Counties door de verstedelijking het platteland voor een deel verloren gegaan. Stadjes ontwikkelden zich tot moderne forenzensteden, waar Londenaren zijn gaan wonen. Milton Keynes in Bedfordshire is een van de *new towns* die uit het niets verrezen. St. Albans was een al langer bestaande plaats die als woonplaats ging dienen voor in Londen werkzame forenzen. In het westen ontstond Telford als grote stad voor Shropshire en overloop van Birmingham. Stoke-on-Trent is een betrekkelijk nieuwe stad die is ontstaan uit de samenvoeging van een vijftal dorpen. Het zijn steden die halverwege de 20ste eeuw zijn ontworpen toen modernisering het ideaal was: goede bereikbaarheid en scheiding van werk, wonen en verkeersstromen. Maar dat betekende ook de overheersende aanwezigheid van autowegen en grote winkelcentra in de stad.

1

Heritage en regeneration

Engelsen doen veel aan het behoud van historische panden. En dat gaat al ver terug in de tijd. In bijna elk stadscentrum zijn wel enige flink gerestaureerde vakwerkhuizen te vinden. Voor het in de oorlog gebombardeerde Coventry was er weinig andere keus dan het centrum opnieuw op te bouwen. De oorlogsruïne van de kathedraal heeft er een prominente plaats gekregen. Daartegenover staat het nabijgelegen Stratford-upon-Avon. Door de zeer vroege verering van William Shakespeare is veel in dit stadje betrekkelijk ongeschonden de eeuwen doorgekomen. Niettemin werd nog maar een eeuw geleden een van Shakespeares woonhuizen afgebroken!
Urban regeneration heeft in Centraal-Engeland vooral betrekking op het opknappen en nieuw leven inblazen van de binnensteden, die in het naoorlogse Engeland totaal verpauperd waren geraakt. De steden die opgezadeld waren met een erfenis van fabrieken, pakhuizen en havenwerken uit betere tijden, waren ook de steden met weinig budget en een verarmde bevolking. In het Engeland van net na de Tweede Wereldoorlog werd vooral naar de bulldozer gegrepen als oplossing voor stadsvernieuwing. Vanaf de jaren 70 stelden stedebouwkundigen voor om de oude haven- en industriewijken op te knappen en nieuwe functies te geven. Met als grote voorbeeld het succes van Liverpool, groeiden ook Gloucester en Birmingham uit tot steden, die door renovatie van de oude dokken zijn omgetoverd in aantrekkelijke openluchtmusea en uitgaansgebieden, met een mix aan oude pakhuizen en moderne gebouwen. Ook in Nottingham wordt het industriële verleden (van de zijde-industrie) weer gekoesterd.

KINGDOM UNITED?

Stad en platteland

Er loopt een onzichtbare lijn door Groot-Brittannië, van de zee bij Cambridgeshire naar de monding van de Severn bij Gloucester. Deze diagonale lijn scheidt de bevolking van Groot-Brittannië naar levensstandaard. Over

1

Bowlen met een dresscode.

het algemeen hebben in het zuidwesten en zuidoosten van Engeland mensen een hogere levensverwachting. Ook hebben meer mensen er een beter betaalde baan dan in het noorden. Centraal-Engeland heeft zowel trekken van het noordelijke als het zuidelijke deel.
De stedelijke Midlands horen tot het sociaaleconomisch zwakkere deel van het land. Zo hadden de bewoners van het geïndustrialiseerde gebied ten noorden van Birmingham, dat de Potteries wordt genoemd, vijftig jaar geleden de laagste levensverwachting van heel Engeland. Vijftig jaar later mogen de mensen er door gebrekkige levensomstandigheden, arbeid en voedsel nog altijd niet verwachten even oud te worden als hun landgenoten elders. East Anglia en de zuidelijke graafschappen Gloucestershire en Oxfordshire zijn juist heel welvarend doordat deze profiteren van hun nabijheid tot het zuiden.
Binnen Centraal-Engeland is er ook weer verschil tussen stad en platteland. Het merendeel van de bevolking is geconcentreerd in Groot-Birmingham en de andere grote steden in Centraal-Engeland. Het Engelse platteland is danig vergrijsd. De plattelanders zijn over het algemeen gezonder en wonen in vrijstaande huizen, waarvan ze vaker de eigenaar zijn. Het platteland van Cheshire en Derbyshire behoort tot de 'gezondste' streken van het land. Een klein deel van de welvaart van het platteland wordt veroorzaakt door nieuwkomers: families wier leden goedbetaalde banen hebben en die de stad zijn

1

De Britse vlag inclusief het Engelse St. George-kruis.

uitgetrokken. Plattelanders zijn ook vaker eigenaar van een of meer auto's waarmee ze naar hun werk rijden, dan inwoners van de steden. Dit laatste is niet verrassend. Het openbaar vervoer in ruraal Engeland is dikwijls slecht of in ieder geval dun gezaaid. Dit is een probleem voor arme plattelanders zonder auto (onder wie weer veel ouderen).
Het Engelse platteland is de laatste decennia flink van gedaante veranderd. Veel dorpen zijn door de nieuwe instroom van forenzen en gepensioneerden uitgegroeid tot kleine stadjes. Dit leidt nogal eens tot gemopper van de oude bewoners. Een inwoner van Warwickshire merkte op over de nieuwkomers: '*They think they own the place!* Ze drijven de huizenprijs op, waardoor onze jongeren hun heil elders moeten zoeken.' Daarbij laten ze ongenoemd dat verkopers ook meer krijgen voor hun onroerend goed.

De natie Engeland

Engeland is deel van Groot-Brittannië en het Verenigd Koninkrijk. Er wordt wel gezegd dat het grootste trauma voor de Engelsen was dat zij Brits werden. Waar Schotten gewoon Schots-trots en Brits kunnen zijn, zou het voor Engelsen ingewikkelder zijn Engels en Brits te scheiden. Lange tijd was de Engelse St. George-vlag vooral een symbool van rechts nationalisme én van het Engelse voetbalelftal. De laatste jaren is St. George in ere hersteld en wordt de dag van de patroonheilige op 23 april weer gevierd.

Een winkel in multicultureel Leicester.

1

Na Londen hebben de Westelijke Midlands de meest multiculturele bevolkingssamenstelling van het land. Er leven in Engeland onder andere Indiërs, Pakistanen en Bengalezen, Jamaicanen uit de 'West Indies', Kenianen en Nigerianen. Onder die migranten zijn ook veel *twice-migrants,* mensen die zelf of wier familie tweemaal zijn gemigreerd. Dit geldt bijvoorbeeld voor Aziaten die op enig moment naar Kenia zijn verhuisd en daarna naar Engeland, maar ook voor Pakistanen die in India zijn geboren. Sommigen van deze 'migranten' zijn nimmer buiten Engeland geweest; ze zijn geboren en getogen in industriesteden als Leicester, Nottingham, Liverpool en Birmingham.

Engeland is al zeer lang een multicultureel land, maar niet iedereen is daaraan gewend geraakt. De negatieve reacties op de migranten variëren van onbegrip tot regelrecht racisme. In 1968 werd door Enoch Powell in Birmingham een beroemde speech gehouden, die zo nu en dan opnieuw klinkt. De conservatieve parlementariër en voormalig minister betoogde in zijn redevoering dat de immigratie Engeland op de rand van de afgrond had gebracht: 'Er hangt een donkere wolk boven Wolverhampton, die zich snel over het land verspreidt.' Powells redevoering zette het land in vuur en vlam en de Conservatieve Partij werd gedwongen hem zijn positie te ontnemen. De speech vond echter ook weerklank, vooral onder Engelsen die moeite hadden met de aanwezigheid van migranten uit de voormalige koloniën.

Een algemener probleem dat ook goedbedoelende Engelsen aangaat, is het Engelse 'eilandnationalisme'. Voor velen is het 'echte Engeland' het land van vóór de grootschalige migratie. Hierna zou het land (ten nadele) zijn veranderd. In de literatuur en film is goed te zien hoe aan de ene kant het oude Engeland wordt gekoesterd via Charles Dickens en Jane Austen, en aan de andere kant een nieuw Engeland wordt getoond. Vooral de Home Counties worden geassocieerd met de witte middenklasse.

De in Engeland geboren en opgegroeide schrijver Hanif Kureishi maakte net als de schrijver Julian Barnes een lijstje van typisch Engelse zaken. Geen

Coronation Street of *Four Weddings and a Funeral*, geen cricket, Anglicaanse Kerk en scones, maar 'yogaoefeningen, Indiase restaurants en de Hare Krisjna-tempel'. Chicken tikka massala is inmiddels typisch Engels voedsel en populairder dan fish-and-chips. Overigens hebben veel Somalische Nederlanders zich juist hier, vooral in Leicester, gevestigd vanwege het prettige sociale klimaat.

In 2011 vonden in grote delen van Engeland de grootste rellen in jaren plaats. Vanuit Londen verspreidden het plunderen van winkels en het in brand steken van auto's zich naar de andere steden, waaronder Birmingham. Hoewel de meningen verschilden over het aandeel van bepaalde groepen hadden de zogenoemde 'blackberry-rellen' een blijvende weerslag op de relaties tussen de verschillende etnische groepen in delen van Centraal-Engeland (Birmingham, Nottingham, Leicester).

CENTRAAL-ENGELAND IN DE 21STE EEUW

Zou nadat het Amerikaanse weekblad *Time* William Shakespeare tot Man van het Millennium had uitgeroepen, de man of vrouw van het toekomstige millennium opnieuw een inwoner van Centraal-Engeland kunnen zijn? Engeland was eeuwenlang voorloper op economisch, politiek en cultureel terrein. De bewoners wisten van het eiland een wereldrijk te maken en indirect – via Amerika – van het Engels de mondiale voertaal. Zij introduceerden het parlementair stelsel en zetten een industriële revolutie in gang, die zich vanuit Centraal-Engeland als een olievlek over de wereld verspreidde. Naar de wet van de remmende voorsprong raakte het land in de afgelopen eeuw op een achterstand. De Aziatische en Afrikaanse landen die behoorden tot het koloniale *empire*, zijn al weer tientallen jaren onafhankelijk. Nu is het Engeland zelf dat zich regelmatig zorgen maakt over het verlies van de onafhankelijkheid als lidstaat van de Europese Unie. Het Engeland van nu wordt getypeerd door een combinatie van enorme vernieuwingsdrang en een hang naar het, misschien nooit bestaande, glorierijke koninkrijk van voorheen. Een 'Britwatcher' omschreef Engeland als een 'door en door moderne samenleving behept met door en door verouderde instituties, gewoonten en opvattingen'.

Economie

De economie van Centraal-Engeland profiteerde van de revolutie in de computertechnologie. Vooral de landelijke gebieden buiten de stad, bijvoorbeeld in Hereford & Worcester en East Anglia, zagen hun bevolking groeien doordat computerbedrijven zich op aantrekkelijke plekken kwamen vestigen en het bovendien voor mensen minder noodzakelijk werd dicht bij hun werkplek te wonen. Kleinere steden als Norwich en Cambridge werden geliefde groeikernen.

Aston Villa, dé voetbalclub van Birmingham.

Ooit was dit wel anders. Tot in de jaren 70 was de economie van Centraal-Engeland voornamelijk gebaseerd op de industrie in en rond Birmingham, de 'Potteries' en de stedendriehoek Derby–Leicester–Nottingham. In de laatste decennia van de 20ste eeuw zakte de economie volledig in en verloren honderdduizenden werknemers hun vaak laaggeschoolde baan. De mijnbouw verdween praktisch helemaal als bedrijfstak. Veel industriële bedrijven konden de internationale concurrentie niet meer aan. Zo kwam er een eind aan de Engelse auto- en motorindustrie. Dankzij Japanse autofabrikanten werden er later opnieuw auto's gemaakt in de Midlands. In de keramiekindustrie streefden Wedgwood en andere porseleinfabrikanten ernaar steeds meer facetten van de productie door machines over te laten nemen.

Het toerisme is een belangrijke poot van de economie. In heel Centraal-Engeland zijn de laatste jaren kleine en grote pretparken verrezen. Soms zijn het oude historische locaties, waar de geschiedenis op een laagdrempelige wijze wordt gepresenteerd. Dit gebeurt vooral, en op grote schaal, in en rondom het 'historische hart van Engeland'. Het oorspronkelijk 11de-eeuwse Warwick Castle wordt geëxploiteerd door Madame Tussaud's, waardoor het kasteel veranderd is in een 'historische sensatie' voor jong en oud. In dezelfde streek is Shakespeares geboortedorp een lucratieve trekpleister. Ook tot Madame Tussaud behoort Alton Towers – ooit een 19de-eeuws kasteel bij Birmingham dat was gebouwd op een plek met een bouwgeschiedenis van meer dan tien eeuwen, maar nu een pretpark met 125 attracties. Soortgelijke recreatieparken vind je overal; voorbeelden zijn Pleasurewood Hills aan de Suffolkse kust bij Lowestoft en Kenilworth Castle in Warwickshire. Een variant hierop zijn bedrijven die hun deuren openen voor het publiek. Bedrijven die ooit de pijlers waren van de Centraal-Engelse economie – Cadbury (chocolade) in Birmingham, Wedgwood en Spode (aardewerk) in Stoke-on-Trent en Colman's (mosterd) in

Robin Hood komt tot leven in Nottingham.

Norwich – doen er tegenwoordig alles aan de toerist tot een bezoek te verleiden.

De universiteiten

Centraal-Engeland is uniek in de aanwezigheid van twee van de meest prestigieuze universiteiten ter wereld. Tot in de 19de eeuw waren Cambridge en Oxford ook de enige universitaire onderwijsinstellingen in Engeland. De twee universiteiten zijn kort na elkaar gesticht, in het begin van de 13de eeuw. In verschillende fasen groeiden ze uit tot wereldvermaarde onderwijsinstellingen. De universiteiten bestonden uit zelfstandige colleges die in curriculum en architectuur een spiegel waren van de tijd waarin ze zijn opgericht. De twee universiteiten waren nauw verbonden met de Anglicaanse Kerk en met de Britse overheid. De stichtingen van de verschillende colleges waren dus ook verbonden met het verzorgen van de opleiding van geestelijken en overheidsfunctionarissen.
De twee universiteiten waren vanaf het begin concurrenten van elkaar, maar hadden ook zo hun specialismen: Cambridge is nauw verbonden met de 17de-eeuwse revolutie in de natuurwetenschappen en de filosofie. Isaac Newton en Ludwig Wittgenstein doceerden er. Oxford bleef niet achter in de 17de eeuw met de aanleg van een botanische tuin en de stichting van de wetenschappelijke Royal Society. Oxford is tevens vermaard als centrum voor de letteren. Schrijvers en *men of letters* – die zich later in deze gids nog

De strijd tussen Brexiteer Farage en premier Cameron aan de vooravond van het referendum over Britse uittreding tot de EU.

zullen melden – als Samuel Johnson, Evelyn Waugh, William Morris, Lewis Carroll, A.E. Housman en J.R.R. Tolkien waren op enig moment verbonden aan een college in Oxford.

De twee universiteiten onderhielden nauwe banden met andere onderwijsinstellingen, zoals het vermaarde Eton College voor jongens, waardoor de mannelijke elite onder wie de oud-premiers Tony Blair en David Cameron – in staat werd gesteld een vast omschreven schoolloopbaan te volgen.

Vanaf de 19de eeuw nam zowel de vraag naar hoger onderwijs toe, als de kritiek op het verouderde Oxford en Cambridge. De Britse overheid schiep daarom de mogelijkheid tot het stichten van nieuwe universiteiten. Birmingham kreeg zo in 1900 een grote universiteit, die inmiddels een internationale reputatie heeft op het gebied van cultuurwetenschappen. Norwich is bekend vanwege de prachtig vormgegeven universiteitsgebouwen.

De oude reuzen, Oxford en Cambridge, zijn meegegaan met de moderne tijd: vrouwen werden aan het einde van de 19de eeuw als student toegelaten maar konden pas vanaf 1920 een graad behalen. De oude colleges verloren hun autonomie en kwamen te vallen onder één universitaire organisatie. Ook nu nog leveren ze de opleidingen voor de Britse elite. De huidige conservatieve premier Theresa May studeerde geografie in Oxford.

Politieke partijen

Engels ontbijt(je).

De politieke cultuur in Engeland werd eeuwenlang gekenmerkt door het overwicht van twee partijen. Eerst waren dat de Conservatieven (Tories) tegenover de Liberalen (Whigs), en in de 20ste eeuw waren dat de Conservatieven en Labour (arbeiderspartij). Gemiddeld om de vier jaar betwistten de twee partijen elkaar het recht om te bepalen wie er als premier in Londens Downing Street 10 mocht wonen. De derde partij, die van de Liberal Democrats, was als protestpartij groot in Cornwall, Wales en Schotland, maar in andere delen van het land te klein om een rol van belang te kunnen spelen. Er zijn nog meer politieke partijen in Engeland, maar deze behalen vrijwel nooit voldoende stemmen voor een zetel. In 2010 veranderde het politieke landschap dan toch. Uit de verkiezingsresultaten bleek een overwinning voor de Conservatieven, maar niet groot genoeg om alleen te regeren. Er kwam voor het eerst in zestig jaar een coalitieregering, met de LibDems. De conservatieve leider David Cameron wist de daaropvolgende verkiezingen wel overtuigend te winnen. Hij had toen de belofte gedaan om een referendum te organiseren over uittreding uit de EU. De UKIP, een partij die maar één zetel in het Lagerhuis innam, wist dit referendum over een Brexit – tot grote verrassing van bijna iedereen – naar zich toe te trekken. Cameron trad af . Op zijn partijgenoot Theresa May rust de taak de uittreding voor te bereiden.

DE ENGELSE KEUKEN

Ontbijt

Een *English breakfast*, ook wel *cooked breakfast* ('warm ontbijt') genoemd, is zeer uitgebreid. Het lijkt wel een mijnwerkersontbijt, maar de meeste toeristen met een druk programma kunnen deze stevige hap goed gebruiken. English breakfast wordt in vrijwel alle B&B's, guesthouses en familiehotels geserveerd. In hotelketens hoort het echter vaak niet tot het standaardontbijt; daar bestaat het ontbijt eerder uit een *continental breakfast*-buffet.
De basis van het English breakfast bestaat uit geroosterd witbrood (*toast*) met ei, doorgaans een spiegelei (*fried egg*), maar je kunt ook om een roerei (*scrambled egg*), gepocheerd ei (*poached egg*) of gekookt ei (*boiled egg*) vragen. Daarbij komen nog gebakken tomaat en een braadworstje, of gebakken repen spek of ham. Er hoort eigenlijk ook een portie witte bonen

1

WOESTERSAUS

Kort na de introductie van de smaakmaker die wij kennen als worcestershiresauce, begon in de Verenigde Staten fabrikant John Lea & William Henry Perkins een rechtszaak tegen de distributeur van de zogenaamde 'improved worcestershiresauce'. Was de naam exclusief eigendom van de uitvinder, of was de naam zo wijdverspreid geraakt dat die deel geworden was van de Engelse taal? En waarom zouden alleen de inwoners van Worcester recht hebben op het gebruik van de naam worcestershiresauce? Het was de derde rechtszaak in korte tijd over de naam van de succesvolle 'uitvinding'. Worcestershiresauce is zoals vele smaakmakers in Azië gemaakt van gefermenteerde ansjovis. Via India kwam de 'saus' in Engeland terecht. Grappig genoeg is de 'saus' later in de Britse variant weer teruggekeerd in de Aziatische keukens.

Worcestershiresauce is maar een van de vele sauzen in flesjes in de Engelse keuken. Zoals de Fransen stellen: alleen Engelsen zijn zo gek om saus in een flesje te verkopen. Dat geldt zeker voor een andere beroemde sauce: HP Brown Sauce, die uitgevonden is in Nottingham en nu in twee Heinz-fabrieken wordt gemaakt, in Telford en Elst nabij Nijmegen. Ook Brown Sauce is deel van het Engelse culinaire erfgoed. Toen Heinz besloot de oude fabriek van HP in Aston (Birmingham) te sluiten, leidde dit tot felle protesten en een nachtwake. Het grote logo op de gevel is opgenomen in de collectie van het museum in Birmingham. De strijd ging nog door. HP zelf startte vijf jaar terug een campagne om het 'traditional British cafe' van de ondergang te redden. Door de hippe coffeecorners en de 'mode' van gezond eten verdwenen de oude gelegenheden met de flesjes brown sauce van tafel.

En die rechtszaken? De rechters in Engeland en de Verenigde Staten waren verdeeld: de aardrijkskundige naam Worcester is niemands eigendom, maar doen alsof je iets anders verkoopt dan er werkelijk in het flesje zit, mag weer niet. Het etiket moest dus afwijkend zijn.

in tomatensaus bij, maar vaak wordt die weggelaten, wellicht omdat veel buitenlandse bezoekers er minder prijs op stellen. Als afsluiting kan toast met jam of marmelade worden genomen. Bij dit ontbijt worden vers sinaasappelsap en koffie of thee gedronken. Helaas bestaat de koffie regelmatig uit oploskoffie, hoewel steeds meer B&B's en familiehotels een *cafetière* op tafel zijn gaan zetten. Als voorafje zijn er meestal ook nog cornflakes of een vergelijkbare combinatie van melk en granen voorhanden.

Als je geen trek hebt in een English breakfast, kun je om een continental breakfast vragen; dat bestaat meestal uit melk met cornflakes en dergelijke en toast met jam en marmelade.

De Engelse pub, voor *lager*, *ale* en *stout*.

1

Drank en lunch

De pub

Voor drankjes en lunches heeft de dorstige en hongerige toerist de keuze uit onder andere twee typisch Britse gelegenheden: de *pub* en de *tearoom*. De pub (afkorting van *public house*; de aanduiding *free house* op sommige uithangborden wil zeggen dat er bier van verschillende brouwerijen wordt verkocht in plaats van maar één merk) is de ontmoetingsplaats voor mannen en vrouwen uit de buurt, waar men dagelijks nieuwtjes uitwisselt onder het genot van een goed glas bier. Pubs zijn open van 11 tot 23 uur, en op vrijdag- en zaterdagavond tot 24 uur.

Het woord *beer* wordt bij bestellingen niet gebruikt. Je bestelt *lager* als je bier wilt dat het meest op ons lichtgekleurde, koolzuurhoudende pils met schuimkraag lijkt. Daarnaast is er *bitter ale* of de iets zoetere *mild ale*, een middeldonkere biersoort; *stout*, een donkerder biersoort; en *guinness*, het dikste en donkerste bier. De receptuur van de bieren verschilt van streek tot streek. Vaak schenken pubs lokale brouwsels. In de streek die dit reishandboek bestrijkt, ligt een plaats die traditioneel geldt als 'de bierstad van Engeland': Burton-on-Trent nabij Birmingham. Ze dankt deze betiteling aan de talrijke brouwerijen, waaronder die van Bass, die van de gerst van Staffordshire en het water van de Trent nationaal bekende *pale ales* brouwen. Het Engelse bier wordt over het algemeen op kamertemperatuur ge-

Donker bier met een romige schuimlaag.

1

dronken en heeft vanwege het lage koolzuurgehalte geen schuimkraag. Tenzij je anders bestelt, worden de meeste bieren per pint geschonken, dus in glazen van ruim een halve liter. Wel ligt het alcoholpercentage van Engelse bieren lager dan dat van ons pils.
Andere populaire pubdranken zijn *ginger ale* (gemberbier), *cider* (appel'wijn') en *gin* (jenever); een *gin and lime* is een borrel met limoensap, een *gin and it* een borrel met droge vermouth en een *gin and bitter* een borrel van het merk Angostura. Ook whisky, sherry en port zijn populair. Wijn is een stuk minder geliefd, maar is wel te krijgen. Overigens bestaan er ook Engelse wijnen (wit en rosé), maar deze zijn nogal exclusief en dus duur en moeilijk verkrijgbaar, ook bij slijters. Veel pubs serveren tevens koude en warme lunches rond het middaguur, bijvoorbeeld de klassieke *ploughman's lunch* (een soort broodje gezond) of hartige pasteien (*pies*). Tijdens de populaire *Sunday lunch* ofwel *Sunday roast* wordt flink uitgepakt; vooral grote steaks en roastbeef zijn dan in trek. Omdat kinderen onder de 14 jaar de pub niet in mogen en kinderen van 14 tot en met 17 jaar alleen worden toegelaten onder begeleiding van een volwassene, hebben bepaalde pubs voor gezinnen aparte eetzaaltjes of openluchtbiertuinen opengesteld.

De tearoom

Voor een goede kop koffie of thee moet je niet in een pub zijn, maar in een tearoom. Tearooms zijn alleen overdag open en te vinden in en om het stadscentrum. Er verzamelen zich vooral gezinnen, oudere mensen en winkelende vriendinnen. Ook veel kerken hebben een tearoom, te vinden in de *refectory*. In de tearoom zijn niet alleen goede koffie en thee te verkrijgen, maar ook allerlei zoete en hartige ovengerechten, van cakes en gebak tot complete warme lunches. Alcohol wordt niet geschonken. Zwarte koffie heet *black coffee*, koffie met melk *white coffee*. Daarnaast zijn ook cappuccino, espresso en café latte (koffie verkeerd) te verkrijgen.

De klassieke traktatie bij de koffie of thee is een scone, een zoete bol met wat rozijnen, geserveerd met *butter and jam* en eventueel ook nog met *clotted cream* (een minder zoete en steviger variant van slagroom). De scones dienen te worden opengesneden, waarna je de binnenkant van een halve scone besmeert met boter, jam en eventueel room. Cake heet *cake* of *sponge* (Moskovisch gebak); *cheese cake* is gemaakt van zoete witte monchou-kaas. Zandkoek heet *tea bread* of *shortbread*; het bekende *ginger bread* is een zandkoek met gembersmaak. Gebakjes zijn er in allerlei soorten; een topper is de *meringue*, schuimgebak met abrikozen of andere vruchten. *Crumpets* is warm gebak. Verder kun je in een tearoom sandwiches en broodjes (*rolls*) krijgen, of warme lunches, zoals pasteien (*pies*) en pasta's. Rond ongeveer 16 uur kun je vaak een *high tea* (ook *afternoon tea* genoemd) bestellen: een uitgebreide koude maaltijd, waarbij de thee vergezeld gaat van flinterdunne sandwiches, toast en verschillende soorten scones, cake of korstdeeggebak (bijvoorbeeld *mincemeat pies*: zoete appelsneetjes).

Een tearoom bij de kathedraal.

In de wat grotere plaatsen – zeker in de universiteitssteden Oxford, Cambridge, Norwich, Birmingham en Leicester – zijn naast deze traditionele gelegenheden ook grand cafés te vinden, waar je overdag en 's avonds terechtkunt voor zowel alcoholische drankjes als koffie, thee, gebak, lunches en lichte maaltijden. Vaak gaat het om moderne zaken en worden goede gerechten geboden voor behoorlijk hoge prijzen. Een van de meest recente trends is de *lounge bar*, gekenmerkt door een huiskamerinrichting met gerieflijke banken, fauteuils of zitzakken.

Coffee corner

Waarschijnlijk omdat in veel pubs en soms zelfs tearooms oploskoffie wordt geschonken, kent Engeland een opvallende coffee corner-cultuur. Kleine cafetaria's bieden naar Amerikaans model koffie van bonen uit diverse landen, zoals espresso, cappuccino, café latte (koffie verkeerd) of *café mocha*

1

Een typisch Britse combinatie.

(koffie met chocolade of mokka), en in bekers van verschillende maten. Een *large coffee* is echt heel groot! Tevens zijn thee, chocolademelk, gebakjes en broodjes verkrijgbaar. Afhalen van warme dranken en broodjes is meestal mogelijk. Wie bij mooi weer graag met een flesje vruchtensap of melk en broodjes of sandwiches in het park wil lunchen, kan overigens ook goed terecht bij de kruideniersafdeling van Marks & Spencer.

Avondmaaltijd

Restaurants zijn er in de grotere steden in alle soorten en maten. In veel van de wat duurdere restaurants met een echt Engelse, Franse of Italiaanse kaart komt doorgaans een goede maaltijd op tafel. Even Brits als de ouderwetse Engelse maaltijd (waarover verderop meer) is het eten in de talrijke Indiase restaurants. De atmosfeer van het Indiase restaurant in Engeland is vergelijkbaar met die van de Nederlandse Chinees. Het favoriete Britse Indiase gerecht is de chicken tikka massala, gemakshalve wel afgekort tot 'CTM'. Veel Indiase restaurants noemen zichzelf inmiddels 'Balti Restaurant' (verwijzend naar de keuken van Pakistan en Kashmir, zoals sommige Chinese restaurants zich presenteren als 'Kantonees restaurant'). De Balti-keuken serveert smakelijke stoofpotten met *nan*, zeer dun brood dat als bestek dient.
De 'Baltihouse' als een goedkoop alcoholvrij restaurant, is ontstaan in Birmingham, maar is nu door de gehele Midlands te vinden. Ook zijn er in de meeste plaatsen goede Chinese restaurants, en soms zelfs een Thais restaurant. De restaurantketens met een fastfood-achtige Italiaanse of mediterrane kaart schieten als paddenstoelen uit de grond en bieden een redelijke maaltijd voor een redelijke prijs. In pubs kun je tussen 19 en 21 uur warme maaltijden eten uit de traditionele Engelse keuken (zie hieronder). Ze zijn meestal van een onvoorspelbare kwaliteit. Ook staat altijd wel ergens een fish-and-chipskraam, waar de typisch Britse combinatie van patat met gebakken vis wordt geserveerd. Let op: mayonaise is hier minder geliefd dan in Nederland en België. Britten gebruiken in plaats daarvan azijn (*vinegar*) of tomatenketchup.

Rossi's in Southend-on-Sea.

Enkele bekende landelijke restaurantketens zijn:

- Zizzi: pasta en pizza
- Prezzo: pasta en pizza
- ASK: pasta en pizza
- Bella Italia: pasta en pizza
- Jamie's Italian: pasta
- The slug and lettuce: pub, divers, ook vegetarisch
- Brasserie Gerard: Frans
- Gourmet Burger Kitchen: goede hamburgers
- Browns: klassiek-Brits
- Loch Fyne: vis en oesters
- Wagamama: Japans

Engelse keuken

Voor de traditionele Engelse keuken geldt over het algemeen: geef een Brit een grill of oven, en hij verricht er wonderen mee. Met een kookpan worden helaas vaak minder goede resultaten behaald. Britten zijn vooral goed in het maken van koek en gebak (zie hierboven onder 'tearoom') en gecombineerde maaltijdschotels, zoals gevulde pastei uit de oven of ovenstoofschotels overdekt met aardappelpuree of korstdeeg. In de meer vernieuwende

KAZEN UIT CENTRAAL-ENGELAND

De meeste Engelse kazen worden gemaakt van koemelk en zijn hard van substantie, zoals de Nederlandse. De smaak van de Engelse kazen is echter aanmerkelijk pikanter en de kleur is eerder oranje dan geel. Daarnaast heeft Engeland een wereldberoemde blauwschimmelkaas: de Stilton.

Cheddar is een geeloranje, harde kaas en is de populairste kaas van Engeland. Hoe geler hoe milder, hoe meer oranje hoe pikanter de smaak, die bovendien varieert per regio.
Cheshire, ook Chester genoemd, is de oudste Engelse kaas. Al in de 12de eeuw werd deze geeloranje, iets zoute kaas geproduceerd, met melk van vee dat op de zoute weidegronden graast van het aan zee gelegen graafschap Cheshire.
Gloucester, ook *Single* en *Double Gloucester* genoemd, is een licht pikante, harde geeloranje kaas.
Derbyshire is een lichte, vaste, volvette kaas, met een mooie honingkleur.
Sage Derby heeft groen getinte lagen met een lichte saliesmaak. Traditioneel wordt deze kaas vooral rond Kerstmis gegeten.
Stilton, ook *Blue Stilton* genoemd, is de bekendste Engelse blauwschimmelkaas. Vaak wordt deze stevige kaas tijdens de rijping doordrenkt met port.
Buxton en *Hartington* zijn milde, zachte blauwschimmelkazen uit het noorden van Centraal-Engeland.

English beef en bacon in Ludlow.

Britse keuken wordt ernaar gestreefd vlees-, aardappel- en groentegerechten afzonderlijk wat beter tot hun recht te laten komen. Toch kan ook in moderne restaurants de kok het soms niet laten de gerechten in één dikke saus onder te dompelen.

Voor kooklustigen die de Engelse keuken thuis willen uitproberen, zijn de talrijke kookprogramma's op de BBC aan te raden, net als de kookboeken van de Two Fat Ladies (Clarissa Dickson Wright en Jennifer Paterson) – *Gastronomische avonturen met motor en zijspan* (1996) en *Bezeten van eten* (1999) – en de eenvoudig/modernere receptuur van *angry* (niet meer zo) *young cook* Jamie Oliver. De laatste heeft een keten van restaurants opgericht. Andere Britse celebrity chefs zijn Nigella Lawson, Gordon Ramsay en de van oorsprong Israëlische Yotam Ottolenghi.

Een ouderwetse Engelse maaltijd wijkt wat samenstelling betreft niet heel veel af van de traditionele Nederlandse of Belgische maaltijd, en bestaat uit vlees of vis, aardappelen (of deegwaren) en groente. In Engeland wordt dit alles vaak gecombineerd klaargemaakt.

Met de bereiding van vis weten de eilandbewoners zich niet zoveel raad; net als in Nederland wordt witvis als kabeljauw (*cod*), tong (*sole*), schol (*plaice*), schelvis (*haddock*), wijting (*whiting*) en heilbot (*halibut*) helaas vooral gegrild of gefrituurd (zie ook fish-and-chips). In East Anglia zijn in veel zaken lokaal gevangen Colchester-oesters (*oisters*) verkrijgbaar. De restaurant-

1

Een picknick bij de Pump Room in Cheltenham.

keten Fish! probeert de Engelse viskeuken uit te breiden (onder andere in Birminghams The Mailbox is een filiaal te vinden).

In de Engelse keuken ligt traditioneel de meeste nadruk op vlees. Vooral rundvlees (*beef*; zowel runderlappen als biefstuk heten *steak*, rosbief is *roastbeef*), schapenvlees (*mutton*; schapenbout heet *leg of mutton*) en lamsvlees (*lamb*; lamskoteletjes heten *lamb chops*) zijn erg geliefd. Ook braadworst (*sausage*) staat regelmatig op het menu.

Aardappelen worden vaak gepoft in grill of oven (*roast potatoes*), gebakken (patat heet *chips*) of gepureerd (*mashed potatoes* of kortweg *mash*). In plaats van aardappelen wordt ook wel *Yorkshire pudding* geserveerd: met het vlees meegegrild of meegebakken korstdeeg. Gepureerde aardappelen worden vaak als deklaag over een ovenstoofschotel aangebracht: de *shepherd's pie* (lamslappen) en *cottage pie* (runderlappen) zijn het bekendst. De even klassieke *steak and mushroom pie*, een stoofschotel (runderlappen en champignons), wordt afgedekt met korstdeeg. Korstdeeg wordt ook gebruikt voor pasteien (die verwarrend genoeg eveneens *pies* worden genoemd), ovengerechten waarbij de vulling geheel is ingepakt in deeg. De bekendste pastei is de *steak and kidney pie* (rundvlees en niertjes), maar allerlei vullingen zijn mogelijk.

Engelsen zijn geen echte liefhebbers van groenten en besteden daar dan ook minder aandacht aan. Vandaar de voorspelbare doperwtjes die, als het aan de Brit ligt, ook nog volslagen sufgekookt worden gegeten (*mushy peas*). Op het gebied van desserts scoren de Britten echter weer hoog. Naast diverse soorten gebak is vooral de *trifle* uitmuntend: een combinatie van cake (of lange vingers), vruchten (vooral kersen), custardvla, slagroom en sherry. Andere klassiekers zijn *treacle pudding* (strooppudding met custardvla), *bread pudding* (bosvruchten in een omhulsel van witbrood) en natuurlijk *strawberries and clotted cream* (aardbeien met room). Ook is er een flink aantal Engelse kazen dat zich goed leent voor een kaasplankje, zoals cheddars in variërende maten van pittigheid, Blue Stilton, een met port doordrenkte kaas, Sage Derby met groene salielagen, of Cheshire, met de smaak van de zoute weidegronden waarop het vee graast. Zie het kader voor meer regionale kazen.

Engelse kaas: Sage Derby.

1

Geschiedenis

Volgens de 12de-eeuwse historicus Geoffrey of Monmouth werd Engeland gesticht door Brutus, een achterkleinkind van de Trojaanse held Aeneas. Het eiland dat hij na een lange bootreis aantrof, heette Albion en was op een paar reuzen na onbewoond. Brutus en zijn kompanen joegen de reuzen de bergen in en namen bezit van het land: 'Brutus noemde het eiland naar zichzelf Britain *en zijn metgezellen* Britons.*' Het 'gebroken Grieks' dat zij volgens Geoffrey of Monmouth spraken, werd* British *genoemd. De beschrijver van deze legendarische geschiedenis vertelt spijtig genoeg niet waar de reuzen vandaan kwamen.*

De geschiedenis van Engeland is spectaculair genoeg zonder Monmouths Trojaanse stichting, maar de Engelsen kunnen het toch niet laten mythische verhalen te vertellen over Albion, Britain en England, *het liefst aan de hand van nog zichtbare sporen in het landschap. Hier zal de geschiedenis zo veel mogelijk verhaald worden aan de hand van die tastbare sporen in het landschap, in de steden en dorpen, en musea van Centraal-Engeland. De mythen nemen we zo nu en dan mee in ons overzicht.*

< Koningin Victoria symboliseert de bloeitijd van de industriële Midlands (Birmingham).

2

Ooit stapten er dinosauriërs door Oxford.

DE PREHISTORIE

Groot-Brittannië is tot en met de 10de eeuw n.Chr. voortdurend verrijkt met nieuwe bevolkingsgroepen uit Ierland, Scandinavië en Midden-Europa. In de eerste millennia van menselijke bewoning was het gebied nog verbonden met het Europese vasteland. Na de laatste ijstijd scheidde het eiland zich af van het continent, maar nieuwe bevolkingsgroepen bleven de zee oversteken. De belangrijkste onder hen waren Keltischsprekende stammen, die tot de komst van de Romeinen, vlak voor het begin van de jaartelling, voet aan land zetten.

De Kelten van rond 600 v.Chr. werden geconfronteerd met een landschap dat de sporen droeg van meer dan 3000 jaar bewoning: prehistorische paden, zoals het Ridgeway Path in Oxfordshire en de Port Way in Shropshire, en grafheuvels, zoals die van Waylands Smithy (Oxfordshire) en Belas Knap (Gloucestershire). De landbouwers die verantwoordelijk waren voor deze nog tastbare sporen gingen de eerste mijnen ontginnen en keramiek fabriceren. Migranten van het Iberisch schiereiland brachten omstreeks 2000 v.Chr. hun kennis van het brons mee. In de Cotswolds zijn de Rollright Stones in deze periode opgericht, de belangrijkste steencirkel in Engeland na Stonehenge en Avebury. Niettemin zouden de Keltischsprekende stammen van rond 600 v.Chr. in korte tijd de landbouwers overvleugelen met hun kennis over het vervaardigen van sterker brons en ijzer.

De Keltische feodale samenleving bestond uit een koning, adellijke families en daaronder 'vrijen' en 'onvrijen'. Een bijzondere positie hadden de barden (zangers en dichters), *vates* (zieners) en druïden (geestelijken). De bekendste Keltische inwoner van Centraal-Engeland uit deze tijd is de 'Lindow Man'. Zijn goed geconserveerde lichaam werd in het veen van Cheshire gevonden en wordt nu tentoongesteld in het British Museum.

De Kelten bedreven vanaf hun eiland handel met het vasteland. Vóór de komst van de Romeinen werden tin, huiden, vee en slaven verhandeld tegen wijn, glas en aardewerk uit Romeins Gallië. Best bewaard uit de Keltische bronstijd en ijzertijd zijn de hooggelegen en daarom veilige *hillforts* ('heu-

Romeinse muren in Colchester.

velforten') in de Cotswolds (Bredon Hill), Oxfordshire (Uffington Castle), Shropshire (Oswestry) en Derbyshire (Mam Tor). Bijzonder is het Uffington White Horse, in de kalkgrond uitgegraven sleuven in de vorm van een enorm, gestileerd paard.

ROMEINS ENGELAND

In 55 v.Chr. begon Julius Caesar aan een militaire expeditie naar Engeland. Op het eiland woonden op dat moment verschillende groepen Kelten. De Catuvellauni, die als hoofdplaats Verlamion hadden (door de Romeinen Verulamium genoemd en tegenwoordig St. Albans, Hertfordshire), waren waarschijnlijk de machtigsten onder de Keltische stammen. De Romeinse historicus Suetonius noemde hun koning Cunobelin 'de koning van alle Britten'. Ook de verspreiding van munten met zijn beeltenis over een groot gebied wijst op de autoriteit van Cunobelin (deze koning zou als Cymbeline worden opgenomen in de legendarische geschiedenis van Geoffrey of Monmouth en zijn naam geven aan een toneelstuk van Shakespeare).
Negentig jaar na de twee opeenvolgende militaire expedities van Julius Ceasar ondernam keizer Claudius een veel grootschaliger invasie. Dit keer zou het verblijf van de Romeinen bijna 400 jaar duren en gepaard gaan met het blijvend bezetten van het Britse territorium. Van Londen tot aan de Muur

van Hadrianus bij Schotland werd Romeins Engeland de noordelijkste provincie van het grote Romeinse Rijk. De inheemse 'Britten' werden snel overmeesterd en geïntegreerd in de Romeinse samenleving. De Romeinen stichtten nederzettingen op nieuwe locaties en hernoemden de Keltische hoofdplaatsen. In het laatste geval kregen de plaatsen een Romeinse naam met de oude stamnaam erachter gezet: Cirencester in de Cotswolds heette Corinium Dobunnorum en Caistor-by-Norwich Venta Icenorum.

2

Londen was de belangrijkste stad in de provincie. In Centraal-Engeland volgden daarna Colchester (Essex), St. Albans, Wroxeter (Shropshire), Cirencester (Gloucestershire) en Chester (Cheshire). Deze plaatsen waren door een uitgebreid wegennet met elkaar verbonden. De rechthoekige Romeinse forten, de 'schaakbordsteden' en de rechtlijnige wegen zijn nu nog te zien in het landschap en in de plattegronden van steden als Colchester, Oxford en Cambridge. In Cirencester en St. Albans zijn vloermozaïeken en muurfresco's bewaard gebleven. In St. Albans, Chester en Colchester zijn nog (fragmenten van) stadswallen te zien.

De rust in het Romeinse Rijk werd slechts verstoord door een heftige opstand kort na de verovering van Claudius. De Iceni in Norfolk, de Trinobantes in Essex en de Catuvellauni rond St. Albans kwamen in opstand tegen de harde behandeling die hun ten deel viel. In een snelle actie brandden zij onder leiding van de nog altijd beroemde koningin Boudicca Colchester en St. Albans plat. Hierna stelden de Romeinen orde op zaken.

Verschillende lokale economieën droegen bij aan de bloei van de Romeinse provincie Britannia. Er werd al steenkool gewonnen in Shropshire en zout in Droitwich (Worcestershire). Vanaf de 3de eeuw raakte de provincie echter geleidelijk in de problemen, toen Britannia van verschillende kanten belaagd werd. In 410 stuurde keizer Honorius een brief naar de burgers van Romeins Engeland, waarin hij hen aanspoorde zich tegen de aanstormende 'barbaren' uit het noorden en van over zee te verdedigen, omdat, zo schreef de keizer, Rome hiertoe niet langer in staat was.

DE MIDDELEEUWEN

Angelsaksen

De Germanen die in de 4de en 5de eeuw Romeins Engeland binnenvielen, waren afkomstig uit Friesland, Denemarken en Duitsland. Drie bevolkingsgroepen staken er met kop en schouders bovenuit: Angelen, Saksen en Juten. Zij dreven de Kelten naar de marges van het eiland (Wales en Cornwall) en vestigden zich in een zevental zelfstandige staatjes. De Angelen waren verspreid over Northumbria in het noorden, Mercia in de Midlands en Anglia in East Anglia. De Saksen vestigden zich in Essex, Sussex en Wessex. De Juten ten slotte organiseerden zich in het zuidoostelijke Kent.

Om zichzelf te identificeren gebruikten de nieuwe inwoners van Engeland al snel afwisselend de stamnamen Angelen en Saksen, maar vanwege de dominantie van de Angelen in de beginperiode was er een voorkeur voor de naam Angelen; *Englisc* was de taal die zij spraken en het land heette in de 11de eeuw *Englaland*. Op het continent sprak men van Angelsaksen om de eilandbewoners te onderscheiden van de Saksen van het vasteland.

St. Wulstan, een van de predikers van het eerste uur (Norwich).

Mercia

Het koninkrijk Mercia besloeg de hele westelijke en de oostelijke Midlands, waaronder de huidige counties Herefordshire, Gloucestershire, Warwickshire en Worcestershire. Hoofdstad was Tamworth in het huidige Staffordshire. Koning Offa wist in de 8ste eeuw zijn macht over bijna heel Midden-Engeland uit te breiden en is in zijn optreden wel te vergelijken met zijn tijdgenoot Karel de Grote. Offa verdedigde zijn rijk door langs de grens met Wales een lange wal op te werpen die nu bekendstaat als Offa's Dyke.

Na 313 was in het Romeinse Rijk officieel het christelijk geloof aangenomen. Daarvoor – maar wanneer precies is niet bekend – gold St. Albans al als de eerste Britse martelaar. Hij kreeg een stad in Centraal-Engeland naar zich vernoemd. De echte kerstening van de Britse eilandbewoners kreeg pas onder de Angelsaksen vaste vorm, en wel in de gedaante van Ierse rondreizende monniken en hun Engelse leerlingen, onder wie St. Chad (naar wie in Centraal-Engeland verscheidene kerken zijn vernoemd). Ook vanuit Rome werd de kerk georganiseerd. In 607 waren er al drie bisdommen. Koning Offa was de pauselijke macht goed gezind en droeg zo bij aan de verdere kerstening van het land. In Brixworth (Northamptonshire) en Wing (Buckinghamshire) staan nog Saksische kerken, en in Colchester (Trinity Church) en Cambridge (St. Benet's Church) zijn de torens van Saksische kerken gaaf overgeleverd.

Vikingen

Na Offa's dood werd het land opnieuw belaagd. Dit keer waren het de Vikingen uit Noorwegen en later Denemarken. In 854 landdden de gebroeders Ivarr en Halfdan met een groot leger op de kust van East Anglia. Koning Edmund van East Anglia stierf in het gevecht. Hij werd op slag heilig verklaard en later begraven in het pelgrimsplaatsje St. Edmundsbury (ofwel Bury St. Edmunds, Suffolk). De Noorse Vikingen vestigden zich in East Anglia en Mercia.
Een tweede groep Vikingen had minder succes in Engeland. Zij dropen af en kwamen uiteindelijk terecht in Normandië (van waaruit eeuwen later Engeland opnieuw zou worden veroverd). De zuidelijke Saksen in Wessex wisten de Vikingen in de loop van de 9de eeuw te weerstaan en namen daarmee de positie van Mercia over als machtigste staatje. Zo gingen Engeland, Normandië en Scandinavië de 11de eeuw in.
Toen de koning van Wessex in 1066 kinderloos stierf, was de troon vacant en zetten drie troonpretendenten uit de drie landen zich aan de strijd om de troon. De Saksische adel koos Harald, die zijn belangrijkste concurrent wist te verslaan, de Noorse koning. Hierna besloot Willem van Normandië over te steken naar Engeland om Harald tot een militaire confrontatie te dwingen. Het betekende het einde van Angelsaksisch Engeland.

De Normandische verovering van Engeland

Zaterdag 14 oktober 1066 is een van de allerbelangrijkse data in de Engelse geschiedenis. Op die dag veranderde Engeland van een Saksische in een Normandische staat. Tussen drie uur 's middags en het vallen van de avond vond de slag bij Hastings plaats, die de overwinnaar de Engelse troon moest bezorgen. De hertog van Normandië, die sindsdien bekendstaat als Willem de Veroveraar, kwam als overwinnaar uit de strijd.
Willem de Veroveraar en zijn opvolger Willem II namen Engeland flink op de schop. Al het land werd eigendom van de koning en opnieuw beleend onder de nieuwe Normandische adel. Er kwamen nieuwe bisdommen en nieuwe Normandische bisschoppen. Om inzicht in zijn nieuwe land en een nog grotere controle over zijn nieuwe onderdanen te verkrijgen, gaf de koning in 1085 opdracht tot een nauwkeurige beschrijving van het eiland. Een kroniek verhaalt dat Willem 'mannen uitzond naar elke shire om hen uit te laten vinden hoeveel huiden er waren, en hoeveel land en vee de koning bezat of hoeveel belastingen hij over twaalf maanden mocht verwachten'. Acht maanden later was de *Descriptio totius Angliae* ofwel het *Domesday Book* gereed. Ieder gehucht werd hierin nauwkeurig beschreven.
Behalve door bureaucratische controle legde Willem ook met militaire middelen zijn wil op aan de nog opstandige Engelsen – verzet was er bijvoorbeeld nog in East Anglia. Hiertoe lieten hij en zijn opvolgers overal in het land kastelen neerzetten. Deze 'Norman castles' kwamen te staan in alle

hoofdsteden, waaronder Norwich, Cambridge, Colchester, Warwick, Oxford, Stafford, Gloucester, Worcester, Shrewsbury en Chester. Een deel daarvan heeft de tand des tijds overleefd, van andere exemplaren zijn slechts ruïnes over. Uit de eerste houten kastelen ontstond een vestingtype dat *motte and bailey* wordt genoemd: stenen kastelen boven op een opgeworpen heuvel (*motte*). Vanaf het kasteel op de heuvel kon een klein groepje Normandiërs zich relatief veilig tegen een grote groep belagers verdedigen. Rondom sommige kastelen ontstonden nieuwe stadjes: Wisbech (Cambridgeshire), Tutbury (Staffordshire) en Eye (Suffolk) kennen een circulair stratenpatroon rondom een kasteel. Norwich en Ludlow zijn twee voorbeelden van door de Normandiërs (opnieuw) gestichte steden. Andere stadjes – Kilpeck in Herefordshire is er een van – hielden na een paar generaties op te bestaan. Na de dood van Willem de Veroveraar waren zijn opvolgers (waaronder Richard I 'Leeuwenhart') constant in een balanceeract verwikkeld vanwege hun gebieden in Engeland en Normandië. De Normandische adel en de koning hadden bezit in beide landen en het was dus zaak voor de adel de juiste troonpretendenten politieke steun te verlenen. Als de koning afwezig was in het ene land, moest hij erop kunnen vertrouwen dat alles achter zijn rug goed verliep. De koningen zorgden er daarom voor dat Engeland een goed functionerend overheidsbestuur kreeg. Om de relatie tussen adel en vorst te regelen werd iets revolutionairs bedacht. In 1198 kwam de adel bijeen in St. Edmundsbury om er een tekst op te stellen, de Magna Charta, die hun rechten tegenover de koning vastlegde en zo de basis vormde voor de latere invloed van het parlement. Het bestuurlijke en politieke Engeland kreeg in deze eeuwen vorm.
De relatie met de Kerk regelden de vorsten door tal van kloosterstichtingen te ondersteunen. Soms ging het mis. Het meest dramatische incident was de moord op de aartsbisschop van Canterbury, Thomas Becket, die al snel heilig werd verklaard (en in glas-in-loodramen en kerkschrijnen in Oxford en op andere plekken wordt gememoreerd). Dankzij het *Domesday Book* weten we hoe het ongeveer gesteld was met de kerken ten tijde van de Normandische koningen. Er waren redelijk wat Saksische dorpskerken – Norwich had er al flink wat – maar de Normandiërs hebben er enorm veel bijgebouwd. Ook grote kerken zoals die van Worcester, Great Malvern, Tewkesbury en Gloucester kregen een nieuwe stichting in de 11de en 12de eeuw.
Nauw verbonden met de kerkelijke autoriteiten waren de stichtingen van de eerste universiteiten. Er waren wel al klooster- of kathedraalscholen waar clerici een opleiding kregen, maar in de 12de eeuw openden ook privéscholen hun deuren met meer aandacht voor de uit Italië en Frankrijk overgewaaide belangstelling voor filosofie, theologie en exacte wetenschappen. Deze scholen groeiden uit tot universiteiten. Alleen Oxford en Cambridge verkregen van de koning en de kerkelijke macht het recht examens af te nemen en diploma's uit te reiken (ten koste van Northampton).

Leerlingen en hun docent (in religieuze habijt) in de late middeleeuwen.

Bloei en verval van de economie

Dankzij de lakenindustrie en wolhandel met Vlaanderen ging het dit deel van Engeland in de 13de en een groot deel van de 14de eeuw voor de wind. East Anglia leverde de gesponnen wol en in Suffolk en de Cotswolds was een bloeiende lokale textielindustrie. Norwich was de tweede stad van het land in de dichtstbevolkte streek. Qua kapitaal hoorden ook Great Yarmouth, Oxford en Shrewsbury tot de top tien. Cheshire en Worcestershire voeren wel dankzij de zoutindustrie.
De pest gooide roet in het eten: halverwege de 14de eeuw was het hele land getroffen. De epidemie begon in de zuidelijke havens. Een klerk uit Oxford schreef: 'De mensen in Gloucester weigerden mensen uit Bristol toegang tot de stad, omdat zij dachten dat de adem van hen die tussen pestlijders hadden geleefd, besmettelijk is. Maar uiteindelijk werd Gloucester getroffen en daarna Oxford en Londen.' Een derde van de bevolking werd het slachtoffer van de pest.

Het land Engeland

Frankrijk ontpopte zich steeds meer als een zelfstandig land, waardoor de Engels-Normandische koningen regelmatig in conflict kwamen over hun bezit in Frankrijk. Toen de Engelsen ook nog eens de vacante Franse troon opeisten in het begin van de 14de eeuw, ontaardde het conflict in een oorlog. Met tussenpozen zou deze oorlog 120 jaar duren en voornamelijk plaatsvinden in Frankrijk. Om de stem van de adel te laten horen ontstonden in de oorlog een *House of Commons* (Lagerhuis) en een *House of Lords* (Hogerhuis). Overigens lag het koningshuis ook met zichzelf overhoop in de zogenaamde 'Rozenoorlogen' (1455–1485) tussen het huis van Lancaster en het huis van York. Belangrijke veldslagen vonden plaats in St. Albans, Oxford, Northampton en Ludlow (Herefordshire). De strijd om de troon werd uiteindelijk beslist in het voordeel van de Lancasters, maar dan weer via een nieuwe tak, de Tudors. Nadat de macht door zijn vader was hersteld, betrad zoon Hendrik VIII de troon. De middeleeuwen waren voorbij.

TUDOR EN BURGEROORLOG

In de honderdjarige oorlog hadden de grenzen tussen Frankrijk en Engeland zich verhard. De twee landen waren begonnen aan een oorlog tussen twee dynastieën en eindigden de oorlog in 1453 als een tussen twee landen met een eigen grondgebied en leger, en een eigen taal en identiteit. De Tudorkoningen laveerden Engeland door een woelige tijd – een nieuwe religie (protestantisme), een nieuwe vijand (Spanje) en nieuwe continenten (Amerika) – naar nieuwe bloei.

Tudorkoning Hendrik VIII.

2

Dissolution en reformatie

Hendrik VIII trouwde in 1509 met Catharina van Aragón. Aangezien zij hem geen zoon kon schenken, wilde hij van haar scheiden, om te kunnen trouwen met Anna Boleyn. De koning kwam hierdoor in botsing met de paus in Rome, toen deze hem geen toestemming voor dit nieuwe huwelijk gaf. Hendrik forceerde in 1535 de scheiding van Catharina door te breken met de paus en zichzelf tot hoofd van de Engelse Kerk uit te roepen.

Een volgende stap in de afscheiding van de Kerk van Rome was de inbeslagname van kerkelijke goederen. De hiermee verbonden ontbinding van kloosters, bekend als de *Dissolution*, is een van de ingrijpendste beslissingen geweest in de geschiedenis van Engeland. De goederen werden toegevoegd aan de bezittingen van de adel en niet-adellijke grootgrondbezitters, maar ook is heel veel van de middeleeuwse materiële cultuur verloren gegaan. Abdijen werden met de grond gelijk gemaakt en voor bouwmateriaal geplunderd. Restanten van de abdijkerk van St. Edmundsbury zijn terug te vinden in verschillende gebouwen in de stad. Gloucester en Chester wisten van hun kloosterkerken kathedralen te maken. Tewkesbury en Evesham werden parochiekerken. Sommige kloosters waren ook zonder de Dissolution al in verval geraakt: in Cambridge werd het nonnenklooster St. Radegun wegens grote leegloop op voorstel van de bisschop van Ely omgebouwd tot het nieuwe Jesus College.

Onder Hendriks katholieke nazaat Mary leek de Kerk in Engeland nog te kunnen terugkeren in de schoot van de moederkerk, maar toen zij al vijf

Oliver Cromwell, die van de Engelse monarchie een republiek maakte.

jaar na de troonsbestijging overleed, was de weg vrij voor Elizabeth I om de kerkhervorming door te zetten. Het resultaat van de elizabethaanse hervormingen was een protestantse Kerk met een eigen Engelse signatuur. Deze Anglicaanse Kerk kon de radicale partijen van katholieke en protestantse zijde niet bekoren: de religieuze verdeeldheid van het land zou nog tot ver in de 17de eeuw een van de grote twistpunten blijven.
Ook de positie van de koning als politiek leider was onderhevig aan heftige kritiek. Dit was een strijd die vooral de koning en een kleine elite van adel en niet-adellijke grootgrondbezitters bezighield en die plaatsvond in het parlement. Volgens die elite – die daarover onderling verdeeld was – trad de koning veel te eigenmachtig op. Een belangrijke grief was dat de opeenvolgende koningen James en Charles I te vaak een beroep op hen deden om de oorlogen tegen het katholieke Europa te financieren. De vraag was, net als bij het opstellen van de Magna Charta eeuwen eerder, wie de baas was: het parlement (aristocratie), de koning (monarchie) of toch 'het volk' (democratie). Omdat men ervan uitging dat alleen een argument dat historisch was verankerd, legitiem was, werd dit debat gevoerd door juristen en historici. Helaas liepen de meningsverschillen en belangentegenstellingen zo hoog op dat soldaten de strijd overnamen: Engeland stevende af op een burgeroorlog.

Burgeroorlog

Van 1642 tot 1646 was het land in de ban van de burgeroorlog (*civil war*). Het formele startschot werd gegeven door Charles I in Nottingham – het kerngebied van de koningsgezinden – met het hijsen van de koninklijke banier. De eerste onbesliste slag vond twee maanden later plaats in Edghill in Warwickshire. Ook het vervolg van de burgeroorlog kreeg zijn beslag in Centraal-Engeland, in de stroomgebieden van de – voor de handel cruciale – rivieren Severn en Thames. Belangrijke slagen vonden plaats in Worcester en Nantwich (in Cheshire). Nottingham, Worcester en Oxford waren op enig moment royalistische hoofdkwartieren. De kathedraal van Lichfield werd zwaar beschadigd en Colchester werd langdurig belegerd.

Geboortehuis van Oliver Cromwell in Ely.

Succes was afhankelijk van het vermogen voldoende soldaten op de been te krijgen en deze regelmatig te betalen. De parlementariërs zaten wat dat betreft goed in Londen, de stad die in bevolkingsaantal alle overige steden samen overtrof. Bovendien wisten zij hun legers op een nieuwe, professionelere leest te schoeien dan voorheen. In 1645 won dit *New Model Army*, onder leiding van Oliver Cromwell, de beslissende slag bij Naseby in Northamptonshire. De politieke en religieuze twisten bleven binnen de zegevierende partij gewoon doorgaan en een tweede burgeroorlog volgde, dit keer voor een deel zich afspelend in East Anglia tussen radicalen uit het winnende leger en de parlementariërs. Cromwell kwam opnieuw als overwinnaar uit de strijd. Met de koning werd snel afgerekend: Charles I werd in 1649 na een proces onthoofd. Engeland werd een republiek! Het experiment duurde elf jaar. *Lord Protector* Cromwell ontpopte zich in deze periode als een alleenheerser die niet in staat bleek de gewenste orde te herstellen. Na zijn dood keerde de monarchie terug.

INKT EN INDUSTRIE

Nederland en Engeland

In de 17de eeuw bezat Nederland de modernste economie en de meest vooruitstrevende landbouw. Engeland bleek een zeer goede leerling, die binnen honderd jaar de meester overvleugelde. Landbouwhervormingen van het vasteland werden gekopieerd en er werd een grote herverkaveling door-

Oven van Abraham Darby – de kraamkamer van de industriële revolutie.

gevoerd. Zo nodig werd expertise uit Nederland gehaald, bijvoorbeeld in Cambridgeshire, waar de moerassige Fens met hulp van Nederlandse polderkennis werden drooggelegd.

Toen na jaren van burgeroorlog het land tot rust kwam, maar de religieuze strijd tussen katholieken en verschillende facties protestanten doorging, werd de Nederlandse stadhouder Willem III uitgenodigd de Engelse troon te bestijgen. De *Glorious Revolution*, zoals de troonsbestijging van William & Mary in 1688 wordt genoemd, gaf aanleiding tot een tweetal wetten die de belangrijkste conflicten van de voorafgaande eeuw beslechtten.

Ten eerste werd in een *Toleration Act* vastgelegd dat in Engeland meerdere geloven naast elkaar konden bestaan. De druk werd hiermee van de religieuze ketel gehaald. Het parlement liet bovendien zijn rechten ten opzichte van de koning vastleggen in een *Bill of Rights* als follow-up van de Magna Charta. Dit parlement regelde ook maar meteen de opvolging voor Willem: de protestantse George I, keurvorst van Hannover. George I, II, III en IV bezetten achtereenvolgens de Engelse troon tussen 1714 en 1820. Het toonde de macht van het parlement dat toen al verdeeld was in facties van de Whigs en de Tories. De macht was aan het parlement. De leider van de Whigs, Robert Walpole, groeide uit tot de belangrijkste, en volgens zijn tegenstanders meest corrupte, politicus van het land. Als premier liet Walpole in Norfolk Houghton Hall aanleggen, een pompeus buitenverblijf dat de koninklijke paleizen naar de kroon stak. In het debat en op papier – in pamfletten, boeken en spotprenten (zoals

James Brindley kreeg een beeld in Stoke-on-Trent. Hij legde de kanalen aan (waaronder het 150 km lange Trent and Mersey Canal), waarover de aardewerkfabrieken hun producten konden transporteren.

Jonathan Swifts *Gulliver's Travels* en de cartoons van William Hogarth) – maakte men elkaar voor rotte vis uit, maar buiten de stemverheffingen in het parlement en de kritische columns in de nieuwe kranten bleef het rustig.
De rust en de bloei in de 18de eeuw deden de intellectuele elite, onder wie Samuel Johnson en Alexander Pope, veronderstellen dat zij in de beste aller tijden leefde. Wat zij niet wist was dat het land zich opmaakte voor een revolutie die haar weerga niet kende: een industriële revolutie die stad en platteland onherkenbaar zou veranderen.

De industriële revolutie

De industriële revolutie werd gekenmerkt door het benutten van fossiele brandstoffen en de invoering van machines die niet door mens of dier werden aangedreven. Tot het begin van de 18de eeuw was houtskool de enige brandstof voor het smelten van ijzererts. In 1709 lukte het Abraham Darby in Ironbridge (Shropshire) steenkool te ontzwavelen en in de vorm van cokes als brandstof te gebruiken. In tegenstelling tot het zeldzame en dure houtskool kon steenkool goedkoop ter plaatse worden ontgonnen. De ijzerovens werden aangepast aan het gebruik van cokes. Samen gingen ijzer en steenkool een verbond aan met een derde belangrijke uitvinding: de stoommachine. De uitvinding hiervan door Thomas Newcomen en James Watt in het begin van de 18de eeuw maakte het mogelijk de hoogovens voor ijzersmel-

ERASMUS IN CAMBRIDGE
Van 1511 tot 1514 verbleef Desiderius Erasmus in Cambridge op uitnodiging van *chancellor* John Fisher. De universiteit was op dat moment bezig de middeleeuwse structuur van zich af te schudden en te profiteren van de nieuwe intellectuele wind die bekendstaat als de renaissance. Wie anders dan de grote humanist kon doceren over de nieuwste inzichten in het vertalen en interpreteren van de klassieken?
Erasmus arriveerde te paard uit Londen en nam zijn intrek in Queens' College in een torenkamertje dat sindsdien *Erasmus' Turret* heet. Hij onderwees theologie en, als eerste in de hoedanigheid van officieel docent, Grieks. Tijdens het korte verblijf van Erasmus zou de universiteit blijvend veranderen. Het geestelijk klimaat in Cambridge schatte de geleerde nadien hoger in dan dat van Oxford, maar het collegebier in Cambridge was waardeloos: 'smakeloos, dun en winden veroorzakend'.

ting machinaal aan te drijven. Deze werden daardoor sneller, constanter en krachtiger. Het resultaat was dat in betrekkelijk korte tijd hout als brandstof en bouwmateriaal verdrongen werd door ijzer. Exemplarisch voor de 'revolutionaire' snelheid waarmee de industrie van gedaante veranderde, is de eerste ijzeren brug over de Severn in 1779. Deze *iron bridge* werd gebouwd door de kleinzoon van Darby, die zeventig jaar eerder op dezelfde plek voor het eerst met cokes ijzer had gesmolten. De brug bestaat geheel uit ijzer, maar in de constructie zijn nog de timmermanstechnieken van voorheen toegepast.
De eerste uitvindingen werden gevolgd door talloze verbeteringen en toepassingen in de mijnbouw, textiel- en aardewerkindustrie waarin nog handmatig werd gewerkt. Ondernemers in de Midlands liepen hierin voorop. De eerste echte fabriek was de in 1718 opgerichte zijdefabriek van John en Thomas Lombe in Derby. Matthew Boulton opende in samenwerking met Watt nabij Birmingham in 1765 een fabriek voor stoommachines en Josiah Wedgwood begon tien jaar later in Etruria (Staffordshire) een porseleinfabriek.
Het land bestond in het begin van de 18de eeuw nog grotendeels uit afzonderlijke regio's met een of twee grote plaatsen en daartussen landelijk gebied. Het was bijvoorbeeld niet mogelijk zonder lokale gids te reizen van de ene naar de andere regio omdat het nog aan bewegwijzering ontbrak. Aan het einde van de eeuw waren alle stadjes en het platteland in de Midlands en de counties langs de grens met Wales verbonden door een fijn netwerk van tolwegen en mijlpalen.
Ingrijpend was ook de aanleg van kanalen vanaf 1770. Deze verbonden rivieren als de Thames, Severn, Trent en de Avon, die in Centraal-Engeland al eeuwen als belangrijke verkeersaders hadden gediend. Pas in de 19de eeuw namen de spoorwegen deze rol geleidelijk over van de narrow boats, die

de industriële goederen vanuit de fabrieken naar stedelijke consumenten vervoerden. De kanalen waren zelf ook bewijzen van de nieuwe industrie. Het waren veelal particuliere initiatieven, gefinancierd door een combinatie van nieuw geld van ondernemers en adellijke patronage. De aanleg van de kanalen leidde bovendien tot het ontwikkelen van nieuwe uitvindingen en technieken in sluizen-, dokken-, tunnel- en aquaductenbouw. De Black Country bij Birmingham was een van de centra van de nieuwe industriele wereld. Het platteland was nauw betrokken bij de industriële revolutie. Landbouwtechnieken werden verbeterd en meer land werd in gebruik genomen. Dit laatste werd van overheidswege gestimuleerd door een herverkavelingswet die halverwege de 18de eeuw tot een ingrijpende verandering van het Engelse platteland heeft geleid. Traditioneel kenden Engelse dorpen gemeenschappelijke gronden en open velden. Door deze gronden voor gebruik geschikt te maken en opnieuw te verdelen onder particuliere bezitters, verdwenen veel open en nimmer gecultiveerde velden. Vooral in de Midlands, Oxfordshire en Northamptonshire werd het landschap na 1750, net als de steden, door *enclosure* opnieuw geordend in kleine percelen met behulp van heggen en geulen. Thomas Coke's *park farm* in Holkham Hall (Norfolk) is exemplarisch voor een 18de-eeuwse enclosure waar in één generatie het middeleeuwse open landschap plaatsmaakte voor landbouwgrond. Uit het niets ontstonden nieuwe en snelgroeiende steden, zoals William Wordsworth dichtte: 'Wheresoe'er the traveller turns his steps, he sees the barren wilderness erased.' De industrie bracht een nieuwe stedelijke middenklasse van ondernemers, handelaren en winkeliers voort. Tastbaar bewijs hiervan is de groei van bad- en kuurplaatsen waar de adel en de gegoede middenklasse zich konden ontspannen. Cheltenham in Gloucestershire is een hoogtepunt in de Georgian spa-architectuur, met brede lanen, strakke neoklassieke architectuur, koffiehuizen en de nimmer afwezige ronde *pump room*, waar het bronwater kan worden getapt. De spa's waren natuurlijk niet bedoeld voor de massa plattelanders die van grondbezitter landarbeider waren geworden of, na migratie, fabrieksarbeider. Zij leefden onder moeilijke omstandigheden in huizen van de fabriek in de ongezonde omgeving van bijvoorbeeld de Black Country bij Birmingham, en kwamen bijeen in de *public houses* of pubs, die speciaal voor hen werden ingesteld.

OPKOMST EN ONDERGANG VAN HET BRITSE RIJK

Engeland groeide in de 19de eeuw door de industrie, de wereldhandel en het koloniale rijk uit tot de belangrijkste macht in de wereld. Amerika, waar de Engelsen zich vanaf de 17de eeuw hadden gevestigd, ging verloren als kolonie. Er bleven echter nog genoeg koloniën in Azië over, en in de loop van de 19de eeuw zouden er nog meer in Afrika bijkomen. De landen van het

2

George Vancouver diende onder James Cook. Hij gaf zijn naam aan Vancouvereiland (Noord-Amerika). Hij werd geboren in 1757 in King's Lynn, waar zijn beeld staat.

Britse Empire dienden onder meer als leveranciers van grondstoffen, als afzetmarkt voor de nieuwe consumptiegoederen én als leveranciers van 'arbeidskrachten'. In Azië werd na India het rijk uitgebreid met gebieden die nu de landen Pakistan, Bangladesh en Sri Lanka vormen. De Caribische eilanden, zoals Jamaica en de Bahama's, werden de West Indies genoemd. Australië en de Pacific werden na de eerste reizen van James Cook, vanaf het einde van de 18de eeuw, toegevoegd aan het rijk. Aan het einde van de 19de eeuw kwamen daar delen in Oost-Afrika (waaronder Kenia), West-Afrika (waaronder Nigeria) en zuidelijk Afrika (waaronder Rhodesië) bij.

Kritiek op de gevolgen van de industriële revolutie

De 19de eeuw had niet alleen de aangename maar ook de negatieve effecten van de 18de-eeuwse industriële revolutie geërfd. De groei van de steden en de ontwikkeling van stedelijke hygiëne hadden geen gelijke tred gehouden. In 1832 maakte een cholera-epidemie 30.000 dodelijke slachtoffers. Karl Marx en Friedrich Engels bestudeerden in deze decennia de industriële samenleving van England. Engels schreef een hartverscheurend portret van de leefomstandigheden van de arbeidersgezinnen. Marx stelde vast dat de fabrieksarbeiders vervreemd waren geraakt van de producten waaraan zij een bijdrage leverden en de consumenten voor wie zij produceerden. In de verte kwam zijn kritiek overeen met de bespiegelingen van intellectuelen en kunstenaars als John Ruskin en William Morris (en latere leden van de arts-and-craftsbeweging) over de verderfelijke invloed van industrieel productiewerk. Deze laatsten verlangden vooral terug naar een mythisch pre-industrieel Engeland van landbouwers en ambachtslieden. Dit idyllische socialisme kenmerkte ook de leden van de Fabian Society (onder wie het echtpaar Webb en George Bernard Shaw), die hun hoop hadden gevestigd op de stichting van rurale leefgemeenschappen. En dan te bedenken dat er voor het eerst in Engeland meer mensen in de stad leefden dan op het platteland. In Bournville (nu in Birmingham) werd door de

Armenhuisjes in Bournville: sociale zorg tijdens de industriële revolutie.

quaker en chocolademagnaat Henry Cadbury hierin tegemoetgekomen door een eerste tuinwijk te realiseren in een stedelijke omgeving.

Het socialisme bloeide. Er ontstonden vakbonden (met na verloop van tijd het recht op staking) en politieke partijen. De oude Whigs en Tories waren al veranderd in partijen die als Liberalen en Conservatieven in de tweede helft van de 19de eeuw tegenover elkaar stonden. Aan het einde van de eeuw kwam daar de Labour Party bij. Toen hadden de Liberalen door een reeks sociale wetten al de scherpste kantjes van het wilde kapitalisme afgehaald. In 1924 kwam de eerste Labour-regering aan de macht. De Libs verdwenen naar de achtergrond.

Victoriaans Engeland

In 1837 besteeg koningin Victoria de troon. Tot aan 1901 zou Engeland 'victoriaans' blijven. Er ontstond een middenklasse van geschoolde ambtenaren, leraren, maar ook van kleine zelfstandigen. Zij eisten beter onderwijs dan bijvoorbeeld de traditionele universiteiten Cambridge en Oxford konden bieden. Die werden gedwongen zich te hervormen en concurrentie te accepteren. Thomas Arnold trad op als hervormer van de *public school* van Rugby.

In de steden ontstonden tal van nieuwe vormen van ontspanning. Badplaatsen als Southend-on-Sea werden trekpleisters. Voetbal, rugby (uitgevonden in het gelijknamige plaatsje bij Coventry), cricket, maar ook fietsen werden populaire tijdsbestedingen. De adel ging ondertussen gewoon door met wat hij altijd al had gedaan: op fazanten- en vossenjacht gaan (in Norfolk en Nottinghamshire). De in Shropshire geboren Charles Darwin publiceerde in deze jaren zijn evolutietheorie. Die werd na enige aarzeling opgepikt door victorianen die niet alleen de mens, maar vooral de Engelsman (en de Engelse beschaving) als het toppunt van de evolutie beschouwden. De antropoloog Pitt-Rivers bewees dit met behulp van zijn omvangrijke verzameling artefacten uit alle windstreken (die nu in het Pitt-Rivers Museum te Oxford is opgesteld). Dat het vooral om mannelijke Engelsen ging, blijkt wel uit het feit dat pas aan het einde van de eeuw in Oxford en Cambridge voor het eerst vrouwen werden toegelaten in speciale colleges. Toen moest Emmeline Pankhurst nog samen met andere suffragettes alle overige rechten voor vrouwen verwerven.

De 20ste eeuw

In 1906 maakte de voormalige burgemeester van Birmingham en minister van Koloniën Joseph Chamberlain in zijn beroemde redevoering 'The Birmingham Speech' zich sterk voor het Britse rijk met de woorden: 'Ik geloof niet in een Klein Engeland.' Driekwart eeuw later, na de door Engeland gewonnen Falklandoorlog, pochte Margaret Thatcher in een speech in Cheltenham dat velen ervan uit waren gegaan dat het Britse rijk niet langer bestond: 'Welnu, ze hadden het mis.' Chamberlain deed zijn uitspraak in een tijd dat Engeland de macht over Ierland dreigde kwijt te raken, Thatcher sprak op een moment dat het gehele koloniale rijk onafhankelijk was geworden. In de decennia die tussen hen lagen, streed Engeland in twee wereldoorlogen, verloor het zijn koloniën en worstelde het als Great Britain met Noord-Ierland, Schotland en Wales. In het laatste kwart van de eeuw sloot het land zich na enige aarzeling aan bij de Europese Unie. De fantasie van een groot Brits rijk blijft het land zo nu en dan parten spelen.

Twee oorlogen

De Eerste Wereldoorlog werd uitgevochten op het continent, maar Groot-Brittannië had niettemin 750.000 doden te betreuren, van wie een groot deel in de loopgraven in België en Noord-Frankrijk. In 1926, nog voor de beurs in New York in elkaar stortte, ontstond in Engeland grote sociale onrust rond de steenkoolmijnen. Het was de grootste actie van de vakbonden tot dan toe, maar de stakingen bleven zonder resultaat. De overheid weigerde de mijnbouw verder te subsidiëren. In de Midlands was ook een meer geavanceerde industrie opgekomen met fietsenfabricage in Nottingham en auto's in Oxford

(Morris), Wolverhampton (Sunbeam) en Coventry (Rover). De econoom John Maynard Keynes stelde dat de crisis alleen bestreden kon worden door een grotere rol van de overheid bij het doen van bestedingen en het verlenen van uitkeringen. Behalve crisis hing er in de jaren 30 oorlog in de lucht. Onder leiding van Neville Chamberlain – familie van de bejubelde burgemeester van Birmingham – was de Britse politiek erop gericht om zo lang mogelijk de vrede te bewaren. Dit bleek aan het einde van de jaren 30 een onhoudbare stellingname, en in 1939 verklaarde Engeland de oorlog aan Duitsland. In mei 1940 werd een coalitiekabinet gevormd onder leiding van Winston Churchill, wiens majestueuze geboortehuis Blenheim Palace in Oxfordshire staat.

De Tweede Wereldoorlog herleeft.

De Tweede Wereldoorlog werd ook op Engels grondgebied uitgevochten via de *Battle of Britain*. Duitsland bombardeerde de industriesteden in de Midlands. De sporen van deze bombardementen zijn vandaag de dag nog letterlijk terug te vinden in de kathedraal van Coventry. Later waren de bombardementen minder doelgericht. East Anglia werd toen het zwaarst getroffen. Dat kwam ook doordat juist hier veel militaire vliegvelden lagen, zoals nog te zien is in het Imperial War Museum in Duxford bij Cambridge.

De laatste 50 jaar

Na de Tweede Wereldoorlog kwam er een einde aan de tijd dat 'Britannia de golven regeerde'. Voormalige koloniën werden onafhankelijk. Het gemenebest, dat de 'blanke' koloniën in 1931 hadden gevormd, werd zwakker door het uittreden van Ierland, Zuid-Afrika en Rhodesië (nu Zimbabwe). Brits-Indië werd kort na de oorlog (onder druk van de nationalistische strijd) als India (en later Pakistan en Bangladesh) onafhankelijk. De Koude Oorlog maakte eens te meer duidelijk wie de twee 'supermachten' in de wereld waren en welke landen op de tweede plaats kwamen.

Ook in economisch opzicht was voor Engeland, vanaf 1952 geregeerd door koningin Elizabeth II, geen hoofdrol meer weggelegd. De Labour-premier

Imperial War Museum in Duxford bij Cambridge.

Attlee nationaliseerde verschillende bedrijven om de broodnodige moderniseringen een impuls te geven. Er kwam ook een omvangrijk stelsel van sociale voorzieningen, met als meest aansprekende voorbeeld de invoering van de National Health Service (NHS): een kosteloos basispakket van medische voorzieningen voor alle inwoners.

Het land werd min of meer gedwongen zich minder te isoleren en zich meer op de Europese politiek te richten. In de jaren 50 wilde men zich nog niet aansluiten bij de eerste vormen van Europese economische samenwerking. In 1967 werd echter een verzoek gedaan voor toetreding tot de Europese Gemeenschap (EG). Dit lidmaatschap werd in 1973, na tegenwerking van Frankrijk en aarzelingen van de Engelsen zelf, een feit.

Aan het einde van de jaren 70 keerden de Conservatieven terug. En hoe! Margaret Thatcher leidde van 1979 tot 1990 de partij en regeerde het land. Zij was aan de macht gekomen op een moment dat Engeland in een diepe crisis (*the winter of discontent*) verkeerde. Ze sloeg heftig aan het bezuinigen, stimuleerde privatiseringen en probeerde de inflatie terug te dringen. Het thatcherisme als economisch beleid werd (tegenover het investeringsgerichte keynesianisme) een begrip, maar de Engelsen kwamen lijnrecht tegenover elkaar te staan in de politiek, in de stadswijken en op het werk. Ondanks de felle kritiek en sociale onrust bleef Thatcher in het zadel. Pas aan het einde van de jaren 90 keerde (New) Labour terug met Tony Blair en kort, Gordon Brown, als premiers. Bij Thatchers dood in 2013 leek de tijd te

Nick Clegg, tweede Lib-man, tijdens zijn campagne.

hebben stilgestaan: Thatcherfans en -haters kwamen weer net zo tegenover elkaar te staan als in de stormachtige jaren 80.

Labour moest de kille, typisch Engelse klassenverhoudingen na het thatcherisme weer doen ontdooien. Volgens Thatcher bestonden er helemaal geen klassen in Engeland. De oude adel, de leden van het koningshuis, maar ook de in vakbonden georganiseerde arbeiders, universitair personeel, medewerkers van de Kerk en zelfs van de BBC, waren volgens haar allemaal klaplopers. Zij ontnamen het zicht op al die hardwerkende 'gewone' Britten die niets met het benadrukken van sociale verschillen te maken wilden hebben. Premier Tony Blair slaagde erin met New Labour aandacht te schenken aan inkomensongelijkheid en voort te borduren op het gemeenschapsgevoel van het 'gewone Midden-Engeland'.

Het volk sprak écht toen in de zomer van 2016 een meerderheid van ruim 17 miljoen Britten voor een Brexit stemde; een uittreding uit de Europese Unie. Een kleine 16 miljoen stemde voor lidmaatschap van de EU (Bremain). Verliezers, zo viel meteen te horen, waren Londen als financieel centrum, jongeren (die meer op de EU gericht zouden zijn), de Schotten (die nu opgescheept zaten met die Engelsen), gokkantoren en zo'n beetje alle deskundigen. Het tijdpad en de gevolgen van de uitslag zijn nog niet duidelijk, maar een aardverschuiving lijkt waarschijnlijk. Het referendum liet de scheuren in de United Kingdom zien, met vooral in industriesteden (Birmingham) en het noorden van Engeland een meerderheid voor Brexit.

Kunst en cultuur

Kunst en cultuur hebben in Engeland een geheel eigen karakter. Het is zelfs niet overdreven om van een Engelse eilandcultuur te spreken. De trends in de bouwkunst hebben alles van doen met die van het vasteland, maar eenmaal overzee wordt er vaak een eigen draai aan gegeven. De Engelse eigenheid spreekt ook uit de grote aandacht voor de cultivering van het landschap: Engelsen zijn dol op landschapsparken waarin de natuur is nagebootst en de beroemdste, meest Britse schilderkunst, is de landschapsschilderkunst van Turner en Constable. Tegelijk is juist dat Engelse landschap door de industriële revolutie ingrijpend veranderd. Er is veel en lang nagedacht over hoe het geliefde platteland en het stadsleven na de turbulente stedenbouw konden samengaan. In Centraal-Engeland werd de tuinstad uitgevonden. De kunstenaars van de arts–and–craftsbeweging gingen een stapje verder: zij wilden in hun kunst en hun werkwijze terug naar de idealen van de middeleeuwen toen fabrieksmatige productie nog ver uit zicht was. Ambachtelijk en industrieel vernieuwend is hét exportproduct van de regio: porselein werd overgenomen uit China en van het vasteland, maar werd op grootse wijze door ondernemers als Wedgwood 'verengelst'.

< Tewkesbury Abbey met koor.

BOUWEN AAN BRITANNIA

3

Prehistorie

Van de prehistorische bewoning in Centraal-Engeland zijn nauwelijks sporen bewaard gebleven, omdat woningen nog niet van steen werden gebouwd. Van nederzettingen zijn alleen de Keltische *hillforts* uit de ijzertijd (vanaf 750 v.Chr.) en Romeinse tijd bewaard gebleven. Dat waren op goed te verdedigen heuvels opgeworpen aarden ringwallen, omgeven door ringgrachten, waarbinnen houten hutten en schuren lagen. Deze bebouwing is verdwenen, maar de ringwallen zijn nog zichtbaar (bijvoorbeeld het Thetford Hillfort in Norfolk, Uffington Castle in zuidelijk Oxfordshire, Bredon Hill aan de rand van de Cotswolds, Old Oswestry in Shropshire en Mam Tor in Derbyshire). Er is ook een reconstructie van een dergelijk dorp te bezoeken: Cockley Cley Iceni Village (Norfolk).
Toch is er nog een aantal indrukwekkende prehistorische monumenten over, afkomstig uit perioden variërend van de late steentijd (neolithicum, vanaf 4000 v.Chr.) tot en met de ijzertijd. Waarschijnlijk hebben deze te maken met religieuze riten. Uit de steentijd zijn met aarden heuvels overdekte grafkamers (*long barrows*) bewaard gebleven, zoals Belas Knap in de Cotswolds en Waylands Smithy in zuidelijk Oxfordshire. In de Cotswolds ligt de op Stonehenge en Avebury na belangrijkste steencirkel van Engeland, de Rollright Stones, daterend uit de bronstijd (2300–750 v.Chr.); op het strand van Holme-next-the-Sea (Norfolk) kwam in 1998 bij eb een zeer bijzondere cirkel van eikenhouten palen boven water, Seahenge genoemd. Na een langdurige controverse over de vraag of hij ter plaatse bewaard moest blijven of opgegraven, is hij nu, ten dele, te zien in King's Lynn, Norfolk. Bewoners van Holme gaven de voorkeur aan een herbegraving.
De Uffington White Horse (Oxfordshire) betreft een indrukwekkende vorm van landschapsarchitectuur uit de ijzertijd, waarvan de oorspronkelijke functie archeologen nog altijd hoofdbrekens bezorgt.

Romeinse tijd

De Romeinen drukten een invloedrijk stempel op het cultuurlandschap van Centraal-Engeland. Zij legden om te beginnen een wijd vertakt wegennet aan, dat door het gebruik van steen zeer duurzaam was. Uit de prehistorie zijn enkele onverharde paden overgeleverd, waaronder het Ridgeway Path ten zuiden van Oxford. Langs de wegen en rivieren bouwden de Romeinen ook hun militaire forten en steden in hout én steen. In Oxfordshire is het volledig gereconstrueerde Lunt Roman Fort te zien; op andere plekken zijn opgravingen van forten te bezichtigen, bijvoorbeeld bij Brancaster en Great Yarmouth (Norfolk) en bij Lichfield (langs de Trent). Het Romeinse fort had een vierkante of rechthoekige plattegrond, met binnenstraten in de vorm

Een Romeins theater met toneel en zitplaatsen in St. Albans.

van een rasterpatroon, waaraan houten of stenen barakken lagen. Het fort werd verdedigd met behulp van muren met uitkijkposten en een ringgracht. Ook het stratenplan van Romeinse steden had de vorm van een rechtlijnig rasterpatroon. In veel huidige steden met een Romeins verleden volgt de stadsplattegrond nog altijd de loop van het Romeinse wegennet: dit is bijvoorbeeld duidelijk te zien in Cirencester (in de Cotswolds), Chester (langs de grens met Wales) en vooral Colchester. In sommige van oorsprong Romeinse steden zijn ook overblijfselen van antieke stadsmuren (opnieuw vooral in Colchester) en van antieke publieke gebouwen en woonhuizen te zien. De Romeinse stad had in het centrum altijd het *forum*, een rechthoekig plein waaraan de grote overheidsgebouwen waren gevestigd, de *basilica* (het gerecht) en de *curia* (het raadsgebouw). Ook lag de belangrijkste tempel, die gewijd was aan Jupiter, aan dit plein. Romeinse tempels lagen op een rechthoekig, verhoogd podium en bestonden uit een overdekt gedeelte omgeven door een open zuilengang. Er waren veel publieke voorzieningen, waaronder in ieder geval *thermen* (publieke warm- en koudwaterbaden) en vaak ook een openluchttheater, met een podium en zitplaatsen in een halve cirkel (voor toneelvoorstellingen) of amfitheater, met een arena en zitplaatsen in een hele cirkel (voor sportieve evenementen). Bij St. Albans, Cirencester en Chester zijn tot de verbeelding sprekende restanten te zien van theaters dan wel amfitheaters. In Cirencester en St. Albans zijn ook Romeinse woonhuizen opgegraven, waarvan de zeer gaaf overgeleverde vloermozaïeken en wandschilderingen te bezichtigen zijn in de plaatselijke musea.

Ook op het platteland lieten de Romeinen hun sporen achter, in de vorm van stenen *villae* (boerenhoeven annex landhuizen). Onder andere in de Cotswolds is een aantal Romeinse boerenhoeven opgegraven, waaronder Chedworth Roman Villa.

De Saksische middeleeuwen

3

Na de neergang van het Romeinse Rijk en de invallen van de Angelen en Saksen vanaf de 4de eeuw verdween het Romeinse stadsleven in Engeland. In de daaropvolgende eeuwen speelde het leven zich af in dorpen en rurale herenhuizen (*manors*). Over deze periode is door het ontbreken van schriftelijke bronnen weinig bekend. Omdat er opnieuw vooral in hout werd gebouwd, zijn er ook vrijwel geen monumentale overblijfselen voorhanden; wel is er een reconstructie van een Angelsaksisch dorpje te bezichtigen in West Stow (Suffolk). Alleen kerken werden nog uit steen opgetrokken, nadat de kerstening van de Angelsaksische koningen en van de inwoners van Centraal-Engeland rond 600 een aanvang had genomen. Het oudste Saksische kerkje van Engeland is te vinden in Brixworth (Northamptonshire) en dateert uit het einde van de 7de eeuw. De architectuur van deze kerk is eenvoudig, met zware muren en kleine, ronde ramen en portalen. Dwarsbeuken ontbreken. In het dorpje Wing (Buckinghamshire) staat een 10de-eeuws, grotendeels Saksisch kerkje.
Vaak werd voor de kerkenbouw Romeins bouwmateriaal gebruikt, weggebroken uit de Romeinse steden die nog altijd of, na een lange periode van onderbreking, opnieuw werden bewoond. In Colchester werd in de 11de eeuw de Saksische Trinity Church volledig opgetrokken uit Romeins materiaal. Deze praktijk bleef overigens voortduren: ook voor de bouw van de Normandische St. Albans Cathedral (Hertfordshire) fungeerden de ruïnes van het Romeinse St. Albans als steenmijn. Tevens werden er kerken gebouwd op de grondvesten van klassieke tempels en andere Romeinse gebouwen. Dit is bijvoorbeeld het geval met de Normandische kerken St. Mary the Crypt in Gloucester, The Parish Church of St. Peter & St. Paul in Mersea Island en St. Helens Chapel in Colchester (beide in Essex).

De Normandische middeleeuwen

De Normandische bouwperiode begon dadelijk na de overwinning van Willem de Veroveraar in de slag bij Hastings in 1066. Na zijn kroning in Westminster liet de Normandiër op tal van strategische punten kastelen bouwen, eerst van hout, daarna van steen en meestal boven op een heuvel of aarden bolwerk (motte). Het waren ongenaakbare vestingen, in de vorm van hoge vierkante blokken met vierkante of ronde hoektorens (donjons), gebouwd om de heerschappij van een kersverse Normandische elite over de inheemse bevolking af te dwingen. Tijdens de 17de-eeuwse burgeroorlog werd een

Tewkesbury Abbey.

groot aantal van deze kastelen verwoest door de troepen van Cromwell, in hun pogingen om alle oude monumenten van de adel weg te vagen. Een flink aantal heeft dit alles echter toch overleefd: Colchester Castle uit 1076, het grootste Normandische kasteel van Engeland; Castle Rising en Norwich Castle in Norfolk; Tamworth Castle langs de Trent; en Stafford Castle in Staffordshire, een op miraculeuze wijze bewaard gebleven houten Normandisch kasteel.

Ook de kerkelijke bouwactiviteit was in de 11de en vooral 12de eeuw bijzonder groot. De Normandische heersers wisten zich in hun verovering van Engeland geruggensteund door de paus, die op zijn beurt weer de nodige Normandische inzet kon eisen voor zijn eigen streven naar verbetering van het geestelijk leven, door kerkenbouw bijvoorbeeld. Voor de Normandiërs zelf was kerkenbouw interessant omdat de kerkelijke organisatie hun belangrijkste bestuursapparaat vormde: de bisschoppen en abten werden nog aangesteld door paus én koning. Saksische kerken werden dus afgebroken en vervangen door nieuwe parochiekerken en kathedralen. Hele abdijen met de bijbehorende kloosterkerken werden uit de grond gestampt.

3

Norwich, kloostergang.

De nieuwe heersers stelden Normandische bisschoppen en abten in Engeland aan. Dezen namen van het continent de romaanse bouwstijl mee, die in Engeland echter Normandisch (*Norman*) wordt genoemd wegens het specifieke karakter van de door Engelse metselaars en decorateurs uitgevoerde romaanse ontwerpen. Veel decoraties met geometrische en figuratieve voorstellingen op portalen, doopvonten enzovoort kunnen zelfs worden herleid tot bepaalde groepen rondtrekkende beeldhouwers, afkomstig uit Herefordshire, Northamptonshire en East Anglia.
Normandische kerken hebben karakteristieke massieve torens, zware muren en kleine halfronde ramen en portalen; de vrij vlakke ribbengewelven worden gedragen door massieve ronde pilaren en halfronde bogen. De dwarsbeuken (transepten) werden nu geïntroduceerd, waardoor het grondplan van de kerk een kruisvorm kreeg. In tegenstelling tot bij de bouw van Saksische kerken was er onder Normandische bouwers sprake van een bewust streven naar regelmatige vormen.
Aan Normandische kerken is in navolgende eeuwen meestal veel herbouwd, vooral aan de grote kathedralen en kloosterkerken; het is daarom niet eenvoudig om exemplaren aan te wijzen die hun oorspronkelijke bouwstijl in alle opzichten hebben bewaard. De kathedralen in St. Albans, Norwich, Ely, Peterborough, Worcester en Hereford hebben nog veel van hun Normandische karakter behouden, evenals de abdijkerk van Tewkesbury (Gloucestershire). Vaak zijn kleinere parochiekerken echter veel minder verbouwd. Zo

staat in Kilpeck (Herefordshire) een vrijwel onveranderde 11de-eeuwse parochiekerk, met decoraties van Hereford-beeldhouwers in het portaal.

De vijf klassieke stijlen verbeeld in de zuilen van de Bodleian Library (Oxford).

De 'gotische' middeleeuwen

De term gotiek wordt gebruikt om de vanaf de 13de eeuw gangbare bouwstijlen van het Europese vasteland aan te duiden. In tegenstelling tot de massieve romaanse en Normandische bouwkunst van de 11de en 12de eeuw, kenmerkte de gotische bouwkunst zich door hoogte en lichtheid: rankere torens en veel minder dikke muren; hoge gewelven met spitse bogen, gedragen door hoge, ranke zuilen; hoge ramen en portalen, ook weer met spitse bogen. Regelmaat en rust in de vormgeving werden minder belangrijk; de buiten- en binnenkant van het kerkgebouw kregen voortaan juist steeds drukkere versieringen.

In Engeland echter wordt de term gotisch niet gebruikt, net zomin als de term romaans. Kunsthistorici onderscheiden in de 'Engelse gotiek' liever de volgende stijlfasen: *early English style* in de 13de eeuw, *decorated style* in de eerste helft van de 14de eeuw en *perpendicular style* in de tweede helft van de 14de en hele 15de eeuw.

Voor de Engelse kerkenbouw van de 13de eeuw en de eerste helft van de 14de eeuw maakt dit technische onderscheid in feite niet zo heel veel uit: er is voldoende overeenkomst met de hierboven geschetste kenmerken van de Europese gotiek. Maar de Engelse perpendicular style onderscheidde zich wel sterk van de late gotiek op het vasteland. Die laatste blonk uit in rijke en grillige vormgeving, terwijl de lijnen van plafonds, portalen en ramen almaar spitser werden gemaakt. In de Engelse kerken uit de periode na 1350 vallen echter vooral de rechtopstaande (*perpendicular*) lijnen en platte plafonds op: de muren, zuilen en ramen werden helemaal opgetrokken tot aan de plafonds, die geen spitsbooggewelven meer kregen, maar afgeplatte gewelven in de vorm van waaiers (*fan vaultings*). Deze bouwstijl werd rond 1350 voor het eerst geïntroduceerd in de oorspronkelijk Normandische kathedraal van Gloucester. Daarna werd hij erg lang zeer populair bij de bouw van nieuwe kerken (vooral parochiekerken in East Anglia en de Cotswolds) en de herinrichting van oudere kerken. Zie bijvoorbeeld de waaiergewelven van de Normandische kathedralen van Worcester en Peterborough, de Lady Chapel in de kathedraal van Ely, de Warwick Chantry in de abdijkerk van Tewkesbury, en de 15de-eeuwse kerken St. John the Baptist in Cirencester en King's College Chapel in Cambridge – of het opvallende trappenhuis van de Dining Hall van Christ Church College in Oxford, uit 1640.

Ondertussen ging de kasteelbouw na 1200 nog een eeuw lang onvermoeibaar door, bijvoorbeeld langs de grens met Wales, toen de Engelse koning dit gebied in de 13de eeuw trachtte te onderwerpen. Vanaf de late middeleeuwen kregen nieuwe kastelen en heringerichte oude kastelen echter een gecombineerde militaire én residentiële functie. Er werd vanaf de 14de en 15de eeuw steeds meer ruimte beschikbaar gesteld voor luxueuze woonvertrekken, wat bijvoorbeeld goed te zien is aan de herinrichting van het Normandische Warwick Castle. Eigenlijk was er nu eerder sprake van versterkte landhuizen dan van echte kastelen. Door veranderingen in de manier van oorlog voeren had het kasteel zijn oorspronkelijke functie verloren; de graaf van Warwick bijvoorbeeld gebruikte zijn kasteel aan het einde van de Honderdjarige Oorlog en de Rozenoorlogen nog slechts als gevangenis. Na 1500 verdween de kasteelbouw, ten faveure van de bouw van koninklijke paleizen en adellijke landhuizen zonder serieuze defensieve kwaliteiten.

De renaissance

De renaissancebouwkunst, gekenmerkt door een streven naar naleving van de architectuur uit de klassieke oudheid, verdrong de populaire perpendicular style in de kerkenbouw nooit helemaal. De invloed van het nieuwe klassieke bouwen bleef in kerken veelal beperkt tot vrij onopvallende decoraties. Bij de bouw van profane publieke gebouwen in steden en van landhuizen voor de koning en de adel was de bouwkunst van de renaissance van veel grotere betekenis. Zo geldt Hatfield House (Hertfordshire), in de jaren 1607–1611 ontworpen door de eigenaar, de edelman en staatsman Robert Cecil, als een schoolvoorbeeld van vroege renaissancebouw in Engeland: classicisme met een zeer eigenzinnig karakter.

Inigo Jones (1573–1651), koninklijk landmeter van James I, was de eerste professionele renaissancearchitect in Engeland. Hij reisde naar Italië om daar bij de antieke ruïnes inspiratie op te doen. Ook bestudeerde hij de architectuurhandboeken van de Romein Vitruvius en van de Italiaan Andrea Palladio, die had gestreefd naar een precieze naleving van de klassieke Romeinse bouwkunst. Inigo Jones werkte vooral in Londen. In Oxford laat de in 1613–1619 gebouwde Old School Quad met de Tower of the Five Orders of Architecture (een voorstelling van de door Vitruvius beschreven klassieke

Reconstructie van een 16de-eeuwse bloementuin in Stratford.

3

bouworden) goed zien hoe (over)bewust Jones' navolgers bezig waren met de imitatie van klassiek erfgoed.

Hetzelfde geldt voor het orthodox-classicistische Sheldonian Theatre in Oxford, het eerste ontwerp van Christopher Wren (1632–1723). Deze toonaangevende architect interpreteerde in zijn latere werk de klassieke bouwkunst echter op eigen, eclectische wijze, onder invloed van zowel de oude Engelse gotiek als de nieuwe barok op het Europese vasteland. Hij bouwde in Oxford onder andere Queen's College, Tom Tower en de kapel van Brasenose College, en in Cambridge naast de kapellen van Emmanuel en Pembroke College ook de bibliotheek van Trinity College. Wrens belangrijkste leerling was Nicholas Hawksmoor (1661–1736), die in Oxford onder andere Queen's College (samen met Wren) en Clarendon Building bouwde, en All Soul's College van gotisch aandoende *twin towers* voorzag.

Een derde vertegenwoordiger van de late renaissance was John Vanbrugh (1664– 1726), die samen met Hawksmoor het ultrabarokke Blenheim Palace schiep.

Een ander gezicht van de Engelse renaissance is de alom aanwezige vakwerkarchitectuur, die vooral in de eenvoudige dorpse en stadse woningbouw werd toegepast – zie bijvoorbeeld plaatsen als Stratford-upon-Avon, Tewkesbury, Ledbury (Worcestershire), Leominster (Herefordshire), Ludlow of het grotere Shrewsbury (beide in Shropshire). Uit de eeuwen vóór circa 1500 zijn vrijwel geen woonhuizen bewaard gebleven; wat nog resteert aan middeleeuws vakwerk, bestaat meestal uit publieke gebouwen als gildehallen en markthallen of liefdadigheidsinstellingen als armenhofjes. Het merendeel van het nog bestaande vakwerk dateert doorgaans uit de periode vanaf de 16de eeuw. Schijn bedriegt bij deze architectuur echter snel. De kwetsbare vakwerkhuizen van hout en leem danken hun voortbestaan tot op de dag van vandaag aan de talloze grondige reparatiebeurten door de eeuwen heen. Soms was er echt geen redden meer aan: vanaf de 17de eeuw besloot menig stadsbestuur na een grote stadsbrand om voortaan alleen nog in steen te bouwen. Hieraan dankt in Centraal-Engeland bijvoorbeeld Warwick zijn in de late renaissance gebouwde stadshart, met brede straten, glad gestucte stenen gevels en klassieke motieven.

Overigens zijn er, ter aanduiding van de Engelse bouwkunst van na 1500, allerlei termen gangbaar om nader onderscheid te maken tussen opeenvolgende bouwstijlen, afgeleid van de namen van regerende koningen: *Elizabethan style* (1558– 1603) en *Jacobean style* (1603–1625), en later ook *Queen Anne style* (1702–1714), *Georgian style* (1714–1830: George I-IV), *Regency style* (1811–1820), *Victorian style* (1837–1901) en *Edwardian style* (1901– 1910). Ook zijn er termen afgeleid van regerende koningshuizen: *Tudor style* (1509–1603), *Stuart style* (1603–1714), *Hannoverian style* (1714–1830) en *Windsor style* (vanaf 1901). Vooral in toeristische literatuur worden deze termen meestal eerder gebruikt om een sfeerbeeld op te roepen dan om een werkelijk belangrijk architectonisch inzicht over te brengen.

Het 18de-eeuwse classicisme

Gedurende de 18de eeuw vond in de bouwkunst een hernieuwde oriëntering op de klassieke – Romeinse én Griekse – voorbeelden plaats. Sinds de 17de eeuw was de toon gezet door architecten als Wren, Hawksmoor en Vanbrugh, die de klassieke bouwkunst op eigen wijze hadden geïnterpreteerd. Een nieuwe generatie architecten ging echter, in navolging van de oude Inigo Jones, terug naar de bron. Zij probeerden op basis van Vitruvius en Palladio regelrechte kopieën van klassieke gebouwen neer te zetten, zonder 'eigentijdse' variaties. Geometrie en symmetrie waren hierbij de leidende principes. Omdat men vooral een voorbeeld nam aan het handboek van Palladio, wordt de 18de-eeuwse classicistische bouwkunst wel 'palladiaanse' bouwkunst genoemd. De *rotunda* was bijvoorbeeld een populair architectonisch motief van Palladio; een 18de-eeuwse navolging daarvan is Ickworth House in Suffolk, ontworpen door de eigenaar, de hertog van Bristol, en Radcliffe Camera in Oxford, in 1748 gebouwd door James Gibbs (1682–1754). Gibbs ontwierp voor Caius College in Cambridge ook het Senate House in de vorm van een klassieke tempel met zuilengalerij. Een goed voorbeeld van palladiaanse bouwkunst vormt ook het landhuis Holkham Hall in Norfolk, ontworpen door William Kent (1685–1748) en de eigenaar

Thomas Coke, die in Italië had rondgereisd en daar de nodige palladiaanse inspiratie had opgedaan. Verder ontwierp Colen Campbell (1676–1729) Wanstead House (Essex) en, in samenwerking met de eigenaar, staatsman Robert Walpole, Houghton Hall (Norfolk). John Carr (1723–1807) bouwde Tabley House (langs de grens met Wales), Henry Holland (1745–1806) Woburn Abbey (Bedfordshire) en Robert Adam (1728–1792) Kedleston Hall (Derbyshire), met een imitatie van de Boog van Constantijn in Rome. Niet lang na de eeuwwisseling bouwde John Nash (1752–1835) nog Witley Court (Worcestershire).

De 19de-eeuwse romantiek

De 'onregelmatige' middeleeuwse bouwkunst bleef lange tijd ondergewaardeerd vergeleken bij de strakke klassieke bouwkunst. In de loop van de 18de en 19de eeuw groeide echter de belangstelling voor de gotiek. Eerst was er sprake van vooral op fantasie gebaseerde imitaties, met zo veel mogelijk tot de historische verbeelding sprekende (*picturesque*) ornamenten. Er verschenen zelfs hele nepkastelen en nepabdijen. De 19de-eeuwse Waddesdon Manor (Buckinghamshire) is bijvoorbeeld een imitatie van een Frans Loirekasteel. Ook de oude vakwerkarchitectuur kreeg tijdens de romantiek een tweede leven. Pas na verloop van tijd kwam er serieuzere aandacht voor de bouwprincipes en ontwikkeling van de gotiek. De eerste resultaten waren nogal tweeslachtig: zo heeft het pittoreske imitatiekasteel Downton Castle (Herefordshire), gebouwd door Richard Payne Knight in 1774–1778, een klassiek interieur, compleet met Griekse zuilen. In de 19de eeuw was er sprake van een doordachte neogotische bouwkunst, die werd toegepast in de bouw van landhuizen en vooral kerken. George Gilbert Scott (1811–1878) was nauw bij deze kerkenbouw betrokken.
Profane publieke gebouwen hielden over het algemeen echter een neoclassicistisch karakter, zoals het stadhuis van Birmingham, dat in 1832–1850 is gebouwd in de vorm van een Romeinse tempel. In Leamington en Cheltenham, plaatsen die rond 1800 uitgebouwd werden tot modieuze kuuroorden, heeft de complete stadsarchitectuur een klassiek voorkomen. Een sterk staaltje daarvan is te zien in Cheltenham, waar de vroeg-19de-eeuwse kariatiden van Montpellier Walk zijn gemodelleerd naar de beelden van de Atheense Akropolis.

De 20ste eeuw

Net als in de 19de eeuw is ook in de 20ste eeuw de Engelse architectuur erg nostalgisch van karakter. Men renoveert intensief – zie ook de opmerking hierboven over vakwerkarchitectuur – en men grijpt bij nieuwbouw graag terug op oude bouwstijlen. De kathedraal van Coventry, een ontwerp van Basil Spence (1907–1976) uit 1951, vormt een belangrijke uitzondering op

Moderne kunst in het Modern Art Museum van Oxford.

de Britse afkeer van modernisering. De bouw van Coventry Cathedral houdt verband met de Duitse bombardementen in de Tweede Wereldoorlog, die in een flink aantal Britse steden onherstelbare schade hebben aangericht. Daar raakte het weggeslagen stadshart tijdens de crisisjaren van de Britse wederopbouw opgevuld met ongeïnspireerde overdekte winkelcentra, grote parkeerplaatsen en opdringerige doorvoerwegen.
Ook Birmingham is voor een deel dichtgeslibd met shopping malls en zelfs fly-overs. Maar deze stad heeft tevens interessante moderne architectuur aan Centenary Square, met onder andere het New Rep-theater. En Norwich heeft prachtige nieuwbouw op de campus van de in 1963 gestichte University of East Anglia, met onder andere het recente Sainsbury Centre for Visual Arts van Norman Foster (geb. 1935).

LANDHUIZEN, TUINEN EN PARKEN

Engelsen staan bekend om hun grote liefde voor tuinen en parken. De Britse tuinarchitectuur heeft een lange en interessante geschiedenis, die nauw aansluit bij de trends in de bouwkunst. In Centraal-Engeland, met zijn ontelbare landhuizen, is daar genoeg van te zien.
De geschiedenis van de Engelse tuin houdt gelijke tred met die van het Engelse landhuis. Oorspronkelijk functioneerde het landhuis als een versterkte vesting (*castle*) annex ruraal centrum. Na de middeleeuwen ging de militaire functie echter verloren en werden de oude kastelen in toenemende mate een aangenaam buitenverblijf van koning en adel. In deze tijd verschenen ook de eerste siertuinen. Tijdens de 16de-eeuwse *Dissolution of the Monasteries* kwamen grote landgoederen vrij, waarop nieuwe landhuizen konden worden gebouwd, zonder enige strategische betekenis. Een volgende hausse aan nieuwe landhuizen en herinrichting van oude landhuizen vond plaats in de 18de en 19de eeuw, toen de oude aristocratie versmolt met de economische en politieke elite in Londen. Vooral in de nabij de hoofdstad gelegen Home Counties en East Anglia verschenen tal van buitenpaleisjes. Sinds het democratiseringsproces van de vorige eeuw hebben de aristocratische eigenaars

Tuinen bij Warwick Castle.

echter moeite hun landhuizen te financieren. Openstelling van huis en tuinen voor toerisme of verkoop aan instellingen voor monumentenzorg is een manier om dit probleem het hoofd te bieden.

Formele tuinen

In dezelfde tijd dat de kastelen hun oorspronkelijke functie kwijtraakten en er veel nieuwe landhuizen werden gebouwd, verschenen de eerste siertuinen. Deze dienden niet langer als praktische groente- of kruidentuin, maar waren louter bedoeld om het oog te plezieren. De 16de-eeuwse siertuinen bestonden uit geometrische gazons, bomen die vaak in ingewikkelde patronen waren gesnoeid, lage hegjes van verschillende kleuren, en een contrasterende ondergrond van gras, gekleurde aarde, schelpen of steentjes. Oorspronkelijk 16de-eeuwse broderietuinen zijn nergens bewaard gebleven. Tegenwoordig heeft men bij sommige landhuizen opnieuw broderietuinen aangelegd, bijvoorbeeld bij Cliveden House in Buckinghamshire en Sudeley Castle in Gloucestershire.
Pas gedurende de 17de eeuw kregen voor het eerst bloemen een plaats in siertuinen. De uit Turkije geïmporteerde tulp werd zelfs zo populair dat er wel van een 17de-eeuwse 'tulpomanie' wordt gesproken. Siertuinen werden in deze periode niet alleen kleuriger, maar ook barokker van vormgeving. Er werd naar Frans voorbeeld (vooral de tuinen van Versailles spraken tot de verbeelding) graag gewerkt met terrastuinen, uitgerust met fonteinen, vijvers en beelden; ook doolhoven doken op. Baroktuinen die zich uitstrekten zover

Stowe Gardens in Buckinghamshire, met Palladian Bridge.

het oog reikte – een welhaast koninklijk uitzicht biedend vanuit het landhuis van de grootgrondbezitter – werden 'Franse' tuinen genoemd. Kleinschaliger tuinen heetten 'Hollandse' tuinen. Ook van deze baroktuinen is tegenwoordig weinig origineels meer te zien, maar Hatfield House (Hertfordshire) heeft nog dergelijke tuinen, aan het begin van de 17de eeuw aangelegd met hulp van de koninklijke hovenier John Tradescant. Een echte Dutch Water Garden uit 1696–1705 bevindt zich nog in Westbury Court Garden (Gloucestershire).

Landschapstuinen

In de loop van de 18de eeuw nam de populariteit van de formele tuin uit de tijd van de Engelse renaissance en barok sterk af. Er werd voortaan gestreefd naar een 'natuurlijk' ogende tuin – door middel van uiterst kunstmatige methoden welteverstaan. De oude broderie- en terrastuinen rondom landhuizen maakten plaats voor landschapstuinen: uitgestrekte graslanden met kunstmatig aangelegde heuvels, meren en bosschages, alles smaakvol gecomponeerd, rijk aan panoramische uitzichten en toegankelijk gemaakt door wandelpaden. William Kent (1685–1748) introduceerde een dergelijke, nog steeds bestaande landschapstuin bij Rousham House in Oxfordshire. De tuinen doen denken aan de geïdealiseerde landschappen in de schilderkunst vanaf de 18de eeuw. En net als op deze schilderijen – zie bijvoorbeeld het 'klassieke' werk van Turner – werden in tal van landschapstuinen *folly*'s geplaatst, bijvoorbeeld classicistische arcades, triomfbogen, bruggen

en tempels, en in toenemende mate ook gotische kasteeltjes, kerkjes en ruines. Op rijke landgoederen gingen complete dorpjes tegen de vlakte om de grondeigenaren te kunnen voorzien van hun modieuze landschapstuin. De tuinen werden een obsessie van de aristocratie.
De bekendste en productiefste landschapsarchitect was Lancelot Brown (1715–1783), die als bijnaam 'Capability' kreeg vanwege zijn stokpaardje dat de landgoederen die hij onder handen nam, zulke 'onbeperkte mogelijkheden' hadden. Capability Brown maakte er een principe van om zich zo veel mogelijk te beperken tot het gebruik van water, gras en verschillende soorten bomen; hier en daar plaatste hij een folly, als dat een schilderachtig panorama opleverde, maar nooit zoveel dat het evenwicht tussen landschap en bouwsels zou worden verstoord. De tuinen van Burghley House in Lincolnshire laten zien hoe Browns soberste landschapstuin eruitzag. De om hun mooie classicistische folly's bekende Stowe Gardens in Buckinghamshire zijn door Brown ontworpen in samenwerking met andere tuinarchitecten, onder wie William Kent. Brown ontwierp in totaal wel 200 landschapstuinen, onder andere voor Blenheim Palace in Oxfordshire, Warwick Castle in Warwickshire, Luton Hoo in Bedfordshire, Audley End in Essex, Ickworth House in Suffolk, Holkham Hall in Norfolk, Chatsworth House in Derbyshire en in het Black Country Weston Park en Chillington Hall. Daarmee drukte hij een blijvend stempel op het aanzien van het Britse cultuurlandschap.
Vanaf het einde van de 18de eeuw werden Browns tuinen door velen al te subtiel bevonden. De folly's met thema's uit de klassieke archeologie en literatuur raakten uit de mode vergeleken bij neogotische folly's die de smaak van de romantiek weerspiegelden, zoals ruïnes en grotten. Ook werd er opnieuw een duidelijk zichtbaar onderscheid aangebracht tussen formele tuinen direct rondom de landhuizen en de daaraan grenzende landgoederen. Humphry Repton (1752–1818) en anderen herintroduceerden de formele tuin, door terrassen, fonteinen, vijvers en beelden op te richten en planten- en bloembedden aan te leggen. De terugkeer van de formele tuin in de 19de en 20ste eeuw is goed te zien bij bijvoorbeeld Blenheim Palace, waar in de victoriaanse tijd een formele tuin werd aangelegd aan de voorkant van het landhuis; achter het landhuis ligt een waterterrastuin in 17de-eeuwse stijl uit 1920. Blenheim Palace ligt echter, met zijn formele tuinen, nog steeds ingebed in een door Capability Brown ontworpen landschap uit 1764.

ENGELSE LANDSCHAPSSCHILDERS

Anders dan in veel landen op het vasteland, is voor Engeland de 18de eeuw de bloeitijd van de schilderkunst. Geïnspireerd door onder andere de landschappen van Ruysdael, ontstond een geheel eigen school van landschapsschilderkunst. Deze schilders verlieten de studio om in de buitenlucht te gaan schetsen en schilderen. Thomas Gainsborough en John Constable, beiden ge-

John Constable, *The Hay Wain*, 1821.

boren in Suffolk, waren de twee grote schilders in deze periode. De uit Londen afkomstige William Turner wist een geheel eigen stijl te ontwikkelen die het gewone landschapsschilderij overstijgt. Hij geldt misschien wel als de grootste schilder van Engeland vóór de 20ste eeuw.

3

Thomas Gainsborough (1727–1788)

Al op dertienjarige leeftijd vertrok Thomas Gainsborough uit Sudbury in Suffolk om zich in Londen te bekwamen als tekenaar en schilder. Een huwelijk met een dochter van de graaf van Beaufort schiep de mogelijkheid om van schilderen zijn beroep te maken. Hij vertrok naar Suffolks hoofdstad Ipswich en begon een portretstudio. Dit bleek geen succes en de schilder begreep dat hij dichter in de buurt van potentiële opdrachtgevers moest komen. Hij verhuisde in 1760 naar Bath, hét kuuroord voor de rijken. Daar had hij wel succes en Gainsborough bleef er veertien jaar wonen. Het laatste deel van zijn leven woonde hij als gevierd kunstenaar in Londen.
Naast de talrijke portretten heeft Gainsborough ook met gladde penseel landschappen geschilderd. Het zijn landschaps-, maar vooral ook plattelandsschilderijen met boeren, hooiwagens en andere elementen van het landelijke leven.

John Constable (1776–1837)

Constable werd geboren in East Bergholt (Suffolk) en zijn werk is nauw verbonden met deze county. Anders dan Gainsborough gaf John Constable aan zijn schilderijen exacte topografische titels als *The Church and the Valley of Dedham*. Je kunt als het ware met een catalogus van Constables werk door Suffolk reizen om alle kerktorens, watermolens, voetpaden en vergezichten terug te vinden. Dit betekende niet dat het de schilder alleen te doen was om een weergave van het landschap waar hij was geboren en opgegroeid.
Constable schilderde het landschap met drama en diepte. Zijn schilderijen lijken wel opgezet als het toneel van een theater met een scène op de voorgrond en daarachter de natuur in elkaar opvolgende coulissen. Ook buiten Suffolk was Constable actief, onder andere in Brighton, Dorset en Salisbury. In tegenstelling tot Gainsborough, die medeoprichter was van de Royal Academy, verwierf Constable eigenlijk pas na zijn dood grote waardering.

3

De plek waar Constable zijn *Hay Wain* schilderde.

William Turner (1775–1851)

De 19de-eeuwse criticus John Ruskin vond William Turner een '*English-minded gentleman*': 'excentriek, humeurig, intellectueel maar met een afkeer van interessantdoenerij'. Joseph Mallord William Turner werd geboren in Londen en is daar zijn hele leven blijven wonen. Al jong trok hij de stad uit om te tekenen. Hij is in zijn jonge jaren heel Engeland en Schotland doorgetrokken. Met de klassieke geknoopte zakdoek aan een stok over zijn schouder liep hij 25 mijl per dag. Terug in Londen werkte hij vervolgens zijn schetsen uit in aquarellen. Landschappen hadden zijn grote liefde en hij was hierin beïnvloed door de Nederlandse schilder Ruysdael. In navolging van Saenredams kerkinterieurs was zijn eerste schets voor de tentoonstelling van de Royal Academy er een van het octogonale plafond in de kathedraal van Ely. Vanaf 1796 stort Turner zich op olieverfschilderijen. In zijn werk probeerde hij niet zozeer een realistische natuur vast te leggen als wel de kracht en diepere betekenis van de natuur via onderwerpen als stormen en rampen op zee. Turners schilderijen bereiken soms een abstractie die vooruitloopt op het 19de-eeuwse impressionisme en zelfs de 20ste-eeuwse abstracte kunst.

Waar te zien?

Het Ashmolean in Oxford, Fitzwilliam in Cambridge, het City Museum en het Barber Institute in Birmingham hebben werk van Constable, Gainsborough en Turner. In East Anglia is de beste collectie van Constable, Gainsborough en minder bekende Suffolk landschapsschilders te vinden in Christchurch Mansion in Ipswich en in Gainsboroughs geboortehuis in Sudbury. Turner heeft een eigen plek in Tabley House, Cheshire. Bezoekers aan Londen kunnen terecht in de Tate Gallery en de National Gallery.

PORSELEIN

3

Van China naar Europa en terug

Rond 900 ontdekten Chinese pottenbakkers dat een juiste combinatie van kaolien (witte klei), veldspaat en kwarts bij verhitting tot 1200 à 1400 °C een bijzonder stevig en licht aardewerk opleverde. Dit 'porselein' zou in de vier eeuwen daarna worden geperfectioneerd. De Chinezen wisten eeuwenlang een monopolie te houden op de productie van porselein door de grondstoffen en de formule geheim te houden. Marco Polo schreef in zijn 14de-eeuwse reisverslag het volgende: 'Laat mij je vertellen over de stad Tinju waar ze porseleinen kommen maken van onvergelijkbare schoonheid. Ze worden nergens anders gefabriceerd en van hieruit over de gehele wereld geëxporteerd.' Het porselein waar de Venetiaanse reiziger over sprak, was hard en blank en liet licht door. Vanaf de 16de eeuw werd het verscheept naar Europa, waar het als het pronkservies van de elite aan een opmars begon. De opkomst van het drinken van koffie en thee en het bezit van Chinees porselein gingen in deze kringen hand in hand.

Een Franse reiziger in Engeland merkte in zijn verslag op dat 'het drinken van thee de rijken de gelegenheid biedt om hun mooie servies te tonen'. De Engelse Oost-Indische Compagnie was toen inmiddels gestopt met de import van Chinees porselein, omdat het niet langer kon concurreren met het Engelse porselein van Worcester en de Staffordshire *potteries*.

Porselein en aardewerk

Waarom was porselein zo geschikt als tafelservies? Het is stevig en kan daarom dun gekneed worden, het is waterdicht en goed bestand tegen hete vloeistoffen als koffie of thee. Het wordt bovendien niet zo heet als een zilveren servies. Voor de massa was *pewter* (een mengsel van tin en lood) tot dan toe het meest gebruikte materiaal voor servies geweest. Het aardewerk dat in de 16de en 17de eeuw werd gefabriceerd, was relatief dik en bovendien alleen waterdicht te krijgen door het met een tinhoudende glazuurlaag te bedekken. Soms werd dit *tin-glazed earthenware* vóór het glazuur nog beschilderd. Het bekendste voorbeeld van dit type aardewerk is Delfts blauw (dat in Engeland onder de naam *Delftware* werd gekopieerd).

Een alternatief voor earthenware was *stoneware*. Dit was gemaakt van klei die op een hogere temperatuur kon worden verhit en direct waterdicht werd.

Het glazuur werd meestal als decoratie toegevoegd. Stoneware bleef gewoon gemaakt worden.

Europees porselein

Toad teapot uit Stoke-on-Trent.

Het Chinese porselein, dat excelleerde in materiaal en schildering, veroverde in de 17de eeuw de Europese markt. Na enige tijd gingen de Chinese pottenbakkers in opdracht werken. Dit betekende dat Europese handelaren de meest geliefde modellen en motieven aandroegen die vervolgens door de pottenbakkers in China werden uitgevoerd. De Aziatische motieven werden grotendeels door Europeanen bedacht. De spreiding van het porselein ging betrekkelijk langzaam omdat, net als in China, Europese ambachtslieden na hun 'ontdekking' veel moeite deden de geheimen van porseleinfabricage voor zich te houden. Vanaf het einde van de 17de eeuw gingen Europese pottenbakkers op zoek naar de juiste grondstoffen en productiewijze om een alternatief te kunnen bieden voor het Chinese porselein. Meissen bij Dresden, Wenen, Venetië en Vincennes bij Parijs ontwikkelden zich zo tot belangrijke centra van Europees porselein.

Engels porselein

De Engelsen kwamen op ongewone wijze met het Chinese porselein in aanraking. Om te voorkomen dat bij het vervoer van thee over zee water zou doordringen, werd eind 17de eeuw onder in de ruimen een laag porselein gelegd. Thee, en niet porselein was toen nog de belangrijkste handelswaar. Engeland voegde zich pas in tweede instantie in dit rijtje. Nog heel lang betrok de elite porselein uit Frankrijk en Duitsland. Ook in motieven en stijl werd nog lang Sèvres en Meissen nagevolgd.

Rond 1750 ontstonden in het kielzog van de industriële revolutie aardewerkcentra. Ondernemers als Josiah Wedgwood, John Wall en Josiah Spode wisten in en rond Birmingham, Derby en Worcester door vernieuwingen in de grondstoffen, de fabricage en decoratie een nieuw soort kwaliteitsporselein (*bone china*) te ontwikkelen. Porselein werd nu voor een veel groter publiek bereikbaar dan voorheen het geval was geweest. Het werd ook in de loop van de 18de en 19de eeuw een object van verzamelaars en, in de vorm van kleine beeldjes en andere decoratieve voorwerpen, gebruikt om het huis mee op te sieren.

3

De basismaterialen van porselein werden in Engeland *china clay* en *china stone* genaamd. Net als in Duitsland en Frankrijk gingen lokale pottenbakkers op zoek naar materialen die het beste de originelen benaderden. In 1745 werden in Cornwall voor het eerst kaolien en veldspaat als de noodzakelijke china clay en china stone geïdentificeerd en in de juiste verhouding en op de juiste temperatuur gebakken. Na enige omzwervingen kwam het patent terecht bij de stoneware-pottenbakkers van Stafford, waarmee de opmars van het Britse porselein begon.
Het porselein werd onderscheiden in *hard paste* en *soft paste*. Hard paste is porselein dat is gemaakt met de originele bestanddelen en op 1400 °C wordt gebakken. In soft paste kan kiezelaarde, loodoxide of alkali zijn verwerkt en het wordt op 1100 tot 1200 °C gebakken. Bijna al het aardewerk was soft paste, waarbij soms as van dierlijke beenderen voor de stevigheid werd toegevoegd. Lowestoft in East Anglia was een van de eersten die de formule met *bone ash* succesvol toepasten. Het gebruik van zeepsteen in Worcester gaf echter een mooier en steviger resultaat. In beide gevallen werd na de eerste keer in de oven te zijn geweest, het *biscuit* beschilderd. Vervolgens ging het na te zijn geglazuurd nogmaals in de oven.
Aan het einde van de eeuw werd in de regio van Staffordshire een nieuw soort porselein ontwikkeld. Volgens de traditie is Josiah Spode II (van Spode Works in Stoke-on-Trent) de uitvinder van dit *fine bone china*. Opnieuw ging het hier om de toevoeging van dierlijke beenderen, maar dit keer werd het gevoegd bij het hard paste-mengsel van china clay en china stone. In de juiste combinatie leverde dit een dunner en steviger aardewerk op. Dit aardewerk zorgde samen met het opdelen van het werk in stappen en het printen in plaats van het beschilderen van de keramiek, tot een geïndustrialiseerde productie van porselein voor een groter publiek dan voorheen.

Porseleincentra in Centraal-Engeland

Het centrum van aardewerk in Centraal-Engeland is Staffordshire, waar zich rond 1750 in en rond Stoke-on-Trent een groot aantal pottenbakkers en ondernemers verzamelde. Zij gebruikten plaatselijke rode klei, china clay uit Cornwall, kaolien uit Devon en vuursteen van de oostkust. Vóór de 17de eeuw werden de kleibedden in het gebied rond Tunstall al gebruikt voor het maken van decoratieve, geglazuurde tegels en bakstenen. De zes plaatsen Longton, Fenton, Hanley, Burslem, Stoke en Tunstall vormen tegenwoordig de gemeente Stoke-on-Trent. Ze zijn al veel langer bekend als 'The Potteries'.
Longton Hall was in 1749 een van de eerste fabrieken. Onder aanvoering van William Littler werden hier vijftien jaar lang servies en porseleinen figuurtjes gemaakt. Een langere adem had de familie Spode, waarvan drie genera-

Wedgwood, pottenbakker.

ties in Stoke zelf actief waren. Spode Works is bekend om de fabricage van bone china en de vervolmaking van het 'transfer-printing' van afbeeldingen op het porselein.

Burslem is de plaats van Josiah Wedgwood, die hier in 1759 zijn eerste fabriek opende. Wedgwood werd bekend vanwege de roomkleurige *creamware* (onder andere door toevoeging van kalkflinters), de witte reliëfvazen op een blauwe achtergrond en het *black basalt*-porselein.

Worcester was er ook snel bij met witblauw theeservies en andere blauwtinten. De fabriek hier groeide uit tot een groot concern.

Derby werd wel het tweede Dresden genoemd vanwege het Meissner-aardewerk. De fabriek had nauwe bindingen met Chelsea, waar voor het eerst werd geëxperimenteerd met porselein. Derby maakte ook figuurtjes en concurreerde met Wedgwoods vazen en schoorsteenmantelstukken voor de elite.

Lowestoft in Suffolk maakte vanaf 1757 vooral porselein voor dagelijks gebruik en voor de export. Na 1800 sloot de fabriek.

Waar te zien?

In en rond Stoke-on-Trent is een aantal musea en *visitor centres* van de verschillende merken te vinden. Ook de Worcester Porcelain Factory is toegankelijk. Grote collecties zijn te zien in het City Museum in Birmingham en het Ashmolean Museum in Oxford.

Het graf van William Morris in de tuin van zijn woonhuis Kelmscott Manor.

DE ARTS-AND-CRAFTSBEWEGING

Centraal-Engeland is de streek van industrieel productiewerk, maar ook van ambachtslieden en kunstenaars die zich hiertegen verzetten. Halverwege de 19de eeuw, toen Engeland op zijn industriële top was, kristalliseerde het verzet zich in een beweging van kunstenaars die een prachtige nalatenschap opbouwden van meubels, keramiek, glaswerk, schilderijen en nog veel meer. De musea in Birmingham en Cheltenham hebben de grootste collecties, maar op tal van andere plaatsen zijn sporen van de arts-and-crafts-beweging terug te vinden.

De filosofie van arts and crafts

De 19de-eeuwse kunstenaars en ambachtslieden verzetten zich in het bijzonder tegen het in hun ogen bestaande verval van ambachtelijke kennis en kunsttradities. De leider van de beweging was de architect-dichter William Morris (1834–1896) en inspiratiebron de criticus John Ruskin (1819–1900). Hun ideaal was de kloof tussen de kunsten (*arts*) en ambachten (*crafts*) die door de industriële revolutie was geslagen, te dichten. De werknemer zou vervreemd zijn geraakt van de producten die hij fabriceerde omdat hij nog slechts een kleine bijdrage leverde. Het was onmogelijk geworden het gehele productieproces te overzien en enige bezieling in het eindresultaat te leggen. Volgens Ruskin was het beneden het niveau van mensen om ambachtelijk werk aan machines over te laten. Tegenover het Engeland van de fabriekspijpen stelden Morris en Ruskin een welhaast mythisch pre-industrieel Engeland, waar producten nog in een klein atelier onder de verantwoordelijkheid van één verantwoordelijke meubelmaker, smid of pottenbakker werden gemaakt. Veel kunstenaars, onder wie William Morris zelf, reisden af naar de landelijke Cotswolds waar volgens hen veel van de ambachtelijke tradities nog niet door de verderfelijke industriële beschaving waren weggevaagd.

Wightwick Manor in de stijl van arts and crafts.

3

Morris & Co

William Morris had weinig op met zijn eigen tijd. In een gedicht stelde hij de Vikingen te prefereren boven de victorianen. Twee bezoeken aan IJsland hadden hem in zijn voorkeur bevestigd. Morris verafschuwde vooral de industrie en handel die het aangezicht van Engeland ten slechte hadden veranderd, en stelde zich ten doel zich in het leven te laten leiden door twee passies: mooie dingen maken en de moderne beschaving haten. Om het eerste te realiseren zette hij in 1862 *The Firm* (later Morris & Co) op, een bedrijf dat *beautiful things* voor thuis en in opdracht maakte. Het bedrijf dat meubels, behang, glas, tapijten en textiel fabriceerde, was succesvol waardoor Morris zich ironisch genoeg een plaats verwierf onder de victoriaanse ondernemers. 'De moderne beschaving haten' deed Morris vooral door weg te dromen naar andere tijden en plaatsen, zoals in *The Earthly Paradise* uit 1868. Troje, de Arthur-legende en Noorse sagen vormden de bronnen voor Morris' romantische teksten.

De gedachte dat een ver verleden was te verkiezen boven de eigen tijd, werd door meer mensen in de eerste helft van de 19de eeuw gedeeld. De middeleeuwen vormden voor velen, onder wie Morris, het ideaal. Het geloof was toen nog 'zuiver' en 'echt', mensen leefden nog in dorpsgemeenschappen en de kunst kwam voort uit bezieling en gemeenschapszin. Niet de kunstenaar, maar de kunst stond centraal.

Morris' voorliefde voor de gotiek past in deze idealisering van de middeleeuwen. Het zien van de kathedraal van Rouen was in dit opzicht voor hem een openbaring: 'Ik kan niet in woorden uitdrukken hoe voor mij schoonheid, geschiedenis en romantiek samenvielen. Ik kan slechts zeggen dat het te-

3

Houtsnijwerk van Wightwick Manor.

rugkijkend op mijn leven het grootste genot was dat ik ooit heb gekend.' Morris droomde niet alleen, maar was ook buitengewoon actief als schilder, ontwerper van textielpatronen en behang. Hij knoopte tapijten en weefde textiel en ontwierp glas-in-loodramen. Een belangrijke plek in zijn leven was het buitenverblijf Kelmscott Manor. Van 1871 tot zijn dood in 1896 verbleef Morris in deze zuidwesthoek van Oxfordshire in de Cotswolds om er te werken.

De beweging en daarna

Eigenlijk ging Morris aan de eigenlijke arts-and-craftsbeweging vooraf. Morris was niet de enige kunstenaar die zich zorgen maakte om het verloren gaan van ambachtelijke vaardigheden. In 1884 werd de Art Workers' Guild opgericht en de Arts and Crafts Exhibition Society hield haar eerste tentoonstelling in 1888. In 1889 werd de Central School of Arts and Crafts geopend. Geïnspireerd door Morris, maar onafhankelijk, werkten verschillende kunstenaars voor en na de eeuwwisseling in de arts-and-crafts-traditie. In de Cotswolds werkten de meubelmakers Grace en Ernest Barnsley, Peter Woods, (de architect) Charles Voysey en Gordon Russell. Alfred en Louise Powell ontwierpen arts-and-craftsaardewerk voor Wedgwood, William de Morgan ontwierp tegels. Niet alle arts-and-craftsdeelnemers waren strikt in de leer. Ambrose Heal ging via Heal & Son-meubels in arts-and-craftsstijl produceren voor de grote markt.
In de 20ste eeuw volgde een reactie op het industriële keramiek en het werk van de arts-and-craftsbeweging door keramische kunst die Studio Pottery wordt genoemd. Dit aardewerk is 'onnuttig' en dus bedoeld als kunstobject. Het is ook handwerk, waarbij de arts-and-craftsontwerper en -uitvoerder elkaar weliswaar in de werkplaats ontmoetten, maar toch vaak niet in één persoon waren verenigd. Bernard Leach, Hans Coper en Lucie Rie zijn de bekendste van deze 20ste-eeuwse keramisten.

Waar te zien?

De beste collecties arts-and-crafts heeft het City Museum in Cheltenham. In de Cotswolds zijn nog veel meer locaties verbonden met de beweging. Bijzonder is vooral Morris' huis Kelmscott Manor. In de Cotswolds, in Staffordshire (Leek) en op nog meer plaatsen is werk van Morris & Co terug te vinden. Wightwick Manor in Wolverhampton is gebouwd en ingericht in arts-and-craftsstijl. Studio Pottery is te zien in het County Museum van Buckinghamshire in Aylesbury, het City Museum in Birmingham en Sainsbury Centre in Norwich.

Zelfportret van William Holman Hunt op 17-jarige leeftijd, in het Ashmolean Museum in Oxford.

PRERAFAËLITISCHE SCHILDERKUNST

Nauw verbonden met William Morris en de latere arts-and-crafts-kunstenaars was een groep schilders met een gelijksoortige hang naar het verleden. Deze schilders verzetten zich tegen 'moderne' kunst (waaronder alles viel van na 1500) en lieten zich leiden door de middeleeuwse kunst. Het resultaat bestond uit geëxalteerde schilderijen met onderwerpen ontleend aan de Bijbel of het oude mythische Engeland.

Het officiële begin van de stroming ligt in 1848, toen een zevental schilders de *Pre-Raphaelite Brotherhood* stichtte; onder hen waren Dante Gabriel Rossetti, John Everett Millais en William Holman Hunt. Uitgangspunt van het zevental was om de natuur op linnen vast te leggen, zonder te vervallen in op de kunstacademie geleerde conventies. De schilders hadden zich hierbij door John Ruskin laten leiden, de criticus die overal een mening over had. Ruskin had in zijn publicaties weten te melden hoe het verder moest met de Engelse schilderkunst na Turner ('Ga naar de natuur, verwerp niets, selecteer niets en beschimp niets'). John Keats (1795–1821) had bovendien bovenmatige interesse getoond voor een schilderij van Hunt, waarvoor een gedicht van Keats als inspiratie had gediend. Het leidde tot een gesprek en de stichting van de broederschap.

De Bijbel, de verbeelding van het oude Engeland en de literatuur (Dante, Boccaccio, Chaucer, Shakespeare, Scott) zijn de belangrijkste onderwerpen van de prerafaëlieten. Overigens waren niet alle prerafaëlieten gelovig – sommige waren zelfs erkende agnosten. Toch waren zij geraakt door een meer algemeen 19de-eeuws verlangen naar een oorspronkelijker religieuze beleving en door de religieuze kunst van de middeleeuwen. William Holman Hunt schilderde in 1849 een tot het christendom bekeerde Keltische familie, die een priester verbergt voor vervolging door druïden. Het schilderij, dat nu in het Ashmolean Museum (Oxford) hangt, combineert de fascinatie voor religieuze beleving (bereid om voor het geloof te sterven) met interesse in het oude Engeland.

Het publiek was niet gecharmeerd van de religieuze schilderijen en de schilders wendden zich vervolgens tot de geschiedenis, de Arthur-legende en het landschap. Vanaf ongeveer 1860 trad John Ruskin op als beschermheer. Hij kocht schilderijen en bracht andere onder de aandacht van zijn vrienden. Een hoogtepunt van de beweging was toen Rossetti een opdracht verwierf om de debatteerclub van de Oxford Union te decoreren. Burne-Jones, William Morris en vier andere schilders klaarden de klus met tien panelen over koning Arthur.

Na Rossetti's dood in 1882 viel de Prerafaëlitische Broederschap uit elkaar. Als stroming in de schilderkunst bleven de prerafaëlieten echter springlevend. Edward Burne-Jones werd in Europa de bekendste schilder van de stroming, die zijn mentor Rossetti was begonnen.

De bekendste prerafaëlieten

Dante Gabriel Rossetti (1828–1882) was de stichter en drijvende kracht van de Prerafaëlitische Broederschap, maar hij is veel minder bekend dan Burne-Jones, Hunt en Morris. Vanaf 1854 raakte de zes jaar oudere Rossetti bevriend met Morris, toen deze nog op de universiteit zat. Rossetti kreeg een goede band met Morris maar een nog betere met Morris' vrouw Janey Morris. Op het buitenverblijf van het echtpaar Morris, Kelmscott Manor, poseerde Janey regelmatig voor Rossetti. Rossetti was van Italiaanse afkomst. Zijn vader was Dante-kenner en Rossetti schilderde onder andere thema's uit Dantes *Goddelijke komedie*. Rossetti schreef zelf ook gedichten.

William Holman Hunt (1827–1910) schreef artikelen waarmee hij zich profileerde als de intellectuele voorman van de prerafaëlieten. Zijn Bijbelse thema's waren mede gebaseerd op zijn reiservaringen in het Midden-Oosten. Dit geldt bijvoorbeeld voor *The Finding of the Saviour in the Temple* en *A Street Scene in Cairo* (Birmingham City Museum, Birmingham) met 'oosterse' modellen en architectuur.

John Everett Millais (1829–1896) was een van de invloedrijkste schilders van de prerafaëlieten. Het was in zijn huis dat de broederschap vorm kreeg. Hij was bevriend met Hunt en Ruskin en trouwde uiteindelijk met Ruskins aanstaande vrouw. Populair waren zijn sentimentele afbeeldingen van kinderen. Een voorbeeld is een schilderij in het Fitzwilliam (Cambridge) van een bruidsmeisje dat een ring in de trouwtaart vindt en volgens de traditie de volgende bruid zal zijn.

Edward Coley Burne-Jones (1833–1898) werd geboren in Birmingham en studeerde samen met William Morris aan Exeter College in Oxford. Hij reisde met Morris langs de Franse kathedralen en werd door Rossetti op weg geholpen als schilder. Burne-Jones heeft veel voor Morris' bedrijf gewerkt en overal in de Midlands zijn glas-in-loodramen van zijn hand te vinden. In de jaren 70 van de 19de eeuw werd Burne-Jones opgepikt als een van de belangrijkste schilders van de prerafaëlieten.

Ford Madox Brown (1821–1893) werd geboren in Calais en studeerde in Brugge, Gent en Antwerpen. Brown trad op als mentor van Rossetti. Voor zijn schilderijen koos hij vooral onderwerpen uit de vroege Britse geschiedenis en de literatuur. Beroemd is echter vooral een schilderij waarin Brown de recente geschiedenis van Engeland tot onderwerp nam: *The Last of England* (1855), over de emigratie van Engelsen naar Australië (Birmingham City Museum). Als migrant werd Brown zelf niet gevraagd lid te worden van de broederschap in 1848. Wel was hij partner bij Morris & Co, waarvoor hij net als Burne-Jones glas-in-loodramen en meubels heeft ontworpen.

Waar te zien?

Het City Museum & Art Gallery in Birmingham en het Ashmolean Museum in Oxford en in mindere mate het Fitzwilliam in Cambridge hebben de grootste collectie prerafaëlieten. Hunts *The Light of the World* hangt in Keble College (Oxford). Bijzonder zijn de door Morris geïnspireerde borduurwerken in het stadje Leek.

East Anglia

Norfolk en Suffolk vormen het hartland van het vlakke East Anglia; Essex wordt er vanwege het gelijkvormige landschap meestal ook toegerekend. Vanaf de 5de eeuw migreerden Angelsaksische bevolkingsgroepen uit Scandinavië en Duitsland naar Engeland. De Angelen kwamen terecht in het oosten van het land, dat zij naar zichzelf East Anglia noemden; de Saksen trokken naar het zuiden, waaronder Essex. Onderling onderscheidden de bewoners van East Anglia zich in de loop der eeuwen in 'North Folk' en 'South Folk'.
Door het ontbreken van verdere industriële ontwikkeling na de middeleeuwse bloei is stedelijke groei in deze counties uitgebleven. Ipswich, aan de monding van de Orwell, is de grootste stad. Daarbuiten is de streek nog altijd zeer landelijk. Reden dat hier dankzij John Constable en Thomas Gainsborough de Engelse landschapsschilderkunst ontstond. De Norfolk Broads, de noord- en westkust van East Anglia, en het Thetford Forest zijn de meest vermeldenswaardige natuurgebieden.

< Rotunda van Ickworth House.

De oude haven van Harwich.

ESSEX

Harwich is de haven voor de veerboten van en naar het continent. Vanaf de boot rijden de meeste reizigers direct door naar andere plaatsen in Centraal-Engeland. Treinreizigers kunnen direct op treinstation Harwich International doorreizen naar het stationnetje Manningtree, om vandaar naar Londen of naar het noorden, Norwich, en naar het westen, Cambridgeshire, te reizen. Harwich heeft echter voldoende te bieden om er een paar uur rond te kijken. De stad bestaat uit een kleine, oude havenwijk, **Old Harwich**, met twee vuurtorens en een mooie pier. In een victoriaans piergebouwtje, het **Ha'Penny Pier visitor centre**, wordt bij het ontbreken van een officieel *tourist office* toeristische informatie verschaft. Aan de zeepier is in de vuurtoren een klein **maritiem museum** gevestigd. Daarnaast staat een 17de-eeuwse, door mensenkracht aangedreven tredmolenkraan. Het rad werd hier in de 20ste eeuw neergezet.
Verderop ligt een langgerekt nieuw stadsdeel. Hier bevindt zich in King's Quay Street **Electric Palace**, de eerste bioscoop van Engeland. De cinema dateert uit 1911, toen je nog voor een shilling of een sixpence naar binnen mocht. Je kunt er nog altijd een filmpje pakken.

De kust van Essex

De county Essex is gelegen aan de Noordzee, onder de rook van Londen. Hier ontstonden in voormalige vissersdorpen de eerste badplaatsen waar Londenaren terechtkonden, waaronder **Southend-on-Sea**. Dit stadje werd in de

Wells-next-the-Sea
Blakeney Point
Holme-next-the-Sea
Holkham
Cley-next-the-Sea
Hunstanton
Brancaster
Sheringham
Holkham Hall
Blakeney
Cromer
A148
The Wash
Houghton Hall
Fakenham
Castle Rising
A148
A140
A149
Wansum
Aylsham
King's Lynn
Wroxham
A47
A47
Bure
Wisbech
East Dereham
Caister-on-Sea
Great Ouse
A47
NORWICH
Swaffham
A47
Great Yarmouth
A134
Yare
Burgh Castle
Oxburgh Hall
NORFOLK
A146
A10
A140
Thetford
A11
Lowestoft
Forest
Thetford
A143
Ely
Scole
West Stow
Southwold
A142
A143
Cam
Ixworth
A140
A14
Bury St. Edmunds
A12
SUFFOLK
Newmarket
Cambridge
Ickworth House
Stowmarket
Aldeburgh
A11
M11
Kentwell Hall
Lavenham
A14
Melford Hall
Woodbridge
Sutton Hoo
Long Melford
Kersey
IPSWICH
Sudbury
A14
A604
Stoke-by-Nayland
Nayland
Flatford Mill
M11
Felixstowe
Dedham
Marningtree
Harwich
Braintree
A120
Bishop's Stortford
A120
A120
Colchester
Brightlingsea
Frinton-on-Sea
ESSEX
Witham
MERSEY ISLAND
Clacton-on-Sea
Harlow
A12
Chelmsford
NOORDZEE
M25
Burnham-on-Crouch
Brentwood
BASILDON
0
30 km
SOUTHEND-on-Sea
Thames
LONDEN

East Anglia

19de eeuw gesticht als koninklijke badplaats, maar is nu een gewone badplaats met een ongewoon lange pier en schoon water. Er loopt zelfs een spoorlijntje overheen, de Southend Pier Train. Rondom de pier is allerhande vermaak, waaronder een aquarium, **Sealife Adventure**. Leigh-on-Sea, dat ertegenaan ligt, is bekend vanwege de kokkels, mosselen, wulken, paling en... Italiaans ijs.

> *Website voor de county Essex: www.visitessex.com.*

4

De kustplaatsen van Essex worden in de zomer drukbezocht vanwege de zandstranden en jachthavens, vooral door de Engelsen zelf. De grootste haven is **Burnham-on-Crouch**. Het noordelijker gelegen Tendring Peninsula bestaat gedeeltelijk uit het natuurgebied The Naze. **Walton-on-the Naze** ligt aan dit moerassige gebied, met als belangrijkste bezienswaardigheid een 26 m hoge oude navigatietoren waarin een galerie is gehuisvest. **Frinton-on-Sea** is een chique versie van de andere strandplaatsen in de omgeving. Het is schoon en rustiger, met minder voorzieningen. **Clacton-on-Sea** is de grootste badplaats aan de kust, met de meeste voorzieningen voor een strandvakantie. Er is een pier met kermis, het gebruikelijke vertier in een Engelse kustplaats. Het 11 km lange zandstrand is een echt familiestrand. **St. Osyth Priory,** die in de 12de eeuw is gesticht, heeft jarenlang als museum gediend. Hij is nu gesloten, maar er wordt hard nagedacht over een nieuwe bestemming. De abdij werd, als zoveel kloosters, bij de Dissolution ontmanteld: de klokken werden omgesmolten en de gebouwen onbruikbaar gemaakt.
Brightlingsea is een vissersdorp, vooral voor de oestervisserij. Hier en verder zuidelijk vind je de bekende 'Colchester-natives'. Ieder jaar in september wordt de eerste vangst in een Oyster Feast gevierd. De All Saints' Church is een 13de-eeuwse kerk. In de kapel binnen zijn koperen gedenkplaten te zien, die wolkooplieden voor overleden familieleden lieten aanbrengen. Langs de kust hier staan drie zogenaamde **Martello-torens**, die deel uitmaakten van een nooit geteste verdedigingslinie in de napoleontische oorlogen. De Jaywick-toren, de St. Osyth en die van Clacton staan nog fier overeind.
Mersea Island ligt tussen de mondingen van de rivieren Blackwater en Colne. Bij eb geven de brede mondingen een modderige aanblik. De weg (*causeway*) naar het eiland is bij vloed slecht begaanbaar. Vanuit West Mersea wordt net als vanuit Brighlingsea op oesters gevist. De Parish Church of St. Peter and St. Paul is er gebouwd op de plaats van een Romeinse villa. In de toren zijn tegels verwerkt afkomstig uit de villa. Links van de kerk zijn in een museumpje andere Romeinse vondsten te zien.

> *MERSEA MUSEUM. Geopend: 's zomers wo.–zo. 14–17 uur.*

Colchester

Een grote vierkante watertoren aan de westzijde is het herkenningspunt van het moderne Colchester. De rechthoekige plattegrond van de stad en de ringweg verraden echter een veel ouder verleden. Colchester, gelegen aan de Colne, werd kort na de Romeinse invasie in 43 n.Chr. gesticht als de eerste stad van Romeins Engeland. Het is tegenwoordig een van de belangrijkste steden van de county Essex. De vier musea in de stad staan alle aan en nabij High Street.

› *TOURIST INFORMATION CENTRE, tegenover het kasteel en het busstation in 1, Queen Street, tel. +44 1206282920 (zo. gesloten). Colchester heeft twee treinstations. Het hoofdstation Colchester is voor alle grote lijnen van en naar Londen en Ipswich. Vanaf dit station gaat een trein naar 'Colchester town' en de kust bij Clacton-on-Sea.*

Een doorkijkje op de watertoren van Colchester.

4

Boudicca als Britse heldin

Als deel van de invasie van Engeland in 43 n.Chr. werd de inheemse nederzetting die de Romeinen Camulodunum noemden, onder aanvoering van keizer Claudius ingenomen. Lokale stammen als de Iceni onderwierpen zich aan het veel sterkere Romeinse leger. Het 20ste legioen werd gelegerd in een fort waarbij later de nieuwe stad Colonia Victricensis ('Stad van de overwinning') zou verrijzen. Door het ontbreken van een natuurlijke haven zouden de Romeinen later uitwijken naar Londinium aan de Thames. Colchester is hierdoor altijd een kleine stad gebleven. Het heeft niettemin een blijvende plaats in de geschiedenisboeken gekregen door een opstand van de lokale bevolking tegen de Romeinen in 60 n.Chr.

De achtergrond voor de opstand was de ongewoon harde opstelling van de Romeinen tegen de Iceni die zich vrijwillig hadden onderworpen. Sommigen werden van hun land verdreven, anderen tot slaaf gemaakt. De Iceni pikten dit niet en kwamen in opstand onder leiding van hun koningin-weduwe Boudicca. Al snel kreeg zij steun van de zuidelijke Trinobantes, aan wie dezelfde behandeling van de Romeinen ten deel was gevallen. Samen trokken zij op naar Colonia Victricensis, dat hun komst niet had verwacht en nog geen stadsverdediging had. De stadsbewoners vluchtten in de tempel van Claudius, maar moesten zich na twee dagen overgeven. De stad werd

Colchester Castle.

platgebrand en de bewoners werden gedood. Het succes van Boudicca was van korte duur, maar haar naam is tot op de dag van vandaag bij iedere Engelsman bekend (zoals het museum in het Normandische kasteel van Colchester laat zien). Romeinse versterkingen versloegen de opstandelingen alsnog. De stad werd opnieuw opgebouwd, dit keer wel met stadsmuren.
In de 5de eeuw namen de Saksen de stad over van de Romeinen en noemden haar Colenceaster. Na de Saksen arriveerden de Denen in de 9de eeuw en de Normandiërs in de 11de eeuw. Nadien groeide de stad uit tot een handelscentrum voor de East Anglia-wol, die in Vlaanderen tot laken werd gesponnen. Later kwamen de Vlaamse wevers zelf in de stad wonen. Colchester hield er een 'Dutch quarter' aan over.

Sporen van Romeins Colchester

De huidige ringweg geeft de grenzen van de oude stad aan. Het rechtlijnige stratenpatroon weerspiegelt de Romeinse stadsplattegrond, met Sir Isaac Walk, Culver Street en High Street lopend van oost naar west, en Lion Walk, Trinity Street en Maidenburgh Street van noord naar zuid.
De **Romeinse muren** van Colchester hebben een totale lengte van 2,5 km. Ten tijde van de Saksen gerepareerd, dienden zij ook in de middeleeuwen nog ter verdediging van de stad. Het is mogelijk om in een uur het hele circuit van de muren te belopen, al is het soms zoeken naar restanten van

de muur. De kern van de muur bestaat uit mortel en keien, de buitenzijde houdt deze kern bijeen door afwisselend vier lagen stenen en vier lagen tegels. Voor de muur was nog een extra gracht gegraven.
De muur is goed te zien bij de enig overgebleven Romeinse stadspoort. **Balkerne gate** was de westelijke toegangspoort in de Romeinse muur. Trots heeft de stad met een plaquette aangegeven dat het hier de grootste bewaard gebleven Romeinse toegangspoort in heel Groot-Brittannië betreft. Aangezien de feitelijke overblijfselen betrekkelijk mager zijn en voornamelijk bestaan uit een grote klomp stenen, is niet met zekerheid te zeggen hoe de poort er in werkelijkheid heeft uitgezien. Het centrale deel bestond uit een triomfboog, daaromheen werden later aan weerszijden bakstenen poorten neergezet. Waarschijnlijk waren er in totaal twee ingangen voor voetgangers en twee voor paard-en-wagen. In een deel van de poort is nu een pub gevestigd met de naam Hole-in-the-Wall.
In Maidenburgh Street – de straat die langs het Normandische kasteel loopt – is nog een tastbaar bewijs van de Romeinse aanwezigheid te zien: het **Romeinse theater**. De schamele fundamenten zijn overdekt en men heeft geprobeerd door middel van gekleurde bestrating de verdwenen bocht van de theatermuur aan te geven. Verder doorlopend zie je links op de kruising met St. Helen's Lane St. Helen's Chapel. Volgens een middeleeuwse legende zou deze 11de-eeuwse kapel op een Romeinse kerk zijn gebouwd. Zeker is dat de kerk op de fundamenten van het theater staat en dat de onderste delen van drie van de vier muren ook Romeins zijn.

Kasteel en museum

In Castle Park staat, aan de rand van het stadscentrum, **Colchester Castle**. Dit kasteel is het overgebleven centrale gedeelte van een veel groter fort, gebouwd op de ruïnes van de Romeinse gebouwen en muren rond de tempel van keizer Claudius, die na zijn dood werd vergoddelijkt. Het huidige kasteel heeft de omvang van het platform waarop de Romeinse tempel stond. Het viel daardoor nogal flink uit en geldt nu als het grootste Normandische kasteel van Engeland. Oorspronkelijk was het gebouw veel hoger. Er ontbreken twee verdiepingen, het gevolg van een mislukte poging om het kasteel in de 17de eeuw af te breken. Rondom het kasteel is een bloementuin die doorloopt tot de rivier.
In het kasteel is een **Castle Museum** met opgegraven pre-Romeinse en Romeinse oudheden uit Colchester en omgeving. Tot de collectie behoort een bronzen beeldje van Mercurius, de god van de reizigers en handelaren. Een kopie van dit beeldje siert, sterk uitvergroot, de voorgevel van het theater van Colchester, dat toepasselijk Mercury Theatre is genaamd. Twee belangrijke vondsten zijn op de eerste verdieping tentoongesteld. De eerste is een grafsteen voor soldaat Marcus Favonius Facilis van het 20ste legioen,

4

de tweede is een grafsteen van officier Longiunus Sdapeze, een auxiliair uit Thracië. Op basis van deze grafstenen kon in combinatie met schriftelijke bronnen worden bepaald welke Romeinse legeronderdelen in en rondom de stad waren gelegerd. Leuk in het museum is de aandacht voor de eeuwenlange hype – tot hedendaagse reclame aan toe – van de verzetsheldin Boudicca. Het museum is 'kindvriendelijk': veel van de voorwerpen in het museum mogen worden aangeraakt of opgezet.

4

> *CASTLE MUSEUM. Geopend: ma.–za. 10–17, zo. 11–17 uur. In de kasteeltuin kun je een roeiboot voor de vijver huren.*

Aan de rand van het Castle Park is in een statig pand in High Street het **Hollytrees Museum** gevestigd. Het museum verbeeldt het dagelijks leven van de bewoners van het pand in de afgelopen 300 jaar en bevat verschillende verzamelingen van curiosa, waaronder speelgoed. Ertegenover is het **Natural History Museum** met aandacht voor geologie, fossielen en de natuur van Colchester en Essex.

> *HOLLYTREES MUSEUM. Geopend: ma.–za. 10–17, zo. 11-17 uur. Gratis toegang.*
> *NATURAL HISTORY MUSEUM. Geopend: ma.–za. 10–17, zo. 11–17 uur. Gratis toegang.*

Middeleeuws Colchester

Na de Romeinen namen de Angelsaksen de stad over. Uit deze periode dateert (althans boven de grond) nog één bouwwerk. Te midden van het moderne winkelcentrum staat in een zijstraat van High Street in Trinity Street de **Trinity Church**, die vlak voor de Normandische invasie van 1066 volledig werd opgetrokken uit Romeins bouwmateriaal. Tegenover de kerk is een prachtig hofje met tuin waarin vroeger het klokmuseum Timperley's was gehuisvest en nu een lunchroom.

In de hoofdstraat High Street staat een opvallend stadhuis met klokkentoren. Hierachter ligt het **Dutch Quarter** met verschillende 14de- en 15de-eeuwse vakwerkhuizen. Deze wijk met het afwijkende circulaire stratenpatroon is vernoemd naar de Vlaamse wevers die zich hier in de 16de eeuw vestigden. De migranten bleven hun eigen taal spreken en hadden buiten de wijk, in Head Street, een eigen kerk. De benaming Dutch Quarter is opvallend genoeg toch nog maar 120 jaar oud: ze is ontstaan toen een groepje archeologen Colchester bezocht en verhaalde door het 'Dutch Quarter' te hebben gelopen.
Enigszins buiten het centrum maar nabij treinstation Colchester Town is in Priory Street de ingang naar **St. Botolph's Priory**. De abdij werd in de 12de eeuw gesticht door augustijner kanunniken op de plaats van een

St. Botolph's Priory uit de 12de eeuw.

Romeins-christelijke heilige plaats. De abdij werd eerst tijdens de Dissolution en daarna nogmaals in de tweede fase van de burgeroorlog in 1648 verwoest. De ruïne met daaromheen enkele graven en dekstenen van grafkelders vormt nu een keurig aangelegd parkje. Een gedeelte van de westgevel (met een gaaf portaal) en van het schip van de abdijkerk staat nog overeind. Het museum in Colchester Castle heeft een maquette van het volledige abdijcomplex.

Op de weg B1022 (die uiteindelijk leidt naar Chelmsford, de hoofdstad van Essex) staat aan Maldon Road, Stanway de **Colchester Zoo**, een dierentuin met een grote variëteit aan dieren en dagelijkse presentaties.

SUFFOLK

Suffolk is spreekwoordelijk landelijk, met kleine dorpjes en stadjes waarvan de middeleeuwse inwoners dankzij de wolhandel mooie parochiekerken konden laten bouwen. Bury St. Edmunds en Ipswich zijn de grootste steden. Op verschillende plaatsen wordt het verleden van Suffolk tot leven gebracht. In **West Stow** is een Angelsaksisch dorp nagebouwd. Je kunt er de huizen binnenlopen en de sfeer proeven van de vroege middeleeuwen. In Long Melford staat het tudorhuis **Kentwell Hall** waar in de zomer acteurs toneelstukken uit elizabethaans Engeland opvoeren. Het complex met tuinen is ook te bezoeken buiten de voorstellingen en concerten om.

Typisch 18de-eeuws is **Ickworth House** ten zuiden van Bury St. Edmunds. De bijzondere rotunda van het complex past in de 18de-eeuwse navolging van klassieke architectuur en was een populair architectonisch motief van de Italiaanse architect Palladio en zijn Britse navolgers. De strakke, door Capability Brown ontworpen tuin paste hier goed bij. Het huis heeft een schilderijencollectie met onder andere werk van Hogarth, Reynolds en Gainsborough.

4

> *WEST STOW. Het park ligt 10 km ten noordwesten van Bury St. Edmunds, te bereiken via een afslag van de A1101. Er zijn een speeltuin en een café.*

> *ICKWORTH HOUSE, tel. +44 1284735270. Geopend: mrt.–okt. vr.–zo. en di.–wo. 13–17 uur; tuin geopend: mei–okt. dag. 10–17 uur.*

> *KENTWELL HALL. Geopend: jul.–sep. dag. 11–17 uur; apr.–jun. en okt. alleen zo.; voor kaartjes voorstellingen: www.kentwell.co.uk.*

Rondom Stour Valley

Constable Country

De vallei van de Stour is nauw verbonden met de schilder John Constable (1776–1837), die uit de streek afkomstig is en als landschapsschilder de vallei nauwgezet op doek heeft vastgelegd. Constable werd geboren in East Bergholt en ging naar school in Lavenham en Dedham. Het pad dat hij dagelijks liep, is vastgelegd op het schilderij *The Cornfield*, dat nu in de National Gallery in Londen hangt. Ter ere van de schilder en ter promotie van de streek heeft men het tegenwoordig over Constable Country. De gedachte hierachter zal zijn dat hoewel de schilderijen misschien op andere plekken hangen (zoals in Ipswich), het 'echte landschap' van de schilder alleen ter plaatse is te ervaren.

Een van de vereeuwigde Constable-plekjes is **Flatford Mill** bij het dorp Flatford, ten zuidwesten van Ipswich, met de gelijknamige watermolen en een cottage aan de oever van de Stour. De molen was in bezit van Constables vader. De cottage die Constable schilderde, kan niet worden bezocht, maar wel de nabijgelegen Bridge Cottage met Constable-memorabilia en een tearoom.

> *BRIDGE COTTAGE. Geopend: apr., mei, okt. wo.–zo. 11–17.30; jun.–sep. dag. 10.30–17.30 uur. Gratis toegang. Te voet langs de rivier is het 3 km vanaf Dedham of 5 km vanaf treinstation Manningtree.*

Ook **Dedham** is verbonden met Constable. Het werd talloze malen door hem geschilderd, waaronder de parochiekerk St. Mary die met de 42 m hoge vierkante toren op verschillende schilderijen is te zien. De kerk werd ge-

Constable's Country: Flatford Mill.

4

bouwd in een tijd waarin Dedham snel transformeerde van klein landbouwdorp tot bloeiend woldorp. Wolkooplieden brachten het geld voor de kerk bijeen, zoals dat ook gebeurde in het meer noordelijke Sudbury.

Kerken in en rond Sudbury

Net als Dedham is ook **Sudbury** groot geworden door de handel in wol die via de rivier werd getransporteerd naar de kust en vandaar naar Vlaanderen. Het stadje wordt gedomineerd door de parochiale St. Peter's Church op Market Hill, die wordt opgesierd door een beeld van stadsgenoot Thomas Gainsborough. In Gainsborough Street is het geboortehuis van de schilder ingericht als museum. Er zijn wat meubelstukken (waaronder zijn bureau) en flink wat schilderijen van Gainsborough en tijdgenoten, onder wie Constable en Henry William Bunbury.

> *GAINSBOROUGH HOUSE, tel. +441787 372958. Geopend: di.–za. 10–17, zo. 14–17 uur.*

Even ten noorden van Sudbury ligt **Long Melford**. De langgerekte stad en de toevoeging 'long' zouden verband houden met de rechte Romeinse weg van Londen naar Norfolk met afslagen naar Colchester, Cambridge en Stowmarket. Er zijn geen tastbare sporen van het Romeinse verleden aan de oppervlakte te zien. Wel zijn er veel vakwerkhuizen van wolkooplieden. De Holy Trinity Church is uit 1484; de toren werd na een brand in 1725 her-

4

bouwd. De buitenzijde is versierd met een reliëf van vuursteen, een geliefd bouwmateriaal in East Anglia, en het interieur is de moeite waard vanwege de glas-in-loodramen. Bij de kerk hoort een 16de-eeuws hofje.
Schuin tegenover Melford Green staat **Melford Hall**, een 16de-eeuwse *mansion* die toebehoorde aan de abten van Bury St. Edmunds. Binnen doet de aankleding met porselein en meubilair vooral 18de-eeuws aan. De tudortuin, waaronder een tuinhuisje, is nog deels intact.

> *MELFORD HALL. Geopend: wo., do. en zo. 14–18 uur. Tuin geopend: wo.-zo. 13–17 uur (buiten het seizoen wisselend).*

Lavenham is één dorp van een kring van dorpen met bijzondere kerken en dorpskernen. Het hele dorp bevat tal van ongeschonden vakwerkhuizen. Het dorpje groeide in het begin van de 16de eeuw uit tot een van de twintig meest kapitaalkrachtige plaatsen in Engeland. Toen ook kon men het hele stadje opnieuw bouwen. De **Guildhall** is uit 1520 en huisvest een expositie over de wolindustrie. Ook **Little Hall** heeft een kleine expositieruimte met onder andere meubels. De kerk van Lavenham is in de wijde omtrek te zien vanwege de 40 m hoge toren. Hetzelfde kan worden gezegd van de kerk van **Kersey** die op het hoogste punt van het dorp is neergezet. Andere kerken staan in Nayland (met een altaarstuk van Constable) en Stoke-by-Nayland.

> *TOURIST INFORMATION OFFICE, tel. 01787-248207, Lady Street. www.discoverlavenham.co.uk.*

> *GUILDHALL. Geopend: dag. 11–17 uur.*

Bury St. Edmunds

In 869 versloeg de Deen Ivarr the Boneless het leger van East Anglia en doodde koning Edmund. Dertig jaar na zijn dood werd het lichaam van de intussen heilig verklaarde Edmund naar Suffolk gebracht om te worden begraven. Bury St. Edmunds (of St. Edmundsbury) werd een pelgrimsoord. Het klooster (gesticht in 633) werd in 945 bewoond door benedictijnen. De reliekschrijn van de koning kreeg een plaats in de abdijkerk. Het abdijcomplex langs de rivier de Lark vormde het hart van de middeleeuwse stad. Er ontstond al snel verdeeldheid tussen bewoners van het stadje en de abdijbewoners die een machtige positie in de regio opbouwden. De stad werd om die reden op gepaste afstand van de abdij opgebouwd, volgens een strakke plattegrond. Het huidige centrum is op **Cornhill**, waar drie opeenvolgende hallen, waaronder de korenbeurs, het gezicht bepalen, en op Angel Hill, met de 18de-eeuwse balzaal Atheneum. In Crown Street staat de St. Mary's Church, bezienswaardig vanwege het houten gewelf met engelenfiguren. In de kerk bevindt zich het graf van de zuster van Hendrik VIII, Mary Tudor.

Bury St. Edmunds.

De abdij van Bury St. Edmunds

Het abdijcomplex is de belangrijkste reden voor een bezoek aan Bury St. Edmunds. Dat wil zeggen: de abdij werd als gevolg van de ontbinding van de kloosters door Hendrik VIII (de Dissolution) bijna geheel met de grond gelijk gemaakt. Het terrein van de abdij is nu een sfeervol park (**Abbey Gardens**) met een aantal herkenbare en minder herkenbare ruïnes. De toegangspoort, **Abbey Gate**, is een massieve vierkante toren. Tijdens een wandeling door het park vallen nu en dan de steenklompen op die ooit deel van de abdij waren. Links achteraan is de 13de-eeuwse *abbot's bridge* over de River Lark te vinden.

Naast de Abbey Gate staat de **Cathedral Church St. James**, met in de *refectory* (eetzaal) een tearoom. Rechts van de kathedraal was de Norman Tower ofwel **St. James's Tower** de ingang naar zowel de (niet meer bestaande) abdijkerk als het kerkhof. Deze werd later als klokkentoren geïntegreerd in de kathedraal. De doorgang leidt naar het best bewaarde deel van de abdij, de westelijke gevel van de abdijkerk, die op dezelfde hoogte als de kathedraal stond.

Ipswich en de kust van Suffolk

Ipswich ligt aan de monding van de Orwell. Al sinds de 7de eeuw is het de belangrijkste haven van East Anglia en de enige echte stad van Suffolk.

Het stadhuis van Ipswich.

4

Schets van Ipswich

In Ipswich is het niet het middeleeuwse verleden van de wolhandel, maar de industriële revolutie die de inrichting van de stad aan de Orwell heeft bepaald. Grappig is dat juist uit deze industriële tijd enkele 'historische' bouwwerken dateren. De victoriaanse welgestelden van de stad lieten toen op het centrale plein Cornhill een middeleeuws aandoend stadhuis in Italiaanse stijl en andere neoklassieke gebouwen neerzetten. Er is ook nog wel iets middeleeuws. Het stratenpatroon en de namen Westgate en Tower Ramparts herinneren aan het middeleeuwse verleden. Vakwerkhuizen uit de late middeleeuwen en de tudortijd staan aan de Old Cattle Market. In Elm Street staat de St. Margaret's Church, die in 'East Anglia-stijl' is opgetrokken uit vuursteen. In College Street is de robuuste **Wolsey's Gate** het enig overgebleven deel van een universitair college gesticht in 1528 door de onder Hendrik VIII machtige Thomas Wolsey. Toen hij in 1530 stierf, bleef het Cardinal College onvoltooid.

Op de Buttermarket staat het mooiste oude gebouw van de stad, dat toepasselijk **Ancient House** is geheten. Het witte gebouw huisvest nu Lakeland, een winkel voor keukenspullen. De façade is opgesierd met het wapen van Karel II en met verwijzingen naar de toen vier bekende continenten. Ten zuiden van de Buttermarket, op de hoek van Princess Street en Francess Way, staat een nieuw gebouw van een van Engelands meest geliefde moderne architecten, Norman Foster. De architect van het Wembley-stadion en het Berlijnse Reichstagsgebouw ontwierp dit golvende **Willis Building** met een façade van rookglas voor verzekeraar Willis Faber & Dumas. Het gebouw ziet er vanbuiten ongenaakbaar uit, maar het dak bevat voor het personeel een restaurant met een grote tuin en een zwembad.

In het noorden van de stad ligt Christchurch Park. Hier staat de **Christchurch Mansion**, die samen met de **Wolsey Art Gallery** één museum vormt. Het huis werd in de 16de eeuw gebouwd op de ruïne van een augustijner abdij die de Dissolution niet overleefde. De mansion laat zien hoe welgestelde 16de- en 17de-eeuwers in een Engels landhuis leefden.

Kamers en keuken zijn ingericht in 16de-eeuwse stijl, maar niet alle ingerichte ruimtes zijn even stijlvast. De collectie van de Wolsey Art Gallery omvat schilderijen van Constable, Gainsborough en andere Suffolkse landschapsschilders, en van Joshua Reynolds, Adriaen van Ostade en Anthonie van Dyck.

> *CHRISTCHURCH MANSION. Geopend: di.–za. 10–17, zo. 14.30–16.30 uur. Gratis toegang.*

4

Het **Ipswich Museum** aan High Street is een gevarieerd museum met aandacht voor de oude Egyptenaren, lokale geschiedenis, natuur en een ouderwetse museumopstelling met opgezette dieren.

> *IPSWICH MUSEUM. Geopend: di.—za. 10-17 uur. Gratis toegang.*

De kust van Suffolk

Het 11de-eeuwse *Domesday Book* spreekt al over de haringvisserij vanuit de dorpjes langs de Suffolkse kust. Ook maakt het melding van een waterkering bij Southwold ('moiety of sea weir, 25,000 herrings'). Haringvisserij is er nog wel, maar de dorpjes zijn nu vooral bekend als vakantieoorden en uitvalsbases om de kust van Suffolk te ontdekken. **Southwold** heeft een drukke boulevard maar iets verder hiervandaan kun je een rustig strand vinden en duinen om in te wandelen.

Ten zuidoosten van de drukke havenstad Woodbridge, aan de B1083, ligt **Sutton Hoo**, waar in 1939 een koningsgraf werd ontdekt dat heeft toebehoord aan de Oost-Angelse koning Raedwald. Hij werd hier in 625 begraven in een schip vol goud en juwelen, die nu in het British Museum in Londen zijn te zien. Opgravingen leverden een tweede graf op. Te zien zijn vooral reconstructies en replica's. Ter plaatse zijn in de zomer rondleidingen bij de grafheuvels. Informeer bij de National Trust.

> *SUTTON HOO, tel. + 44 1394389700.*

Aldeburgh is bekend vanwege het jaarlijkse muziekfestival in juni, dat ooit door Benjamin Britten werd opgezet. Het oudste gebouw is er de Moot Hall, een stadhuis van tudorvakwerk met rode baksteen en vuursteen.

> *ALDEBURGH FESTIVAL, website: www.aldeburgh.co.uk.*

In het noorden ligt **Lowestoft**. Ook dit is een drukke vissersplaats, maar als toeristisch centrum steekt het Great Yarmouth, dat net over de countygrens ligt, naar de kroon. Componist Benjamin Britten werd hier geboren. Het stadje was daarvoor vooral beroemd als porseleincentrum. In het **Lowestoft Museum** kun je het porselein bekijken dat uit dezelfde tijd dateert als het bekendere Wedgwood. Lowestoft begon in 1757 als een van de eerste plaatsen in Engeland met de fabricage van porselein naar Chinees,

Aan de kust van Norfolk.

Duits en Frans voorbeeld. In tegenstelling tot in Worcester en Staffordshire richtte men zich hier op eenvoudig thee- en koffieservies voor dagelijks gebruik.

> *MUSEUM, Nicholas Everitt Park, aan Oulton Broad. Geopend: 's zomers dag. 10–17 uur. Gratis toegang.*

NORFOLK

Norfolk is een van de grootste counties van Engeland. Het bestaat uit platteland en een hoofdstad die lang geleden tot de grootste en rijkste steden van het land werd gerekend. Norwich had dit te danken aan zijn handel in wol en andere goederen die via de havens aan de Noordzeekust naar het vasteland werden getransporteerd. Deze kust ten noorden en oosten van Norwich is nu ingericht als vogelreservaat en natuurgebied. Aan de grens met Suffolk ligt het betrekkelijk nieuw geschapen **Thetford Forest**, een uitgebreid bos dat verschillende interessante bezienswaardigheden heeft, waaronder **Grimes Graves**, een neolithische vuursteenmijn uit 4000 v.Chr. Je kunt er afdalen in een van de diepe mijngangen. Er is ook een klein museum. Het landschap bestaat uit honderden kuilen als erfenis van de prehistorische mijnschachten.

Het verleden van Norfolk wordt tegenwoordig vooral weergegeven door de Keltische stam der Iceni, die hier ten tijde van de Romeinen woonde en

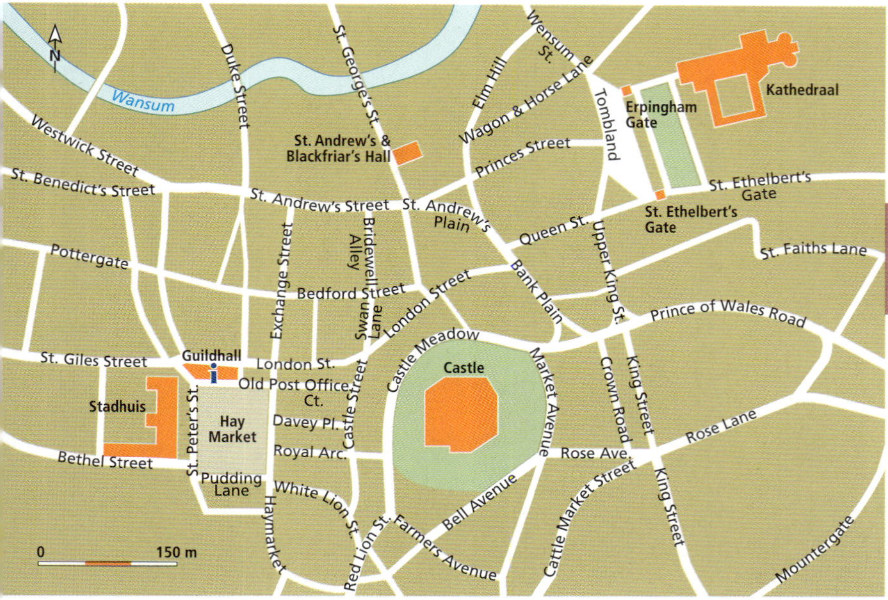

Norwich

tegen hen in opstand kwam. In Thetford kun je een hillfort van de Iceni beklimmen.

- *GRIMES GRAVES. Geopend: apr.–sep. dag. 10–18; okt.–mrt. wo.–zo. 10–17 uur. Toegang tot de mijn is vanaf 5 jaar.*

Norwich

Norwich, aan de rivier de Wansum, is de hoofdstad van de county Norfolk. In de bocht van de rivier ligt het grote complex van de kathedraal, verder van de rivier af staat op een heuvel het Normandische kasteel. Langs deze beide centra loopt van noord naar zuid de oudste weg door de stad en naar de rivier: King Street, die verderop Tombland gaat heten.

- *TOURIST INFORMATION CENTRE, Haymarket in de Guildhall, Gaol Hill. Het treinstation ligt net over de rivier, op 15 minuten lopen van het centrum; www.enjoynorwich.com voor restaurants, theater en uitgaan.*

Geschiedenis

Novus burgus wordt Norwich genoemd in het *Domesday Book*. De Normandiërs stichtten de stad kort na hun verovering van Engeland in 1066. Daarvoor bestond er al een Saksische stad op de plek waar nu Tombland ligt. Het Normandische kasteel werd op een natuurlijke heuvel gebouwd. Norwich groeide in de eeuwen hierna uit tot een van de grootste en rijkste

De kloostergang van Norwich Cathedral.

steden in Engeland. Nog in de 17de eeuw streed de stad met Bristol en Newcastle om de plaats van tweede grote stad na Londen. Dit had Norwich voornamelijk te danken aan de wolindustrie (kamgaren) en wolhandel. Toen de industriële revolutie ergens anders nieuwe en snelgroeiende steden voortbracht, bleef de bevolkingsteller in Norwich stilstaan. De Normandische kathedraal en het moderne Sainsbury-museum vormen de belangrijkste bezienswaardigheden.

De kathedraal

Cathedral Close is een uitgestrekt terrein dat de rivieroever aan de oostzijde van Norwich in beslag neemt. Aan de stadszijde in Tombland vormt St. Ethelbert's Gate de poort tot dit wandelgebied. Een prettige wandeling leidt naar de waterpoort Pulls Ferry, ooit de aanlegplaats voor het veer naar de andere oever. Op Cathedral Close staan nog andere kerken, aan Bishop Gate. Interessant is vooral de St. Helen, een oud hospitaal met een kleine kloostergang. In Tombland staat een tweede poort. Deze Erpingham Gate leidt naar de ingang van de kathedraal van Norwich. Eerst volgt een binnenplaats (*Upper Close*) met rechts Carnary College en links een standbeeld van admiraal Nelson, die de school als jongetje bezocht.

De ingang is aan de westzijde, aan de achterkant van het schip. Het grondplan van het schip en van de kerk als geheel is Normandisch. De sober gedecoreerde bogen vormen drie verdiepingen. Ooit waren de zuilen versierd met schilderwerk. Daar duidt althans één nog altijd gedecoreerde zuil op, die halverwege de zuidzijde staat. Op de zuilen van de derde verdieping is drie eeuwen na de eerste bouw een gotisch kruisgewelf ingebouwd. De subtiele samenvoeging van beide stijlen is ook te zien aan het westportaal, bij de entree tot de kerk. Op de kruisen van het gewelf zijn *bosses* aangebracht, kleine gebeeldhouwde ornamenten van hout, die het Bijbelverhaal verbeelden. Achter het koor, in het presbyterium, is op dezelfde wijze een kruisgewelf ingebouwd en zijn de ramen 'aangepast' in gotische stijl. Twee pronkstukken van het interieur staan in de kapel van St. Lucas aan de oostzijde – dat is rechts – van het presbyterium. Het eerste betreft een eiken altaarstuk uit 1381 met het passieverhaal in vijf afbeeldingen. Het tweede is de doopvont, afkomstig uit de Church of St. Mary-in-the-Marsh die vroeger op Cathedral Close stond.

Van de kloosterkerk die de kathedraal vóór de Dissolution was, is de kloosteromgang behouden gebleven. De deur van de kathedraal naar de omgang (*prior's door*) heeft een bijzonder fraai houten reliëf met Christus in het centrum. De kloostergang is in gotische stijl herbouwd nadat in de 13de eeuw stadsbewoners, die te hoop waren gelopen tegen de overheersing van de clerus, de kerk deels hadden verwoest.

Het centrum

In Tombland ligt tegenover de kathedraal de toegang tot **Tombland Alley**. Dit is een van oorsprong 16de-eeuws hof met antiekzaken en de parochiekerk St. George-Tombland. Verder doorlopend kom je uit op Elm Hill, een licht oplopend 'historisch' straatje met gekleurde gevels, vakwerkhuizen en kinderhoofdjes. Op nummer 43-45 is **Wright's Court,** een hofje met een antiekwinkel en een cafeteria met tuin. Het is een van de courts en yards van Norwich, goedkope behuizing gebouwd op de binnenplaatsen en tuinen van verlaten herenhuizen. De meeste van deze huizen werden in het kader van stadsvernieuwing gesloopt, maar enkele zijn gerenoveerd zoals Whip & Nag Yard op Pittstreet 3 en Woburn Court op Guildhall Hill.

In Norwich staan 32 middeleeuwse kerken, maar ze zijn niet allemaal als godshuis in gebruik. Officieel bestempeld als 'overbodig', hebben ze een nieuwe bestemming gekregen als museum, boekwinkel of school. Een voorbeeld daarvan is te vinden aan het einde van Elm Hill, waar de 15de-eeuwse **St. Peter Hungate** staat. Deze kerk is al heel lang niet meer als godshuis in gebruik, heeft enkele jaren gediend als museum voor kerkelijke kunst, maar staat nu leeg. Vlakbij ligt het voormalige kloostergebouw St. Andrew's and

Black Friars Hall, nu in gebruik als trouwzaal en congrescentrum. Het complex kan, als er geen feestje aan de gang is, wel worden bezocht. In de bocht van St. Andrew's Plain staat **St. Michael-at-Plea**, met een vreemd kort torentje als erfenis van een restauratie. Het bovenste stuk werd er afgehaald en in plaats daarvan kwamen de getande rand en de twee uitsteeksels. Nu zit er een antiek- en boekwinkel in, met in het koor een prettige tearoom. Tegenover de kerk ligt Cinema City, een mooie, oude bioscoop gehuisvest in een 15de-eeuws pand. Het bijbehorende café Take Five met glas-in-loodramen en een tuin is te bereiken via de bioscoopentree of via de zijstraat.

4

Het moderne centrum van de stad is **Hay Market**. Hier staan het iets te groot uitgevallen **stadhuis** uit 1938 en een nieuwe bibliotheek met glazen gevel. De Guildhall is geheel opgetrokken uit vuursteen, het bouwmateriaal van de streek. In dit gebouw is het toeristenbureau gevestigd. Op de Haymarket ervoor is dagelijks markt.

Castle Hill is de grote heuvel die het zuidelijke deel van het centrum domineert. Bovenop staat het **Norman Castle**. De architecturale versiering op de buitengevel is vroeg-19de-eeuws, maar wel nagenoeg exact naar het 11de-eeuwse origineel uitgevoerd. Daaromheen ligt het overdekte, vijf verdiepingen tellende winkelcentrum Castle Hall. Een trap omhoog in Market Avenue leidt het kasteel in. In Market Avenue is tevens de ingang van het Royal Norfolk Regimental Museum te vinden.

> *CASTLE. Geopend: ma.–za. 10–17, zo. 13–17 uur.*

> *REGIMENTAL MUSEUM. Geopend: ma.–za. 10–17; zo. 14–17 uur.*

Sainsbury Centre

Vanuit het centrum leidt Earlham Road westwaarts naar de campus van de universiteit van East Anglia. De studentenverblijven naar een ontwerp van Denys Lasdun liggen als betonnen piramiden aan University Broad. Daar ligt ook het **Sainsbury Centre for Visual Arts**. Dit spectaculaire gebouw van Norman Foster heeft de vorm van een soort grote hangar, die alleen van bovenaf licht toelaat. Een loopbrug verbindt het gebouw met de oude universiteitsgebouwen.

Het museum herbergt de collectie van het echtpaar Robert en Lisa Sainsbury, naamgevers en eigenaren van een supermarktketen. De expositieruimte en de collectie zijn indrukwekkend. De nadruk ligt op keramiek, sculpturen en gebruiksvoorwerpen, waarbij westerse en niet-westerse kunst van het begin van de jaartelling tot nu gezamenlijk zijn opgesteld. Er zijn ook schilderijen; Francis Bacon is buitengewoon goed vertegenwoordigd (met onder andere een portret van Lisa Sainsbury). Hetzelfde geldt voor de beeldhouwkunst van Henry Moore (van wie twee sculpturen de ingang opluisteren). Er zijn een grote collectie Afrikaanse kunst en, op de tweede verdieping, veel keramiek uit China en Japan. Buitenom is er een ondergrondse doorgang naar de Crescent Wing, voor tijdelijke tentoonstellingen en het open depot.

> *SAINSBURY CENTRE. Geopend: di.–zo. 11–17 uur. Er zijn een café en een restaurant aan het instituut verbonden.*

Sainsbury

De noordkust

De noordkust van Norfolk is tegenwoordig vooral een maritiem natuurgebied. De Cley Marshes bij **Cley-next-the-Sea** zijn sinds de jaren 30 van de 20ste eeuw bestemd als reservaat voor eenden, ganzen en waadvogels (waaronder in de zomer de lepelaar, grutto en rotgans, en in de winter smient, pijlstaart, kiekendief, wilde eend en slobeend): een paradijs voor de talrijk aanwezige 'vogelaars'. Hetzelfde geldt voor het gebied rond Blakeney, dat op **Blakeney Point** tevens een grote kolonie zeehonden heeft. Vanuit Morston en Blakeney varen bootjes van verschillende maatschappijen door de *marshes* naar de zeehondenkolonies. Langs de kust loopt ook het Norfolk-kustpad, beginnend in Cromer en eindigend in Hunstanton. Dit plaatsje heeft het zogenaamde 'sunny hunny'-strand, een rustig naar het westen gericht strand afgeschermd door rood-witte *cliffs*. Een klein stukje van het pad kan in een circuit worden gelopen tussen Blakeney en Cley, met als beginpunt de haven van Blakeney. Ook Blakeney Point is te voet bereikbaar. Het is dan wel zaak de paden aan te houden en niet het strand op te gaan. Verder westelijk liggen bij **Wells-next-the-Sea** en Holme-next-the-Sea twee vogelreservaten waar eveneens, vanuit Brancaster, bootjes op varen. Het brede korrelige zandstrand van **Holkham Bay** is te bereiken via Lady Anne's Drive, Holkham Village of via Wells-next-the-Sea. In Brancaster waren ooit Romeinen gelegerd; het Romeinse fort is opgegraven. Vanaf het nabijgelegen Holme-next-the-Sea loopt het kaarsrechte wandelpad **Peddars Way** (het Norfolk Coast Path) over de oude Romeinse weg van Ixworth (Suffolk) naar Holme. Een deel is ook per fiets te volgen.

> *Vanuit Norwich rijden regelmatig treinen naar de noordkust (Cromer en Sheringham). Tussen Wroxham en Aylsham rijdt over 14 km een stoomtrein door de Bure Valley. In de zomermaanden vertrekt de trein zes keer per*

4

Zeehonden kijken bij Blakeney Point.

dag, daarbuiten drie keer. Morston is de meest geëigende opstapplaats voor de boottochten. Voor reserveringen: Temple's Seal Trips, The Street, Morston, tel. +441263740791; Beans Boat trips, 69 Morston Road, Blakeney, tel. +441263741306 en www.beansboattrips.co.uk.

Drie Halls in Norfolk

Ook Norfolk heeft zijn door de National Trust of de English Heritage beheerde *stately homes*.

Even ten zuidwesten van Wells-next-the-Sea staat **Holkham Hall**, een groot complex met een landhuis uit 1761 en een uitgestrekt park met een meer, hertenpark en museum. Binnen hangt een collectie schilderijen met werk van Gainsborough, Rubens en Poussin. Het landgoed werd door Thomas Coke geërfd en uitgebreid met voorheen gemeenschappelijke gronden. Het gebied werd gedraineerd en in gebruik genomen als landbouwgrond. Coke ontwierp het huis in samenwerking met William Kent grotendeels zelf, na een bezoek aan Rome. Het complex geldt als schoolvoorbeeld van de 18de-eeuwse navolging van de klassieke architectuur, het zogenaamde 'palladianisme'.

Langs de Peddars Way staat **Houghton Hall**. Het complex werd aangelegd door de machtige 18de-eeuwse politicus Robert Walpole. Om het zicht vanuit de Hall te verbeteren, liet Walpole het dorp op het omringende landgoed afbreken en een paar kilometer verder als New Houghton weer opbouwen. Het was mede dankzij dit op onduidelijke wijze gefinancierde

Holkham Hall.

'paleis', dat tegenstanders Walpoles regeerperiode 'Robinocratie' noemden. Het gebouw is van buiten betrekkelijk sober opgezet naar de toen opkomende palladiaanse bouwstijl. Het interieur is veel barokker, en gevuld met tapijten, porselein, 20.000 tinnen soldaatjes en memorabilia van Walpole. Drie eeuwen ouder is het kasteelachtige **Oxburgh Hall** ten zuidwesten van Swaffham. Dit tudorwoonhuis is omzoomd door een slotgracht. Binnen is een door Mary 'Queen of Scots' geknoopt tapijt de belangrijkste schat.

> *HOLKHAM HALL. Geopend: apr.–okt. zo., ma. en do. 12–16 uur.*
> *HOUGHTON HALL. Geopend: mei–sep. wo.–zo. 11–17 uur.*
> *OXBURGH HALL. Geopend: apr.–okt. dag. 11–16 uur.*

King's Lynn

Lang de Ouse ligt tegen de grens met Cambridgeshire, dicht bij The Wash, het stadje King's Lynn. Dankzij deze locatie in een destijds nogal moerassig gebied groeide King's Lynn uit tot een belangrijke handelshaven. Het onderhield via de rivieren Nene en Ouse contact met Peterborough en Cambridge aan de ene kant en Thetford en Bury St. Edmunds aan de andere kant. De bloei van King's Lynn begon in de 15de eeuw en duurde voort tot in de 18de. De historische gebouwen zijn hierdoor afkomstig uit uiteenlopende perioden. De Trinity Guildhall, die net als in Norwich een vuurstenen voorgevel heeft, is verschillende malen herbouwd. St. George's Guildhall in King Street is nog authentiek 15de-eeuws, maar hierin is later een theater gebouwd. Rond de rivierkades staan nog enkele pak-

Langs het Norfolk Coast Path.

huizen uit dezelfde periode en het later gebouwde sobere Customs House. Het vissersverleden van de stad wordt opgeroepen in het **Fishing Museum True's Yard** dat in twee voormalige visserscottages in North Street is gevestigd.

> *TOURIST INFORMATION CENTRE, Saturday Market Place.*

> *TRUE'S YARD, tel. +44 1553770479. Geopend: dag. 9.30–16.30 uur.*

Ten noorden van King's Lynn staat het ongenaakbare Normandische kasteel **Castle Rising.** Het kasteel komt qua bouwstijl overeen met dat van Norwich, maar bijzonder is dat dit kasteel binnen een ovale aarden ringwal ligt.

> *CASTLE RISING. Geopend: apr.–sep. dag. 10–18; 's winters di.–za. 10–16 uur.*

Even ten noorden van King's Lynn ligt **Sandringham**, een 18de-eeuws landhuis dat vooral vanwege de aankoop door koningin Victoria geassocieerd wordt met de Britse koninklijke familie. Het gebouw werd al snel opnieuw in baksteen opgetrokken. Prinses Diana, de overleden moeder van kandidaat voor de troon prins William, werd geboren bij de buren in Park House dat nu een hotel is. Tegenwoordig vertoeft de koningin in de zomermaanden drie weken in dit landhuis. Het interieur van een deel van het landhuis is buiten deze periode voor bezoekers opengesteld. Ook is er in de stallen een museum voor de jacht en paardenraces ingericht, en is er een verzameling koninklijke 19de-eeuwse automobielen. In het omringende park kun je wandelingen maken.

> *SANDRINGHAM. Geopend: jul.–aug. ma.–zo. 11–17 uur.*

Molen in Norfolk.

De Broads

De Bure stroomt door Wroxham, ten noordoosten van Norwich, om bij Great Yarmouth in zee uit te monden. Het stroomgebied is een natuurgebied en herbergt verschillende (vogel)reservaten; om die reden zijn de Broads populair bij vakantiegangers (wat onder andere blijkt uit de talrijke campings). De Broads zijn ontstaan uit de ontginning van het veen in de 15de eeuw, toen houtskool en steenkool door een toegenomen vraag minder gemakkelijk verkrijgbaar waren. Na de ontginning van de oppervlakkige veenlaag haalde men ook het onder water gelegen natte veen (*mora*) weg. De natte turf werd in stenen gesneden en gedroogd. Meer dan 20 miljoen m^3 turf is in de Broads ontgonnen. Het gevolg was dat het hele gebied werd overstroomd door de rivieren Bure en Yare.

Great Yarmouth is het centrum van de Broads. Het is een badplaats met een lange boulevard, Marine Parade, waaraan de gebruikelijke kermis en ander amusement worden aangeboden. In het historische deel zijn de middeleeuwse muren van torens voorzien. De Rows zijn aardige laantjes, die in het smalle stadsgedeelte tussen rivier en kust beide wateren met elkaar verbinden.

> *TOURIST OFFICE, Maritime House, 25 Maritime Parade, tel. +44 1493846346.*

Ten zuiden van Great Yarmouth ligt het Romeinse fort Gariannonum ofwel **Burgh Castle**, waarvan nog vier muren overeind staan. Ten noorden van

4

Great Yarmouth lag nog een tweede Romeins fort bij Caister-on-Sea. Het nabijgelegen **Caister Castle** dateert uit de 15de eeuw en was eerder bedoeld om in te wonen dan als verdedigingscomplex. In Caister werd in de 15de eeuw op grote schaal zout gewonnen.

PRAKTISCHE INFORMATIE

COLCHESTER

Hotel

- Brook Red Lion Hotel, 43 High Street, via www.brook-hotels.co.uk, tel. +44 1206577986.

Restaurant

- Warehouse Brasserie, 12 Chapel St. North, tel. +44 1206765656 (grill).

NORWICH

Hotels

- The Maids Head, 20 Tombland, tel. +44 1603209955 (centrum).
- The Old Rectory,103 Yarmouth Road,www.oldrectorynorwich.com, tel. +44 1603700772.

Restaurants

In The Lanes van Norwich vind je veel lunchgelegenheden:

- Fish and Chips in Grosvenor Fish Bar, 28 Lower Goat Lane.
- Moorish Falafal Bar, Lower Goat Lane.
- Roots, Pottergate, tel. +44 1603920788.
- The Iron House, 1 St John Maddermarket, Norwich (Engels, ook vegetarisch), tel. +44 01603763388.
- Brasserie Gerard, 2-3 Tombland, tel. +44 1603615718 (eenvoudig Frans , vestiging van een keten).
- Loch Fyne, 30-32 St. Giles Street, tel. +44 1603723450 (vis).
- Wagamama, 408 Chapelfield Plain, tel. +44 1603305985 (Japans).

CitySightseeing
Kids

Cambridge en de Home Counties

In het vlakke achterland van East Anglia ligt, bij de Fens en de rivier de Cam, een van de grootste Engelse bezienswaardigheden: de oude universiteitsstad Cambridge. Het graafschap Cambridgeshire kan daarnaast bogen op twee bijzondere kathedraalsteden, in de Normandische tijd gesticht in het moerasgebied van de Fens: Ely en Peterborough. Voorbij East Anglia en Cambridgeshire begint het land te glooien, dankzij de kalkheuvels van de Chiltern Hills en de noordelijke uitlopers van de Cotswolds, in Northamptonshire, Bedfordshire, Buckinghamshire en Hertfordshire. De dichtst bij Londen liggende graafschappen staan bekend als de Home Counties.

Hoewel de Home Counties dichtbevolkt zijn, dienen ze ook als schoolvoorbeeld voor historische landhuizen, die vroeger – en soms nog steeds – werden bewoond door de aristocratie die in het nabije Londen macht en rijkdom vergaarde. Vooral Buckinghamshire en de Chiltern Hills herbergen veel van deze landhuizen. Hertfordshire heeft als belangrijke bezienswaardigheid de Romeins-middeleeuwse stad St. Albans.

In de beukenbossen van de Chiltern Hills liggen tal van schilderachtige dorpjes. Deze heuvels vormen een prettig wandelgebied, minder bekend en daarom ook minder druk dan de populaire Cotswolds.

< Per dubbeldekker Cambridge ontdekken.

CAMBRIDGE

Tot aan het begin van de 13de eeuw ontwikkelde Cambridge zich als een gewoon marktstadje dat profiteerde van de gunstige ligging aan de rivier de Cam vlak voor de Fens. Na de migratie van een groepje geleerden uit Oxford in 1209 nam de universiteit de stad in bezit en kreeg het centrum, volgepakt met prachtige colleges, het aanzicht dat het nu nog heeft. Pas in de 19de eeuw werd dit aangevuld met nieuwe woonwijken in het zuidoosten in de richting van het treinstation en in Chesterton ten noorden van de rivier.

5

> *TOURIST INFORMATION CENTRE, Peas Hill, tel. +44 8712268006. Treinstation ligt niet op loopafstand van het centrum, er rijden regelmatig pendelbussen (Citi 1, 3 en 7) naar St. Andrew's Street. In Drummer Street is het busstation voor coaches van de National Express naar Londen. In de stad is betaald parkeren, rondom de stad zijn 5 gratis park & ride-terreinen met busverbinding. Bus X5 verbindt Cambridge met Oxford. Londen Stansted is het dichtstbijzijnde vliegveld, met busverbinding.*

Een brug over de Cam

De eerste nederzetting aan de rivier de Cam lag aan de noordzijde van de rivier, over Magdalene Bridge. Hier bouwden de Romeinen op de heuvel een fort ter controle van de rivier en de Via Devana van Colchester naar Godmanchester. De opeenvolgende Hills Road, Regent Street, St. Andrew's Street en Sidney Street zijn aangelegd over deze Romeinse straatweg. Rondom het Romeinse fort, dat bij Castle Street en Mount Pleasant lag, ontstond een nederzetting die dankzij de rivier en de Romeinse kanalen uitgroeide tot een regionaal handelscentrum. De stad ontwikkelde zich verder in de tijd van de Saksen. Het was de Angelsaksische koning Offa die in de 8ste eeuw de Cambrug liet bouwen over de rivier, die toen nog Granta heette. Later werd dit verbasterd tot 'Cantabrig'. De Normandiërs voegden hier een kasteel aan toe op Castle Hill, waarvan een deel nog overeind staat.

Om tegemoet te komen aan de groei van de stad, werd nu ook aan de zuidoever van de rivier gebouwd, langs Jesus Lane en St. Andrew's Street.

De universiteit

De toekomst van Cambridge zag er op slag anders uit met de komst van een groepje geleerden dat in 1209 uit Oxford was gevlucht, nadat twee van hun collega's voor moord waren terechtgesteld. Dit was een hele schok omdat voordien geleerden als klerikalen alleen onder het kerkelijk recht konden worden berecht. Een deel keerde terug toen de storm in Oxford was overgewaaid. Sommigen vonden het klimaat in Cambridge en in de nabijgelegen bisschopsstad Ely aantrekkelijk genoeg om te blijven en een eigen school

Cambridge en de Home Counties

(*studium*) te stichten. Zij wisten de noodzakelijke erkenning te verkrijgen van de bisschop van Ely en van koning Hendrik III.

In eerste instantie voorzagen docenten en hun studenten in hun onderdak door in de stad leegstaande gebouwen te huren. Pas aan het einde van de eeuw, in 1280, werd het eerste college gebouwd: Peterhouse, naar het voor-

5

Roeiers op de Cam.

beeld van Merton College in Oxford. Hierna volgden in de eerste helft van de 14de eeuw (tot 1352) King's Hall, Michaelhouse (nu beide deel van Trinity College), Clare, Pembroke, Gonville en Corpus Christi.
Stichting van een college was geen sinecure. Er was veel geld en een stuk grond nodig voor studie- en woonruimtes en een kapel, eetzaal en bibliotheek. Belangrijker nog was het verkrijgen van toestemming van de koning en kerkelijke autoriteiten om clerici, klerken, juristen en medici te mogen opleiden. Adellijke of koninklijke patronage was nodig voor een succesvolle stichting. De colleges konden zich onder koninklijke hoede gestaag uitbreiden in het centrum van Cambridge. Dit ging ten koste van de handelsstad die langzamerhand verder van de rivier af kwam te liggen.
De concurrentie tussen de gewone inwoners en de geprivilegieerde universitaire medewerkers leidde regelmatig tot onenigheden. Het hoogtepunt van die strijd was de boerenopstand van 1381, waarbij onder de strijdkreet '*Away with the learning of the clerks!*' de universiteitsarchieven in het openbaar werden verbrand. Zelf maakte de universiteit zich vooral druk om de strijd met Oxford. Aan de hand van de meest onwaarachtige (en vaak vervalste) documenten probeerden de twee elkaars positie als eerste en belangrijkste universiteit te betwisten.

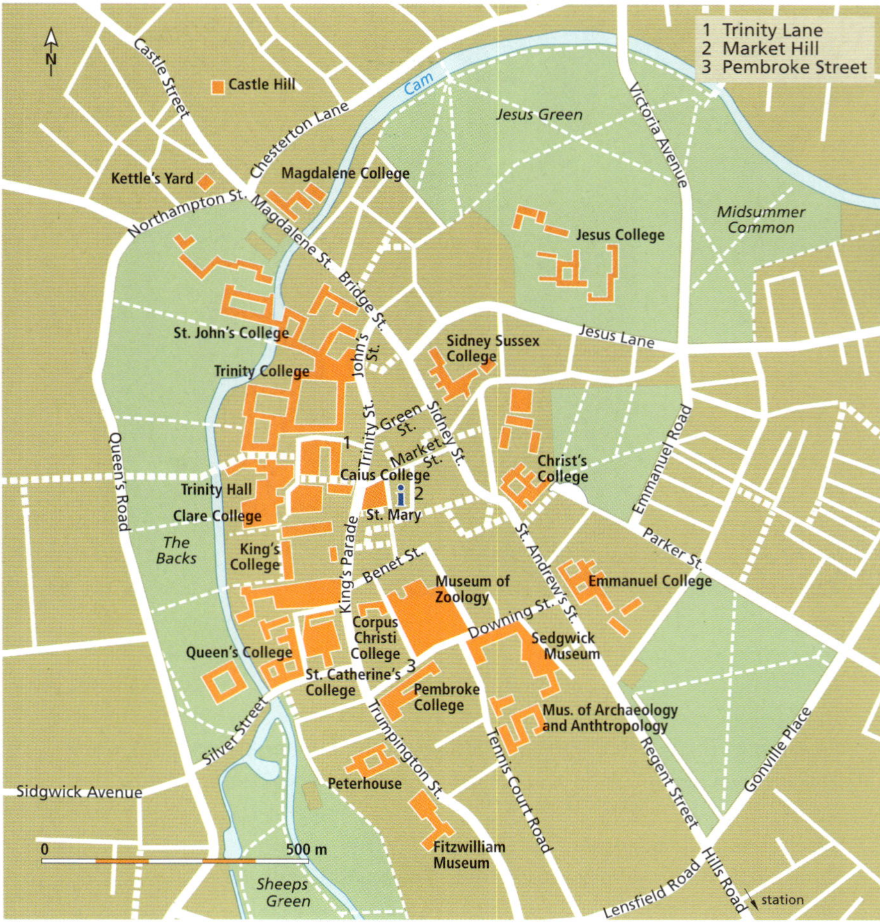

Cambridge

In de 16de eeuw volgde een tweede stichtingsgolf, dit keer met als oogmerk de universiteit om te bouwen van middeleeuws naar renaissancistisch onderwijsinstituut: Jesus, Christ's en St. John's College stammen uit deze periode.

Vervolgens dwong de reformatie een nieuwe theologische opleiding af, waarvoor Emmanuel College en Sidney Sussex College werden gesticht. In de 18de eeuw keerde de rust terug in de stad, maar onder invloed van een chronisch gebrek aan woonruimte namen de spanningen tussen stad en universiteit in de 19de eeuw weer toe. *Gown, gown*! tegenover *Town, town*! waren de strijdkreten tijdens straatgevechten tussen 'toga' en 'stad'. De universiteit kwam ook onder vuur te liggen door toenemende kritiek op de achterhaalde

Geslaagd!

5

structuur en de opkomst van modern opgezette universiteiten. Dit leidde tot ingrijpende hervormingen. De colleges verloren een deel van hun autonomie en kwamen onder één organisatorische paraplu, die verantwoordelijk werd voor het curriculum en de examens: de universiteit van Cambridge.

Bezoek aan de colleges

Cambridge heeft 31 colleges. Alle zestien colleges die zijn gesticht in of vóór de 16de eeuw worden hier besproken. Van de overige colleges zijn er zeven gesticht in de laatste vijftig jaar. Zelfs zestien colleges zijn te veel om in één dag te bekijken, al was het maar omdat de beperkte openingstijden dit niet toestaan (de meeste colleges zijn dagelijks geopend van 14 tot 17 uur; een aantal is tijdens de examenperiode gesloten voor publiek).

King's College

Langs King's Parade loopt een lange façade waarachter een hoge kapel is te zien. Dit is de kapel van King's College, ooit Cambridges meest geprivilegieerde college. De façade is een typisch voorbeeld van de 19de-eeuwse neogotiek. William Wilkins was de architect. De façade past goed bij het 'echte' gotische complex dat erachter schuilgaat.
In 1441 gaf koning Hendrik VI, wiens standbeeld de grasgroene binnenhof siert, opdracht tot stichting van dit college. Onder de koninklijke patronage

konden de 'Kingsmen' recht doen gelden op een voorkeursbehandeling. Studenten werden direct aangevoerd van Eton, het andere lievelingsinstituut van de koning. Nog in de 19de eeuw onttrokken de studenten van King's College zich aan de universitaire examens. De bouw werd onder Hendrik VI groots aangepakt, iets te groots, want toen de koning overleed was de immense kapel onvoltooid evenals de collegegebouwen. Pas een eeuw later stelde Hendrik VIII geld beschikbaar voor voltooiing van de kapel en werden de 25 gebrandschilderde ramen ingezet. De overdreven grote kapel was vooral bedoeld om Hendrik VI als patroon in het zonnetje te zetten en Europa te tonen dat Engeland een eigen gotische stijl bezat. Dit komt ook tot uiting in het gewelfplafond uit de tijd van Hendrik VIII. In de kapel is achter het altaar een altaarstuk van Rubens, *De aanbidding van de Wijzen.*

> *KING'S COLLEGE CHAPEL, King's Parade. Geopend: di.–zo. 9.30–16.30 en ma. 9.45–16.30; evensong: di.–zo. 17.30; tijdens collegeweken: za. 9.30–15.30 en zo. 13.15–14.15 uur. Betaalde entree.*

Corpus Christi College

Aan de overzijde van King's Parade is Corpus Christi. Dit college is bijzonder vanwege de stichting in 1352 door twee stedelijke broederschappen, Corpus Christi en 'the Blessed Virgin Mary' in de nabijheid van St. Bene't's Chapel (van Benedict). Het is nu één met **St. Bene't's Church** (met 11de-eeuwse pre-Normandische toren), reden waarom het lange tijd Bene't's College werd genoemd. Door zijn stedelijke achtergrond speelde het college een belangrijke rol in het kerkelijk leven van de stad, zoals deelname aan de door gilden georganiseerde processie op Sacramentsdag, de tweede donderdag na Pinksteren. De eerste hof is New Court. Daarachter ligt Old Court, die nog uit de stichtingsjaren dateert en geldt als de eerste als zodanig geplande en bewaard gebleven gesloten hof.

> *CORPUS CHRISTI COLLEGE, King's Parade. Geopend: half jun.–apr. dag. 11–15 uur.*

St. Catherine's College

Dit college aan Trumpington Street werd gesticht in 1473 voor onderricht in theologie en filosofie. Het is een betrekkelijk klein en weinig bezienswaardig college.

> *ST. CATHARINE'S COLLEGE, Trumpington Street. Geopend: jul.–apr. 9–17 uur.*

Queen's College

De ingang van dit college is te bereiken vanuit Silver Street. De collegegebouwen van Queen's College zijn veel minder groots dan die van de andere colleges. Juist de kleinschaligheid maakt het college zo geliefd onder stu-

5

DE HOLLANDSE POLDERS VAN DE FENS

Lange brede kanalen met daartussen drooggelegde polders domineren het platteland in de driehoek Cambridge–Peterborough–Wisbech. Dit is het resultaat van de eeuwenlange strijd van de bewoners van Cambridgeshire tegen het overtollige rivierwater van de Cam, Ouse, Nene, Welland, Lark en Wisey, die allemaal in The Wash uitmondden. Bijna ieder jaar, in de winter en bij zware regenval, stroomden de rivierbeddingen zo vol dat het omringende land onder water kwam te staan en nadien het laaggelegen veenland als een zompig moerasgebied achterbleef.
De Romeinen waren de eersten die vooral in het zuidoosten van de county door de aanleg van kanalen hebben geprobeerd de Fens te ontwateren. Het eerste grote drainageproject na de Romeinen dateert uit 1480. Onder leiding van bisschop Morton werd ten zuiden van Peterborough de Nene afgeleid naar een kanaal, Morton's Leam genaamd, dat het rivierwater via Guyhirn naar Wisbech zou leiden. De achterliggende idee was dat veel van het overstromingsgevaar zou worden weggenomen als het rivierwater via kunstmatige afsnijdingen sneller naar zee zou worden vervoerd. Dit zou de leidende gedachte worden bij alle volgende projecten.
Deze nieuwe projecten lieten lang op zich wachten toen door de Dissolution de leidende rol van de geestelijken in de streek verdween. Pas in 1620, toen het water de bewoners aan de lippen stond, werd op initiatief van een groep grootgrondbezitters een nieuw grootschalig project in gang gezet. De Bedford Level Corporation werd opgericht met aan het hoofd de vierde graaf van Bedford, die bij succes kon rekenen op 95.000 acres land als beloning. Voor de technische leiding deed de compagnie een beroep op de Nederlandse ingenieur Cornelis Vermuyden (1595–1677). De keuze voor Vermuyden was niet verrassend. In deze tijd van Nederlandse voorspoed vlogen Vlaamse en Hollandse technici, drukkers, vestingbouwers, baggeraars en mijn- en waterbouwingenieurs uit over heel Europa. Vooral waterbouwkundigen waren geliefd. Vermuyden wendde zijn in Zeeland opgedane waterbouwkundige kennis aan om een gat in de dijk van de Thames te repareren. Succesvolle voltooiing leidde tot de volgende opdracht in Cambridgeshire.

Vermuyden begon zijn werk in 1631 en verklaarde zes jaar later dat het gebied was drooggelegd. Ten oosten van Thorney liet hij nabij het oude Morton's Leam een kanaal graven waarover nu de kaarsrechte A47 loopt. Het grootste project was de Bedford River (nu Old Bedford River), een 23 m breed en 33 km lang kanaal dat het water van de Ouse snel moest afvoeren naar Denver en Downham Market in Norfolk.
De grootschaligheid van het project kan nu slechts bewondering afdwingen, maar in zijn tijd had Vermuyden te kampen met verzet in de vorm van pamfletten, rellen en sabotage van de ontwateringswerkzaamheden. Zijn verklaring in 1637 dat het gebied droog was, bleek dan ook voorbarig. Na de burgeroorlog ging hij opnieuw aan de slag en voltooide de drainage door het aanleggen van de New Bedford River, evenwijdig aan de oude. Het drooggelegde land werd door de initiatiefnemers verdeeld en opnieuw ingericht en koning Charles I beloonde Vermuyden voor zijn werk met het ridderschap.
In de decennia na Vermuyden bleek de ontwatering een onvermoed gevolg te hebben. De veenbodem begon in te klinken, wat nieuwe overstromingen tot gevolg had. De kanalen moesten nu met dijken worden afgeschermd van het omringende land.
De strijd tegen het water zou nog eeuwen voortduren, eerst met windmolens en later met de veel effectievere stoompompen. Alle windmolens uit die tijd zijn verdwenen. De enige nog overgeleverde stoompomp (uit 1831) staat onopvallend in Stretham, enkele kilometers ten zuiden van Ely. Het polderland, het resultaat van al dat mensen- en machinewerk, kan geen enkele reiziger in Cambridgeshire ontgaan.

denten en bezoekers. Het bestaat uit verschillende hoven van rode bakstenen en vakwerk in de Cloister Court. Old Court, de eerste hof, heeft een zonnewijzer ingebouwd. **Erasmus' Turret** is het torentje waar deze 16de-eeuwse geleerde in 1511 overnachtte. De betegelde en met wapenschilden aangeklede College Hall is gewijd met de spreuk *Floreat domus* ('Moge dit huis bloeien'). Als je eenmaal door het complex bent gewandeld, kom je bij een houten brug (de **Mathematical Bridge**) over de rivier de Cam.

> *QUEEN'S COLLEGE, Silver Street. Geopend: mrt.–sep. dag. 10–15.30 en sep.–nov. 14–16 uur. Entree tijdens colleges via Visitor's Gate in Queen's Lane, anders via Silver Street.*

Pembroke College

Pembroke College aan Trumpington Street had als een van de eerste colleges in Cambridge een gesloten hof in navolging van Oxford. Het werd gesticht door de gravin van Pembroke, de weduwe Marie de Valence, die

Senate House.

WANDELING LANGS DE HOOGTEPUNTEN VAN CAMBRIDGE
Bezoekers met weinig tijd kunnen met het oog op de variërende openingstijden de volgende route aanhouden om de mooiste colleges ook van binnen te zien. De wandeling begint op Market Hill, het plein met de universiteitskerk Great St. Mary's, waarvan je de toren eventueel kunt beklimmen voor een uitzicht. Vanaf dit plein leidt King's Parade langs het Senate House naar King's College (geopend: 9.30–16.30 uur). Daarna bezoek je Corpus Christi College aan de overzijde van King's Parade (geopend: 11–15 uur). Verder aan King's Parade volgt, aan het begin van Trumpington Street, Pembroke College (geopend: 9–17 uur). In Trumpington Street loop je iets terug en sla je links af Silver Street in om bij Queen's College te komen (geopend: 11–15 uur). Aan de achterzijde van dit collegecomplex leidt de Mathematical Bridge naar The Backs. Door deze velden wandel je terug omhoog, richting de overkapte en niet voor publiek toegankelijke Bridge of Sighs. De op een na laatste brug voor de Bridge of Sighs leidt naar Trinity College (geopend: ma.-vr. 9–17, za. 9–13 uur). De laatste brug leidt naar St. John's College (geopend: 10–17.30 uur). Ten slotte kom je uit in St. John's Street en zie je aan het eind van deze straat de Round Church liggen.

hierin in 1347 haar vriendin lady Clare (van Clare College) volgde. In eerste instantie deed men een beroep op de buurkerk St. Botolph's. Daarna werd een zelfstandige kapel gebouwd waarin nu de bibliotheek is ondergebracht. Christopher Wren bouwde in 1663 de nieuwe kapel.

> *PEMBROKE COLLEGE, Trumpington Street. Geopend: half jun.–apr. 9–17 uur.*

Peterhouse
Dit college aan Trumpington Street is het oudste en was 33 jaar lang het enige college van Cambridge. Peterhouse werd in 1284 gesticht op instigatie van bisschop Hugh de Balsam van Ely, nadat de docenten eerst een onderkomen gevonden hadden in St. John's Hospital (nu St. John's College). De eetzaal van Peterhouse is het oudste gebouw dat speciaal voor de universiteit werd opgetrokken. De kapel werd pas in de 17de eeuw gebouwd, omdat

men indertijd (net als bij Pembroke) gebruikmaakte van de buurkerk die het college zijn naam gaf: Little St. Mary Church, toen nog St. Peter's genaamd. Het gebruik van de kerk was zeer tegen de zin van het St. John's Hospital waartoe de kerk behoorde. Nu nog betaalt St. John's College jaarlijks 20 shilling voor gebruik van het gebouw.

> *PETERHOUSE, Trumpington Street. Geopend: jul.–apr. 9–17 uur.*

The Eagle, the most famous pub in Cambridge.

Clare College

Terug omhoog door King's Parade ligt achter de kapel van King's College het op een na oudste nog bestaande college van Cambridge. Het werd eerst gesticht als University Hall en in 1321 opnieuw als Clare Hall onder sponsorschap van lady Elizabeth de Clare. De oorspronkelijke gebouwen werden door brand verwoest en in de 17de eeuw herbouwd. Achter de collegetuinen ligt een van de mooiste bruggen over de rivier de Cam, **Clare Bridge**, die naar de even zo fraaie Fellows' Garden leidt.

> *CLARE COLLEGE, Trinity Street. Geopend: 9–17 uur (jul. twee weken gesl.).*

Trinity Hall

Trinity Hall heeft niets van doen met bijna-naamgenoot Trinity College. Het werd twee eeuwen eerder gesticht in 1350 onder auspiciën van bisschop Bateman en met het oogmerk kerkjuristen op te leiden. Waar veel colleges hun naam veranderden van hall in college, was voor dit college de pas afgesneden door de latere stichting van Trinity College. De middeleeuwse gebouwen van Trinity Hall hebben een 18de-eeuwse façade gekregen. Het college bezit een 16de-eeuwse **Chained Library** (kettingbibliotheek), met boeken die aan kettingen in de kast vastzitten – en zodoende alleen staand zijn te raadplegen.

> *TRINITY HALL, Trinity Lane. Geopend: dag. 9.15–12 en 14–17.30 uur. De bibliotheek kan worden bezocht en geconsulteerd op afspraak.*

Caius College

Dit college aan Trinity Lane werd in 1349 gesticht als Gonville College, na Pembroke, door Edmund Gonville, een Fransman uit Norwich. Het werd later vernoemd naar de tweede stichter John Caius (spreek uit als Engels

5

5

Trinity College: een van de mooiste courts in Cambridge.

'Keyes'). Gonville had land voor het college gekocht op het huidige Corpus Christi-terrein, maar na tussenkomst van bisschop Bateman (die zelf bezig was met Trinity Hall) werd dit ingeruild voor het terrein van het huidige Caius College. Bekend is dit college vanwege de poorten die de gang van de student symboliseren: van de Gate of Humility ('nederigheid') via de Gate of Virtue ('deugd') door de Gate of Honour ('eer'). Deze laatste poort brengt de student rechtstreeks naar het Senate House, het klassieke bouwwerk met een zuilengalerij van James Gibbs, waar de diploma's worden uitgereikt.

> *GONVILLE EN CAIUS COLLEGE, Trinity Lane. Geopend: half jun.–sep. 9–14; sep.–half jun. 9–17 uur.*

Trinity College

De ingang van dit college ligt in Trinity Street. Uit de twee colleges King's Hall en Michaelhouse werd in 1536 Trinity College gesticht, met steun van Hendrik VIII. King's Hall dateerde uit 1336, toen koning Edward III een *royal colony of clerks* stichtte: een opleiding voor ambtenaren van de kroon. Michaelhouse was twaalf jaar eerder gesticht als opleidingsinstituut voor theologen. De koninklijke patronage (geïllustreerd in de standbeelden die in de poort zijn verwerkt) legde het college geen windeieren. Het geldt als een van de rijkste colleges (dankzij de erfenis van de twee colleges en het plunderen van kloosterbezittingen) en bracht een stoet aan geleerden voort, onder wie Isaac Newton en Ludwig Wittgenstein, wiens collegedictaten beroemd werden als de *blue and brown books*. De architectuur van Trinity is met Great Gate, Great Hall en Great Court even groots als zijn verleden. De **klokkentoren** (1426–1437) was het toenmalige portiershuisje (*Porter's Lodge*). Great Court is een grote, door een grasveld gedomineerde hof met in het midden een fontein. De hof, de fontein en de eetzaal aan de hof zijn het werk van Thomas Nevile. De **Great Hall** is de grootste in Cambridge en heeft een fraai plafond van steekbalken. Ook de tweede hof met de kloostergang werd door Nevile ontworpen en later naar hem vernoemd: Nevile's Court. De **bibliotheek** (*library*) van Christopher Wren sloot deze hof af voor de rivier. De bibliotheek is een uiterst beheerst ontwerp met gevoel voor klassieke maatvoering. De bogen verhullen de vloerhoogte, waardoor het gebouw vanbinnen verrassend hoog is. Ook de collectie is vermaard (manuscripten van onder anderen Wittgenstein en A.A. Milne's *Winnie-the-Pooh*).

De imposante toegang tot St John's College (Cambridge).

> *WREN LIBRARY, in Trinity College, Trinity Street. Geopend: half jun.–half apr. ma.–vr. 12–14, za. 10.30–12.30 uur.*

St. John's College

In 1200 werd aan St. John's Street het hospitaal St. John the Evangelist gesticht. In 1511 werd door lady Margaret Beaufort hier, na Christ's College, het tweede college gesticht dat de naam van het oude hospitaal behield. Eeuwen eerder, voor de stichting van Peterhouse, had het hospitaal al als tijdelijk onderkomen voor de universiteit gediend. St. John's College wist zich vooral te onderscheiden als centrum voor de studie van het Grieks, gestimuleerd door de vriendschap tussen chancellor John Fisher en Erasmus in de drie jaar dat de Nederlandse humanist in Cambridge verbleef.
Het college heeft de meest imposante toegangspoort van alle colleges, met boven de ingang het wapen (met twee gehoornde mythische dieren) van de stichtster lady Margaret. Boven de toegang tot de tweede hof is op de gevel het wapen (met hond en hert) van de gravin van Shrewsbury, de tweede sponsor van het college, te zien.

Het complex bestaat uit drie opeenvolgende courts naar de rivieroever en nog een hof aan de overzijde van de rivier. Het geheel is verbonden door twee bruggen, waarvan **St. John's Bridge** in Wren-stijl is gebouwd en de **Bridge of Sighs** (Brug der Zuchten) een charmante poging is de beroemde brug in Venetië te kopiëren.

5

De eerste hof omvat deels het oude St. John's Hospital. De originele kapel en gebouwen moesten in 1869 alsnog plaatsmaken voor een nieuwe kapel. Het interieur van de kapel is geïnspireerd door de Parijse Sainte-Chapelle. In de tweede hof bevindt zich een 28 m lange eetzaal, de Long Gallery.

De derde hof kijkt uit op de rivier en is met de grote, gebogen bibliotheekramen een zeer vroeg staaltje van neogotiek. De 19de-eeuwse Bridge of Sighs verbindt de derde hof met de andere oever. De brug is voor bezoekers niet toegankelijk, St. John's Bridge is dat wel. Aan de overzijde ligt de vierde New Court in een overdadige 19de-eeuwse neogotische stijl. Daarachter ligt een stijlvol nieuw gebouw, het Cripps Building. De oude School of Pythagoras werd in de 13de eeuw aangekocht door Robert Merton, de stichter van het allereerste college in Oxford, om zo mogelijk in navolging van andere geleerden over te stappen naar Cambridge. Dit is nooit gebeurd, maar het gebouw is tot in de 20ste eeuw in bezit gebleven van Oxford's Merton College. Pas in 1962 kon St. John's het bij het eigen complex trekken.

> *ST. JOHN'S COLLEGE, St. John's Street. Geopend: mrt.–okt. dag. 10–17; nov.–feb. 10–15.30 uur.*

Magdalene College

Net over de rivier ligt het complex van Magdalene (spreek uit als 'Maudlin') College. Het werd gesticht na de Dissolution, door Thomas Audley in 1542, in een gebouw waarin het nimmer erkende Buckingham College was gehuisvest, dat door monniken werd beheerd. Dit gebouw is nu deels de first court. De benedictijner kloosterwortels zijn nog te zien op de eerste verdieping (trapportaal e) waar 'monnikenkamertjes' een indruk geven van de middeleeuwse studiekamers. In de 17de eeuw werd het classicistische **Pepys Building** neergezet, vernoemd naar Samuel Pepys. Deze voormalige student liet het college een grote boeken- en handschriftenverzameling na en werd zelf vooral beroemd vanwege zijn reis- en dagboeken. In het gebouw is de voor publiek toegankelijke bibliotheek gehuisvest.

Verderop ligt **Castle Hill**, die al een lange geschiedenis van kerken heeft. De Romeinen richtten er een tempel ter ere van Diana op, de Saksen bouwden een eerste christelijke kerk en de Normandiërs een tweede. De huidige St. Peter's Church bevat nog enkele Normandische elementen.

Terug over de rivier staat in Bridge Street nog een ander voorbeeld van middeleeuwse religieuze architectuur: **Round Church**, gebouwd door augustijner kanunniken in de tijd van de kruistochten, naar model van het Heilige Graf in Jeruzalem en een eerder voorbeeld in Northampton.

> *LIBRARY MAGDALENE COLLEGE, Pepys Building, Magdalene Street. Geopend: apr.–aug. ma.–vr. 14–16 en za. 12–13 en 14–15; okt.–dec. ma.–za. 14–15; jan.-mrt. ma.–vr. 14–16 en za. 12–13 en 14–15 uur.*

De colleges van Cambridge zijn ook vanbinnen rijk versierd.

Jesus College

Aan het einde van een smalle weg die *The Chimney* ('de schoorsteen') wordt genoemd, staat de grote toegangspoort van Jesus College. Het college aan Jesus Lane werd in de 15de eeuw gesticht door John Alcock, de bisschop van Ely, op de plaats van het benedictijner nonnenklooster St. Radegund. De kapel en de kloostergang werden geïntegreerd in het nieuwe college, dat nog altijd net zo vrij staat als eens het klooster. In de 19de eeuw werden in de **kapel** enkele glas-in-loodramen van de prerafaëlitische schilder Edward Burne-Jones ingebracht. De plafondschilderingen zijn van William Morris.

> *JESUS COLLEGE, Jesus Lane. Geopend: jul.–mrt. 9–17.30 uur.*

Sidney Sussex College

Dit college aan Sidney Street werd in 1596 gesticht door lady Frances Sidney, gravin van Sussex, om tegemoet te komen aan de vraag naar protestantse clerici. De fransciscaner kloostergebouwen hebben in het begin van de 19de eeuw dankzij architect Wyatville een neogotische façade gekregen, die nu als minder geslaagd valt te typeren.

> *SIDNEY SUSSEX COLLEGE, Sidney Street. Geopend: half jun.–half apr. 9.30–17.30 uur.*

Christ's College

Midden in de drukke winkelstraat St. Andrew's is een imposante toegangspoort te herkennen aan twee mythische gehoornde dieren, die een wapenschild ophouden. Dit is Christ's College, voorheen Godshouse. In 1448 was Godshouse gesticht om te voorzien in een tekort aan grammaticadocenten en clerici. Koning Hendrik VI had als voorwaarde gesteld dat het college verplaatst werd van de rivieroever naar de huidige locatie, zodat het niet zijn grote project King's College in de weg zou zitten. In 1505 werd Christ's College de nieuwe naam voor Godshouse. Lady Margaret Beaufort was verantwoordelijk voor deze naamswisseling. Later zou zij ook St. John's College stichten, wat verklaart waarom de toegangspoorten van de twee colleges haar wapen dragen. De toegangspoort leidt naar de eerste hof. In de *master's lodge* recht tegenover de toegangspoort had lady Margaret een kamer op de eerste verdieping. Na de eerste hof volgt het Fellows Building met een tuin waarin, zo wil de traditie, een moerbeiboom staat die door de dichter John Milton werd geplant. Charles Darwin was een tweede beroemde student van Christ's, maar de jonge Charles stak er behalve een blijvende fascinatie voor het verzamelen van kevers weinig op (aldus Darwin zelf: 'During the three years which I spent at Cambridge my time was wasted').

> *CHRIST'S COLLEGE, St. Andrew's Street. Geopend: half jun.–sep. 9.30–12, okt.–apr. 9.30–17 uur. Gratis toegang.*

Emmanuel College

Dit college aan St. Andrew's Street werd (net als Sidney Sussex College) in 1584, dus ten tijde van de reformatie, met de nodige symboliek neergezet op de plaats van een dominicaner klooster. De kloosterkerk werd omgebouwd tot eetzaal. De nieuwe kapel werd op radicaal-puriteinse wijze in noord-zuidrichting gebouwd, wat ertoe leidde dat de kapel nimmer werd ingewijd. Wel bleef er een nauwe binding bestaan tussen het college en de puriteinen. Wel 21 van de Pilgrim Fathers én John Harvard (naamgever van Harvard University in Cambridge, Massachusetts) hebben op Emmanuel College gestudeerd. In 1668 werd Christopher Wren gevraagd een nieuwe kapel te ontwerpen. Zijn ontwerp van de witte kapel en galerij volgt nauwgezet dat van de kapel van Peterhouse.

> *EMMANUEL COLLEGE, St. Andrew's Street. Geopend: half jun.–apr. 9–18 uur.*

De rest van Cambridge

De overzijde van de rivier de Cam – The Backs – is lange tijd door de colleges onbebouwd gelaten. Ook nu daar wel uitbreiding heeft plaatsgevonden, is het nog altijd het aantrekkelijkste gebied buiten de colleges. In de zomer worden grote delen ingenomen door studenten en toeristen. Er lopen tal van openbare voet- en fietspaden door The Backs. Bij Silver Street loopt een pad langs de rivier, over Sheeps Green. Een ander wandelpad langs de rivier – maar dan naar het noorden – loopt achter Magdalene College, aan de stadse zijde van de Cam. Eventueel kun je hier oversteken over Jesus Green, het terrein achter Jesus College.

5

Punts op de Cam.

Een andere manier om van de rivier te genieten, is het water op te gaan. De meest geëigende manier is door een *punt* (punter) te huren. Een punt is een platbodem die voortbewogen wordt door een lange staak op de bodem af te zetten tegen de vaarrichting in.

> *PUNTING, Scudamore's punting, Granta Place, Mill Lane, www.scudamores.com, +44 1223359750.*

De musea van Cambridge

Fitzwilliam Museum

Dit museum herbergt een omvangrijke kunstcollectie van hoog niveau. Op de eerste verdieping zijn de antieke (Egyptische, Grieks-Romeinse kunst) en toegepaste kunsten te vinden, waaronder Brits porselein. De tweede verdieping is gewijd aan Europese beeldende kunst van onder andere het koppel Constable en Gainsborough, Titiaan, Hals en Cézanne.

> *FITZWILLIAM MUSEUM, Trumpington Street. Geopend: di.–za. 10–17, zo. 14–17 uur. Gratis toegang.*

Kettle's Yard

Henry Moore, Barbara Hepworth, Henry Gaudier-Brzeska en Constantin Brancusi zijn een paar van de beeldend kunstenaars, waarvan het echtpaar

Ede kunst heeft aangekocht en in hun voormalig woonhuis in Northampton Street nabij Magdalene College heeft tentoongesteld.

> *KETTLE'S YARD, Castle Street. Geopend: di.–zo. 14–16; galerie voor tijdelijke tentoonstellingen: di.–za. 12.30–17.30, zo. 14–17.30 uur.*

5

Botanic Garden

In het kader van de toegenomen wetenschappelijke belangstelling voor de natuur werd in 1763 op initiatief van Richard Walker de eerste botanische tuin van Cambridge gesticht. Het verschil tussen 'medische' en 'onnuttige' planten drukte zich toen nog uit in de opzet van de tuin. Dit werd later als een achterhaald principe beschouwd, en in de 19de eeuw werd een nieuwe tuin aangelegd op de huidige plaats. De tuin bevat een zeer uitgebreide verzameling bomen en planten.

> *BOTANIC GARDEN, Bateman Street. Geopend: dag. 's winters 10–16; 's zomers 10–18; kassen: dag. 10–15.45 uur.*

Museum of Archaeology and Anthropology

De collectie van dit museum valt in tweeën uiteen. Op de begane grond is de archeologische collectie met, naast vondsten uit de hele wereld, aandacht voor de prehistorie van East Anglia. De tweede verdieping is gewijd aan voorwerpen uit de hele wereld, verzameld door antropologen als A.C. Haddon en Gregory Bateson. Zij waren verbonden aan Cambridge University in een tijd dat expedities nog de meest geëigende vorm van onderzoek vormden.

> *MUSEUM OF ARCHAEOLOGY AND ANTHROPOLOGY, Downing Street. Geopend: di.–za. 10–17, zo. 12–17 uur. Gratis toegang.*

Twee universiteitsmusea

Het **Sedgwick Museum of the Earth Sciences** is vernoemd naar Adam Sedgwick die hoewel afgestudeerd als wiskundige in de 19de eeuw, faam verwierf als geoloog en onder meer docent was van Darwin. De museumcollectie bevat een immense fossielenverzameling en een aantal reusachtige (gereconstrueerde) dinosaurusskeletten. Schuin hiertegenover staat het **University Museum of Zoology**. Dit museum bevat fossielen en skeletten uit de hele wereld, waaronder door Charles Darwin verzamelde exemplaren.

> *SEDGWICK MUSEUM, Downing Street. Geopend: ma.–vr. 9–13 en 14–17, za. 10–13 uur. Gratis toegang.*
> *UNIVERSITY MUSEUM OF ZOOLOGY, Downing Street. Geopend: ma.–vr. 10–13 en 14–17 uur. Gratis toegang.*

Ten noordwesten van Cambridge ligt aan de A45 **Anglesey Abbey**, een landhuis dat oorspronkelijk was gebouwd als Normandische abdij. In de

Kathedraal van Ely.

tijd van de reformatie is de abdij grotendeels afgebroken en kreeg het landhuis zoals dat tegenwoordig te bezoeken is vorm. De crypte dateert echter nog uit de stichtingsperiode. Er is rondom een mooie landschapstuin aangelegd.

> *ANGLESEY ABBEY, Lode. Geopend: apr.–okt. wo.–zo. 11–17 (jul.–aug. dag.), tuinen: dag. 10.30–17.30 uur.*

ELY EN PETERBOROUGH

Ely

De torenrijke kathedraal van de bisschopsstad Ely werd in de Normandische tijd gesticht op de top van een krijtheuvel, hoog uitpiekend boven de Fens, het grote moerasgebied ten noorden van Cambridge. Nog altijd is de kathedraal van heinde en verre zichtbaar, maar de Fens hebben inmiddels hun natte karakter verloren dankzij de afwateringskanalen die in de 17de eeuw werden gegraven onder leiding van de Hollander Cornelis Vermuyden. Vóór de inpoldering van de Fens lag de kathedraal van Ely echter op een eenzaam eilandje. De naam is afgeleid van *eel* – 'palingeiland' dus.

De kathedraal van Ely werd vanaf 1081 gebouwd op de plek van een 7de-eeuwse Saksische abdij, die nog was gesticht door de Saksische prinses Etheldreda maar met de grond gelijk werd gemaakt. Zo vierden de

Normandiërs hun definitieve overwinning op de Saksen, die zich wanhopig op het eiland hadden verschanst. De Normandische kerk heeft een lang schip, met zuilen en bogen uit de bouwtijd. De 'vensters' boven de bogen zijn wat jonger; het hoge beschilderde plafond is 19de-eeuws. In de 14de eeuw stortte de zware Normandische toren in. Om deze te vervangen werd in 1322–1346 een zeer bijzondere achthoekige lantaarntoren gebouwd van eikenhout, een unicum in de Engelse kerkbouw. De neervallende toren verpletterde het originele koor. In de 14de eeuw is een nieuw, druk gedecoreerd koor gebouwd. Schuin achter het koor ligt het 13de-eeuwse schrijn van Etheldreda. Ook liggen er 16de-eeuwse kapellen en bovendien de grote Lady Chapel, met mooie waaiergewelven (toegang via de noordelijke dwarsbeuk). De kathedraal bevat een klein museum gewijd aan glas-in-loodoverblijfselen. In de tuinen achter de kathedraal is een tearoom.

5

Het kleine marktstadje Ely aan de rivier de Ouse heeft een fraai aantal vakwerk- en Georgian huizen. Voorbij het grasveld voor de westingang van de kathedraal met de hoge 13de-eeuwse toren ligt Oliver Cromwell's House. In dit vakwerkhuis woonde Cromwell gedurende een tien jaar. De inrichting van het museum herinnert aan dit verblijf. Cromwell liet tijdens zijn protectoraat de kathedraal van Ely een tijdlang sluiten; zo bleef deze kerk gespaard voor de vernielingen die zijn troepen in andere kerken hebben aangericht.

- *BEREIKBAARHEID, 20 min. lopen vanaf het treinstation via Station Road en Broad Street.*
- *TOURIST INFORMATION CENTRE, in Oliver Cromwell's House.*
- *ELY CATHEDRAL. Geopend: ma.–vr. 10.30–17, za. 10.30–17.30, zo. 12–18 uur; het deel van de lantaarntoren heeft betaalde toegang.*
- *OLIVER CROMWELL'S HOUSE, St. Mary's Street. Geopend: 10–18 uur.*

Peterborough

De Normandische **St. Peter's Cathedral** van Peterborough ligt verstopt achter een poort, die het kerkplein hermetisch afsluit van de marktplaats met de grote 17de-eeuwse gildehal. Aan de andere kant van de poort biedt de magnifieke opengewerkte voorgevel van de kathedraal een overweldigende aanblik. Deze bestaat uit drie reusachtige portalen, met 26 m hoge spitsbogen. De bouw van de portalen dateert uit de vroege 13de eeuw; in 1380 werd er nog een klein portaaltje voor gezet, waarin zich de toegang bevindt. De kathedraal is in de 12de eeuw gebouwd als abdijkerk, op de plaats van een per ongeluk afgebrande voorganger. Het interieur is nog grotendeels Normandisch. Het houten plafond van het schip dateert uit 1220; door middel van een muntbox kunnen de schilderingen worden belicht. Het koor bevat een 15de-eeuws houten waaierplafond; daarachter, in het oostelijk

De façade van de kathedraal van Peterborough.

uiteinde van de kerk, is een rond 1500 vervaardigd stenen waaierplafond te zien. Hier staat ook een 8ste-eeuws Saksisch beeld, de Hedda Stone, met een voorstelling van Christus, Maria en de Apostelen. Dit beeld is afkomstig van de Saksische abdijkerk die allereerst op de locatie van de huidige kathedraal heeft gestaan. De abdijkerk van Peterborough werd tijdens de Dissolution door Hendrik VIII gespaard, en kreeg toen de status van kathedraal. In 1643 werd de kathedraal bezocht door de troepen van Cromwell; de aan de zuidkant belendende kruisgang werd toen alsnog met de grond gelijk gemaakt, en in de kathedraal werden het glas in lood, beeldhouwwerk, hoogaltaar en de kapellen gesloopt.

- *BEREIKBAARHEID, 15 min. lopen vanaf het station via Cowgate en Church Street.*
- *TOURIST INFORMATION CENTRE, tegenover de ingang van de kerk.*
- *KATHEDRAAL. Geopend: ma.–za. 8.30–17.15, zo. 12–17.15 uur*

Peterborough Museum and art gallery is gevestigd in Priestgate, ten zuiden van de grote Queensgate Mall. Het museum biedt een overzicht van de lokale geschiedenis van nul tot nu.

- *PETERBOROUGH MUSEUM AND ART GALLERY. Geopend: di.–zo. 10–17 uur.*

5

TUINSTAD EN NEW TOWN

Vanaf het einde van de 19de eeuw wordt er al flink nagedacht over de beste manier waarop mensen kunnen samenwonen. Een van de meer invloedrijke ideeën kwam van de kantoorklerk Ebenezer Howard. Hij schreef rond 1890 een boekje over de *garden city*, een grootschalige planmatige stad waar mensen in symbiose met werk en omgeving wonen. De stad zou als een soort collectief bedrijf in eigendom van alle bewoners zijn. Howard wilde de gewone man verlossen uit de verstikkende Britse stad. De Home Counties werden de locatie waar Howards ideeën voor het eerst in praktijk werden gebracht. In Letchworth, Hertfordshire verrees de eerste tuinstad. Het werd alleen heel anders dan Howard zich had voorgesteld: in plaats van een grote nieuwe zelfvoorzienende stad met trams werd het een dorp net zoals ook het latere Hampstead Heath bij Londen een buitenwijk voor welgestelden werd.

Het door Raymond Unwin gebouwde Letchworth trok vegetariërs, esperantisten, pantomimespelers, volksdansers en andere alternatievelingen aan. Dit lot trof ook de tweede tuinstad, Welwyn Garden City in Hertfordshire. Niettemin zijn de plaatsen uniek door de grote zorg waarmee ze zijn gebouwd en door de voorbeeldfunctie voor talloze tuinsteden en -wijken wereldwijd.

Na de Tweede Wereldoorlog volgde een tweede golf van utopische stadsplanning. Dit keer waren het de zogenaamde *New Towns* die de groei van de bevolking in goede banen moesten leiden. Milton Keynes werd een van de belangrijkste in Centraal-Engeland. De stad is beroemd vanwege het geometrische, vierkante stratenpatroon en het hiërarchische wegennetwerk. Welwyn werd opnieuw onder handen genomen. De kern van industrie langs het spoor, woonwijken met in elk een winkelcentrum en een centraal gelegen school, waren hier al voorhanden. In het groen van de New Towns werd voortgebouwd op de Engelse landschaps- en tuinarchitectuur.

> **Welwyn: www.welwyngarden-heritage.org; Letchworth: www.lgchf.com. First Garden City Heritage Museum. Geopend: ma.-za. 10–17 uur.**

5

DE HOME COUNTIES

De Home Counties zijn in de nabijheid van Londen geliefde locaties voor families die een buitenplaats lieten bouwen. Het is ook in de afgelopen anderhalve eeuw een broedplaats geweest voor nieuwe nederzettingen voor de gewone man. Hier werd voor het eerst geëxperimenteerd met de tuinstad. Na de Tweede Wereldoorlog werd de stedenbouw groots aangepakt. Overal in Centraal-Engeland stampten stedenbouwkundigen zogenaamde New Towns uit de grond. De beroemdste is **Milton Keynes**. Het idee was hier een volledig geplande stad te maken. Van tevoren was berekend tot op de auto en de seconde hoe verkeersstromen van en naar het werk en de winkel zouden lopen. De stad moest eruitzien als een grote tuinstad met veel groene vlekken. Hoewel *new* hebben de dorpen waaruit Milton Keynes bestaat wel een *old* verleden. Dit is te zien in het lokale museum.
Luton is in strikte zin geen New Town, maar de aanleg van een immense Arndale shopping mall, nu Luton Mall, in de plaats van het oude centrum kwam voort uit dezelfde moderniseringsdrang.

> *MILTON KEYNES MUSEUM, McConnell Drive, Wolverton, tel. 01908-316222. Geopend: ma.–vr. 9–16 uur.*

Ten noorden van Buckingham ligt, aan de grens met Northamptonshire, het bekende Formule I-circuit van **Silverstone**. Het circuit is een erfenis van een vliegbasis uit de Tweede Wereldoorlog. Er zijn verschillende mogelijkheden om zelf het rijden en racen op het circuit te ervaren, met race- of sportwagen, of motor.

> *TOURIST INFORMATION CENTRE, Buckingham, Market Hill.*

> *SILVERSTONE, www.silverstone.co.uk.*

Northamptonshire

De hoofdstad van het graafschap, Northampton, is een niet zo interessante industriestad waar vooral de schoenenfabricage al tijdenlang van groot gewicht is. Enkele kilometers ten noorden van Northampton ligt het dorp **Brixworth**, met verreweg het belangrijkste historische monument van

Safaripark van Woburn Abbey.

Engeland als het gaat om de vroege middeleeuwen, namelijk een goed bewaard gebleven Saksisch kerkje uit het eind van de 7de eeuw. De kerk bevat hergebruikte Romeinse stenen en tegels.

Sulgrave Manor in Sulgrave, ten zuidwesten van Northampton, betreft een klein elizabethaans woonhuis, gebouwd in 1560 in opdracht van de overgrootvader van George Washington die in 1656 naar Amerika migreerde. Hoewel de eerste president van de Verenigde Staten dus nooit in dit huis heeft gewoond, zijn hier wel memorabilia van de president te zien. De inrichting van het huis en van de tuinen is een imitatie van de tudorstijl.

Het wat noordelijker gelegen **Canons Ashby** is een klein woonhuis uit dezelfde periode. De gemengde planten- en bloemenborders van de bijbehorende 18de-eeuwse tuinen inspireerden de 20ste-eeuwse tuinarchitecten Gertrude Jekyll en Edwin Lutyens.

Bij Daventry, een plaatsje ten westen van Northampton met een vergelijkbaar karakter, liggen een heuvelfort uit de steentijd en de resten van een Romeinse villa op Borough Hill (200 m).

> *SULGRAVE MANOR, Manor Road, Sulgrave, tel. +44 1295760205. Geopend: apr.–okt. dag. (behalve wo.) 14–17.30, za.–zo. 10.30–17.30 uur.*

> *CANONS ASHBY, Canons Ashby. Geopend: apr.–okt. wo.–zo. 13–17.30 uur.*

Dierentuinen bij Dunstable in Bedfordshire

In Bedfordshire is het plaatsje Dunstable het meest bezienswaardig. In de tijd van de Romeinen lag hier de vesting Durocobrivae. In de Normandische tijd verscheen een abdij die tijdens de Dissolution zou worden verwoest, afgezien van de rond 1150 gebouwde priorij. Nu is dit de Priory Church of St. Peter.

Ten zuiden van Dunstable is **Whipsnade Wild Animal Kingdom** een dependance van de London Zoo in de vorm van een safaripark. Dit park kun je te voet, per auto of met een stoomtreintje bezoeken.

5

Ten noorden van Dunstable ligt ook het in zeldzame diersoorten gespecialiseerde **Woburn Safari Park**, op het landgoed van Woburn Abbey. Dit landhuis ligt op de landgoederen van de oude abdij, die na de Dissolution door Hendrik VIII werden geschonken aan de hertog van Bedford. In Woburn Abbey zelf zijn een verzameling 18de-eeuws porselein en beeldhouwwerk, en er zijn doeken van Gainsborough, Reynolds, Velázquez en Canaletto.

> *TOURIST INFORMATION CENTRE, Vernon Place.*
> *WHIPSNADE WILD ANIMAL KINGDOM, Whipsnade. Geopend: 10–18 uur.*
> *WOBURN SAFARI PARK, Woburn Abbey. Geopend: mrt.–okt. 10–17; nov.–feb. za.–zo. 11–15 uur.*
> *WOBURN ABBEY, Woburn. Geopend: apr.–okt. ma.–za. 11–16 en zo. 11–17 uur.*

BUCKINGHAMSHIRE

Landhuizen in Buckinghamshire

Het graafschap Buckinghamshire kan zich beroemen op het bezit van een groot aantal prachtige landhuizen. Hoogtepunt vormt het 18de-eeuwse **Stowe House**, ongeveer 5 km ten noordwesten van Buckingham, met een imponerende Korinthische toegangspoort aan het einde van de met beuken en iepen beplante Stowe Avenue. Stowe House werd voor de hertog van Buckingham gebouwd door William Adam en John Vanbrugh, de architect van Blenheim Palace in Oxfordshire. In 1921 moest de hertog zijn huis en landgoed verkopen. Sindsdien is er een kostschool in Stowe House gevestigd.

Niet alleen Stowe House, maar vooral ook **Stowe Gardens** zijn vermaard. Deze enorm uitgestrekte parken, met kunstmatige bossen en meren, en opgeluisterd door vooral classicistische tempels, bruggen en triomfbogen, zijn aangelegd door John Vanbrugh, James Gibbs, William Kent en Capability Brown. Het zijn de vroegste landschapstuinen van Engeland. Als je één Engelse tuin bezoekt, laat het dan deze zijn.

> *STOWE GARDENS, Stowe (Buckinghamshire). Geopend: mrt.–okt. en dec. wo.–zo. 10–17.30 uur.*
> *STOWE HOUSE is op wisselende dagen geopend; tel. +44 1280818282.*

Stowe Gardens met een antieke tempel als folly.

Buckingham verloor na een rampzalige stadsbrand in 1725 zijn status als hoofdstad van het graafschap Buckinghamshire aan Aylesbury. Het stadshart werd daarna in Georgian stijl herbouwd. De door de brand gespaarde Old Latin School was ooit een Normandische kapel, die in 1475 werd omgebouwd tot een school.

Circa 10 km ten zuidoosten van Buckingham ligt **Claydon House**, een in de 17de eeuw gebouwd landhuis, dat rond 1750 geheel werd heringericht naar de rococomode van die tijd. Van een voorliefde voor chinoiserie getuigt de Chinese Room, met opvallende deurstijlen in pagodevorm. Het is een geliefde filmlocatie en er is zowaar een Florence Nightingale Museum in de kamer waar de moeder aller verpleegkundigen haar laatste jaren doorbracht.

> *CLAYDON HOUSE, Middle Claydon (Buckinghamshire). Geopend: apr.–okt. za.–wo. 13–17 uur.*

Aylesbury

Aylesbury heeft een heel aardig historisch centrum. Rondom de 13de-eeuwse parochiekerk St. Mary, waarin een prettige cafetaria is te vinden, loopt een mooi wandelpad, met uitzicht op het kerkhof en op de oude gevels van de armenhofjes aan Church Street: de *Almshouses* van de Thomas Hickman Society, een liefdadigheidsinstelling uit 1695. Iets verderop liggen nog meer armenhofjes, in de eveneens op het kerkhof uitkomende Castle Street.

In het **Buckingham County Museum** bevindt zich een expositie over het lokale verleden, die ook leuk is voor kinderen; er is een bijbehorende *Roald Dahl Gallery* met items als Willy Wonka en de reuzenperzik uit de boeken van de kinderboekenschrijver.

> *BUCKINGHAM COUNTY MUSEUM, Church Street, Aylesbury, Church Street. Geopend: di.–za. 10–17 uur.*

> *ROALD DAHL GALLERY. Geopend: za. 10–17 uur.*

> *ASCOTT HOUSE. Geopend: wisselende tijden; tel. +44 1296688242.*

5

Ongeveer 10 km ten noordoosten van Aylesbury, in het dorpje Wing, ligt nog een bijzondere historische bezienswaardigheid: een Saksisch kerkje, grotendeels daterend uit de 10de eeuw.
Vlak bij Wing ligt **Ascott House**, een oorspronkelijk 17de-eeuws landhuis dat in de 19de eeuw grondig is verbouwd in opdracht van de familie Rothschild. Hier is een kunstcollectie te bezoeken met werk van Hogarth, Gainsborough en Rubens, en er is een grote collectie Chinees porselein. De tuinen dateren uit de victoriaanse tijd.

> *TOURIST INFORMATION CENTRE, Bourbon Street.*

Ruim 10 km ten noordwesten van Aylesbury ligt **Waddesdon Manor**, het 19de-eeuwse, als Frans Loirekasteel gebouwde landhuis van de baron de Rothschild. In het enorme landhuis is een kunstcollectie van de Rothschilds te bezichtigen. Deze bestaat uit 17de- en 18de-eeuwse decoratieve kunst uit Frankrijk en doeken van Engelse, Franse, Italiaanse, Vlaamse en Nederlandse meesters. Het landhuis ligt in victoriaanse formele tuinen met rococovolières.

> *WADDESDON MANOR, Waddesdon (Buckinghamshire). Geopend: apr.–okt. wo.–zo. 11–16 uur.*

De zuidgrens van het graafschap Buckinghamshire volgt voor een deel de loop van de Thames. Aan de rivieroever liggen Henley-on-Thames en Marlow, goede uitvalsbases voor wandelingen in de Thames Valley (bijvoorbeeld langs het bewegwijzerde Thames Path) en de beboste Chiltern Hills.
Marlow heeft een bijzondere brug over de rivier, in 1832 ontworpen door de bouwer van de brug die in Hongarije Buda en Pest met elkaar verbindt. Aan de voet van de brug ligt een kerkje met een vuurstenen (*flint*) toren en een schilderachtig kerkhofje.

Meer naar het noorden liggen de plaatsjes Wendover en Tring direct aan het begin van het bewegwijzerde **Ridgeway Path**, de lange prehistorische wandelroute die over de rug van de Chiltern Hills door Buckinghamshire en Oxfordshire helemaal naar Avebury leidt.

Hatfield House.

Op een hoge heuvelrug boven de Thames Valley ligt **Cliveden**, het grote landhuis van Nancy Astor, het eerste vrouwelijke parlementslid, dat gebouwd werd door de architect van de Houses of Parliament in Londen. Er is tegenwoordig een duur hotel in gevestigd, maar een deel van het landhuis is toegankelijk voor bezoekers. Belangrijker dan het huis is het Cliveden Estate. De tuinen en bossen vormen een prachtig wandelgebied met schitterende uitzichten over het rivierdal en de Chilterns.

De victoriaanse, roodbakstenen **Hughenden Manor**, enkele kilometers ten noorden van High Wycombe, was tussen 1848 en 1881 het landhuis van premier Benjamin Disraeli. De inrichting dateert nog grotendeels uit dezelfde periode. De formele tuinen zijn aangelegd door de echtgenote van Disraeli. Hughenden Manor is een goede uitvalsbasis voor wandelingen in de Chiltern Hills. Hetzelfde geldt voor het naburige **West Wycombe Manor**, een palladiaans landhuis uit de 18de eeuw.

- *CLIVEDEN ESTATE, Cookham (Buckinghamshire). Geopend: mrt.–dec. 11–18 uur.*
- *CLIVEDEN HOUSE. Geopend: apr.–okt. do. en zo. 15–17.30 uur.*
- *HUGHENDEN MANOR, High Wycombe. Geopend: apr.–okt. wo.–zo. 13–17; mrt. za.–zo. 13–17 uur.*
- *WEST WYCOMBE MANOR, West Wycombe. Geopend: jun.–aug. zo.–do. 14–17 uur.*

St. Albans Cathedral.

5

Hertfordshire

Hertfordshire bezit één groot landhuis: het roodbakstenen **Hatfield House** ten oosten van St. Albans, dat voornamelijk uit het begin van de 17de eeuw dateert. Een deel is nog ouder; deze vleugel wordt wel 'Hatfield Palace' genoemd, omdat Hatfield House oorspronkelijk koninklijk bezit was. Hendrik VIII en Elizabeth I verbleven op dit buitenhuis. James I schonk het landhuis aan de staatsman Robert Cecil, die het flink verbouwde. Hatfield House bevat vooral veel memorabilia en portretten van Elizabeth. Dat de tuinen nog uit de 17de eeuw dateren is wel bijzonder; ze zijn aangelegd door Robert Cecil en de koninklijke hovenier John Tradescant, wiens botanische verzameling in de universiteitsmusea van Oxford is terechtgekomen. In de tuin is gelegenheid tot picknicken.

> *HATFIELD HOUSE, Hatfield (Hertfordshire). Geopend: apr.–half okt. di.–za. 12–17, zo. 13.30–17 uur.*

ST. ALBANS

Het stadje St. Albans in Hertfordshire bestond al vóór de Romeinse tijd, onder de naam Verlamion. De Romeinen namen deze hoofdplaats van de Keltische stam der Catuvellauni over en noemden de plaats Verulamium. Voor de komst van de Romeinen was er nog geen sprake van stedenbouw, want de Kelten woonden in verspreide hoeven. Daarvan is niets

Koorzang in de kathedraal van Ely.

bewaard gebleven. De enige sporen van Keltische bewoners zijn te vinden in het noordwesten van St. Albans. Daar zijn een 5 km lange aarden wal en gracht (**Beech Bottom Dyke**) te zien uit de tijd van Cunobelin, de Catuvellauni-hoofdman die de hoofdpersoon is van Shakespeares toneelstuk *Cymbeline*.

Na de Romeinse tijd werd Verulamium niet langer bewoond. In de vroege middeleeuwen verscheen er een nieuw stadje, op de heuvel naast de restanten van Verulamium in het dal van de rivier de Ver, en genoemd naar de heilige Albanus die in de 3de eeuw n.Chr. door de Romeinen werd onthoofd. Met stenen afkomstig van de ruïnes van het Romeinse Verulamium werd in de Normandische tijd de huidige **kathedraal** gebouwd, gewijd aan deze eerste 'Engelse' christelijke martelaar. In de kerk is een groot deel van het zeer lange schip nog Normandisch; de oudste delen dateren uit 1077. Er zijn 13de- en 14de-eeuwse toevoegingen, waaronder opvallende wandschilderingen. Ook het schrijn van St. Alban dateert uit de 14de eeuw.

Buiten de kerk herinnert de **Abbey Gate** aan de Normandische abdij die tijdens de Dissolution werd verwoest. De poort ligt tussen de binnenstad en, over de rivier, het lager gelegen Verulamium Park.

5

De Home Counties: geen wonder dat men daar wilde wonen.

In het **Museum of St. Albans** wordt informatie gegeven over het verleden van het christelijke St. Albans, met veel aandacht voor de lokale kroniekschrijver Matthew of Paris.

- *TOURIST INFORMATION CENTRE, Town Hall, Market Place, tel. +44 1727864511.*
- *MUSEUM OF ST. ALBANS, Hatfield Road. Geopend: ma.–za. 10–17, zo. 14–17 uur.*

Dat wat nog resteert van het Romeinse Verulamium, ligt in het grote **Verulamium Park**. Hier is ook het Verulamium Museum te vinden. Het wandelpad vanaf de zuidelijke parkingang (London Gate) leidt helemaal aan het begin langs de resten van een poort in de Romeinse stadsmuur en, een stuk verderop, langs een stukje van de stadsmuur zelf, aan de rechterhand tegenover het meer. Verderop moet je het wandelpad ter hoogte van de tennisvelden verlaten, om naar links door de grasvelden heen restanten van het *hypocaustum* (vloerverwarming) van de thermen en een mozaïekvloer te kunnen bezichtigen. Deze restanten zijn overdekt. Het wandelpad zelf loopt verder naar het archeologisch museum; op deze plek lag ooit het Forum. Op de stoep is de omtrek van een hoekje van de opgegraven

5

basilica (dat diende als 'rechtshuis') aangegeven. Wanneer je langs deze omtrek verder loopt en op de splitsing na het museum links aanhoudt, bereik je bovendien de opgraving van het rond 140 n.Chr. gebouwde theater. Hier zijn ook fundamenten van winkeltjes en woningen blootgelegd. Voor de toegang tot deze laatste opgraving dient een klein bedrag te worden betaald.

Het **Verulamium Museum** heeft een uitstekende expositie over de ontwikkeling van het Romeinse St. Albans, met uitgebreide informatie over het alledaagse leven in een Romeinse stad. Er zijn veel mooie archeologische vondsten te zien. De spectaculaire vloermozaïeken en wandfresco's spannen echter de kroon. Ze zijn afkomstig van in het park opgegraven woonhuizen. Een deel van dit alles is tentoongesteld in gereconstrueerde Romeinse woonvertrekken, bewoond door levensgrote poppen.

> *VERULAMIUM MUSEUM, St. Michael's (Verulamium Park). Geopend: ma.–za. 10–17.30, zo. 15–17.30 uur.*

> *VERULAMIUM THEATRE, Gorhambury Drive. Geopend: 10–17 uur.*

PRAKTISCHE INFORMATIE CAMBRIDGE

Hotels

- Fenners Hotel, B&B, 144-146 Tenison Road (station), tel. +44 1223 360246.
- Royal Cambridge Hotel, Trumpington Street (centrum), tel. +44 1223 351631.
- Hilton Cambridge City Centre, Downing Street (centrum), tel. +44 1223 464491.
- Lensfield Hotel, 53 Lensfield Road, Cambridge, www.lensfield-hotel.co.uk, tel. +44 1223355017.

Hotels buiten Cambridge

Ely - Bury St Edmunds

- The Riverside House Hotel, 17 Mill Street, Mildenhall, tel. +44 1638717274.

Peterborough

- Great Northern Hotel, Station Approach (nabij centrum), tel. +44 1733552595.

St Albans

- White Hart Hotel, 23-25 Holywell Hill (vakwerkhuis in centrum), tel. +44 1727853624.

Restaurants

- Browns, 23 Trumpington Street, tegenover Fitzwilliam Museum in een oud hospitaal, tel. +44 1223461655 (Engelse gerechten).
- Rainbow vegetarian Café, 9A King's Parade, (vegetarisch) (geen reserveringen).
- Pint Shop, 10 Peas Hill, tel. +44 12 33352293 (eetcafé en bier).
- Jamie's Italian, The Old Library, Wheeler Street, tel. +44 1223654094 (Italiaans).

Uitgaan

Het uitgaansleven van Cambridge is beperkter dan dat in die andere oude universiteitsstad, Oxford. De uitkrant van Cambridge heet *Varsity*. In het ADC Theatre (Park Street) vinden voorstellingen plaats van studentengezelschappen. Daarnaast geven studenten in Cambridge, evenals in Oxford, 's zomers amateurvoorstellingen op de binnenpleinen van colleges, vooral van Shakespearestukken. De professionele theaters van Cambridge zijn het Arts Theatre, waar ook opera- en dansvoorstellingen plaatsvinden (St. Edward's Passage) en het Cambridge Drama Centre (Covent Garden), waar modern drama wordt opgevoerd.
De belangrijkste concertzaal van Cambridge is de Corn Exchange (Wheeler Street). Live popmuziek kun je horen in The Junction (The Cattle Market off Clifton Road). The Man on the Moon is een pub in 2 Norfolk Street met livemuziek. Grote bioscopen zijn Warner Cinema (Grafton Shopping Centre) en MGM (St. Andrew's Street). Voor arthousefilms ga je naar Arts Picturehouse (St. Andrew's Street).

Winkelen

Uitgebreid winkelen kan in The Grafton Centre.

Oxford en omgeving

De oudste universiteitsstad van Groot-Brittannië kan in een dag worden bewonderd, maar leent zich heel goed voor een langer bezoek. De kapellen, kloostergangen, studievertrekken en bibliotheken van de middeleeuwse colleges behoren tot het indrukwekkendste erfgoed van Engeland en zijn voor een groot deel ook vanbinnen te bezichtigen. De stad telt enkele mooie musea en talloze cafés, restaurants en boekwinkels. De stad is ook geschikt als vertrekpunt voor uitstapjes in de omgeving van de Thames, de Chiltern Hills en de Berkshire Downs. De aanblik van Oxford wordt overheerst door de monumentale architectuur van de talrijke colleges. Toch heeft Oxford ook een ander gezicht, namelijk dat van een kleine industriestad. Buiten het historische centrum is Oxford uitgegroeid tot een plaats met 115.000 inwoners, dankzij de al oudere autofabriek en moderne computerdienstverlening.

< Skyline van Oxford.

6

OXFORD

Oxford ligt als een spin in het web van de rivieren de Thames en de Cherwell, die bij de stad samenkomen, en de twee vroegmiddeleeuwse landwegen die elkaar op deze plaats ooit sneden. Vandaag de dag domineren deze oude wegen nog altijd de stadsplattegrond, in de vorm van de van west naar oost lopende High Street en de van noord naar zuid lopende Cornmarket Street en St. Aldate's, die elkaar kruisen bij **Carfax Tower** (een verbastering van het Latijnse *quadrifurcus*, 'viersprong'). Deze toren, een overblijfsel van de inmiddels verdwenen St. Martin's Church, stamt zelf overigens pas uit de 14de eeuw en kan worden beklommen voor een uitzicht op het opmerkelijk rechthoekige middeleeuwse stratenpatroon.

- *BEREIKBAARHEID. Er is 24 uur per dag een directe busverbinding vanuit Londen Victoria Station (iedere 15 min.; duur 90 min.), Londen Heathrow Airport (iedere 30 min; duur 70 min.) en Londen Gatwick Airport (iedere 60 min.; duur 120 min.). Een directe treinverbinding is er vanuit Londen Paddington Station (duur 60 min.).*
- *TOURIST INFORMATION OFFICE, tel. +44 1865252200, www.visitoxfordshire.org.*

Vroegste geschiedenis

Oxford heeft een vrij jonge geschiedenis, want pas vanaf de 8ste eeuw werd de plaats voortdurend bewoond. De stad is rondom ingesloten door uitgestrekte graslanden, die gelegenheid geven tot aangename wandelingen maar die ook regelmatig overstroomd raken door de beide rivieren. De Romeinen waren wellicht daarom niet erg gecharmeerd van deze locatie: ze bouwden er slechts een pottenbakkerscentrum in de buurt, aan de Romeinse weg van Dorchester-on-Thames naar Bichester. De Saksen zagen meer in dit gebied. Tussen de rivieren bouwden zij in de 8ste eeuw een kleine ommuurde nederzetting aan een doorwaadbare plaats in de Thames, en de heilige Frideswide stichtte in het jaar 727 een klooster op de plek waar later Christ Church College zou verrijzen. Dit kloostercomplex werd in de 12de eeuw geheel herbouwd. Daarvan resteert tegenwoordig nog de kloosterkerk, nu **Christ Church Cathedral**. Hier is een reliekschrijn te vinden dat de stoffelijke resten van de heilige Frideswide bevat zou hebben; tijdens de reformatie is het monument ernstig verwoest en daarna weer gerestaureerd. Ook de bij deze kloosterkerk behorende 12de-eeuwse kruisgang (**cloisters**) is intact gebleven. In de tuin van de kruisgang zijn zelfs graven uit de 8ste eeuw ontdekt.

Na verloop van tijd wierpen de Saksische bewoners van de Thamesoever ter verdediging van hun nederzetting een aarden bolwerk op, waarop een burcht verscheen. In het jaar 1071 zou deze versterking in handen komen van een Normandiër, Robert d'Oilly, die de burcht verder uitbouwde. Van

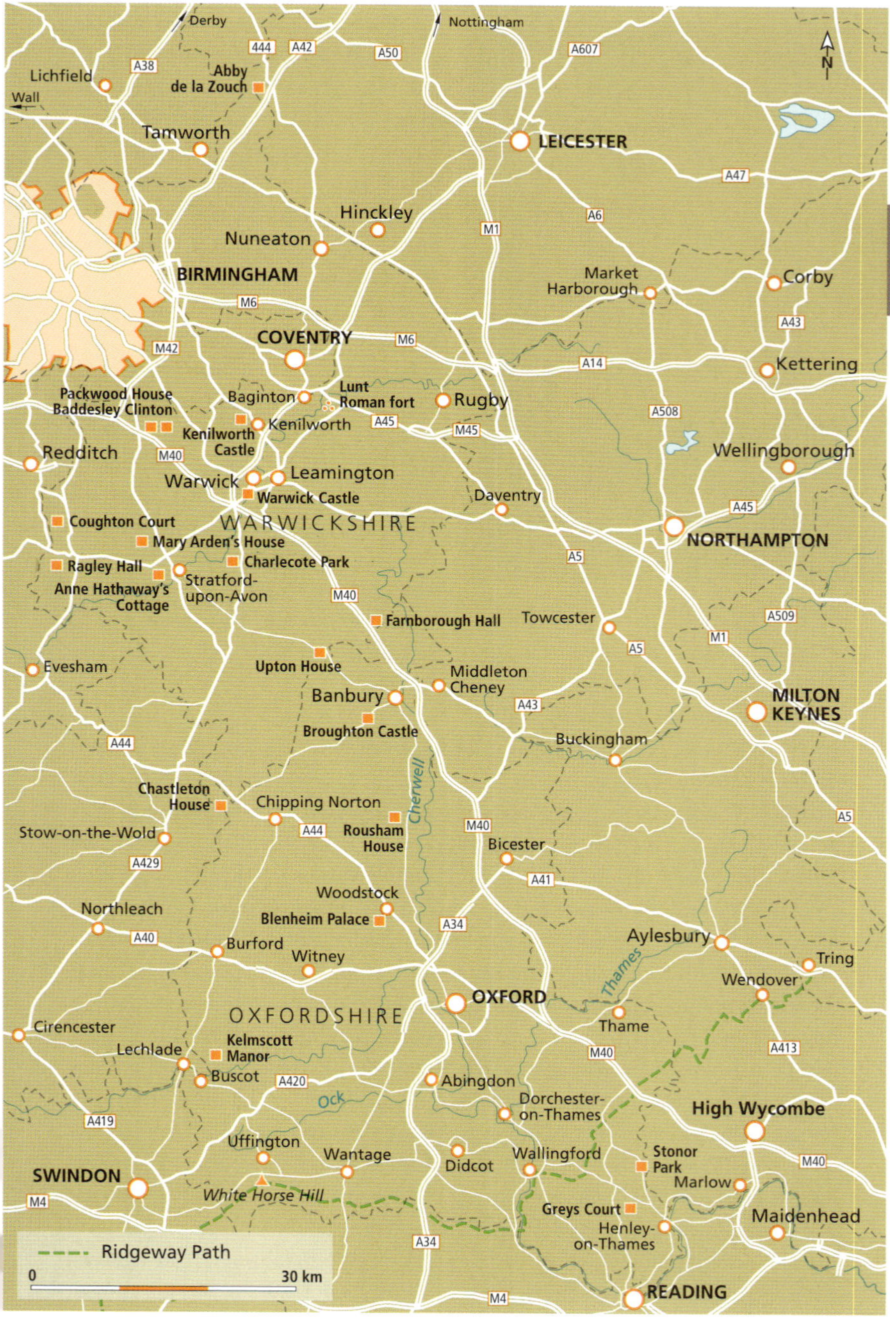

Oxfordshire

6

Carfax Tower.

dit Normandische **Oxford Castle** zijn bij New Road tegenwoordig alleen nog het aarden bolwerk (motte ofwel *mound*) en de slottoren genaamd St. George's Tower (aan Tidmarsh Lane) te zien (de gevangenis dateert uit 1805). Wat verderop, op de plek waar George Street uitkomt op Cornmarket Street, is uit de vroege 11de eeuw ook de Saksische **St. Michael's Tower** te bezichtigen, het oudste gebouw van Oxford. Deze toren vormde oorspronkelijk een onderdeel van de Saksische stadswallen; hij dankt zijn naam aan St. Michael's Church, waar hij op zeker moment bij is getrokken. De toren is te beklimmen. De stadswal is op deze plek verdwenen, maar sporen ervan zijn nog te vinden in de tuinen van New College.

De nijvere en de geleerde stad

In de 12de eeuw, toen het de stad economisch voor de wind ging dankzij de bloei van de plaatselijke textielnijverheid, groeide Oxford uit van een bedrijvig koopmansstadje tot een universiteitsstad van wereldformaat. Engeland sloot hiermee aan op een trend in Italië en Frankrijk, waar in de 11de en 12de eeuw de allereerste universiteiten waren verschenen. Vóór deze tijd werd er onderwijs gegeven in scholen die behoorden tot kloosters en kathedraalkerken. De nieuwe universiteit was echter een geheel zelfstandig bestuurd onderwijsinstituut. Studenten konden er een graad behalen in theologie, medicijnen of recht. Aanvankelijk zochten docenten en studenten nog een onderkomen in de stad, wat echter regelmatig tot strubbelingen leidde tussen town en gown ('stad' en 'toga'). De burgers van Oxford namen aanstoot aan de geprivilegieerde positie van docenten en studenten, die bepaalde belastingen niet hoefden te betalen en zich konden beroepen op een eigen universitaire rechtbank. Om verdere strubbelingen te voorkomen werd daarom al snel in eigen gebouwen onderwezen en gestudeerd, en werden zowel docenten als studenten in het college gehuisvest.

Allerlei ontwikkelingen in de 11de en 12de eeuw maakten dat er universiteiten in het leven werden geroepen. In deze tijd was er binnen de katholieke Kerk sprake van een roep om hervorming van de opleiding van

6

Aanzicht van Christ Church Cathedral.

geestelijken, over wie werd geklaagd dat ze zich in hun levensstijl vrijwel niet onderscheidden van het kerkvolk en zelfs ongeletterd waren. Ook werden het kerk- en het landsbestuur in deze eeuwen steeds professioneler en bureaucratischer, waardoor zowel de Kerk als de koning steeds meer behoefte kreeg aan gedegen opgeleide functionarissen. De vernieuwing van het onderwijssysteem werd overgelaten aan de traditionele vertegenwoordigers van het geleerde leven, de geestelijken. In Oxford werden na 1167, toen het voor Engelsen voortaan onmogelijk werd gemaakt om aan de Parijse Sorbonne te studeren, de eerste universiteiten – colleges genoemd – met koninklijke steun opgericht door rijke bisschoppen. In 1214 werd deze situatie bestendigd door de verlening van een koninklijk charter aan de universiteit. De kerkelijke oorsprong van de colleges zou eeuwenlang een stempel drukken op de architectuur van Oxfords universitaire verblijven. Tot de standaarduitrusting van vrijwel alle colleges behoren een kapel (*chapel*) en kruisgang ofwel kloostergang (*cloisters*). Ook terug te voeren op de kerkelijke achtergrond van de colleges is de pas in 1920 afgeschafte regel dat vrouwen in Oxford geen graad mochten behalen, hoewel zij sinds het einde van de 19de eeuw wel aan enkele nieuw opgerichte vrouwencolleges konden gaan studeren. Het zou nog tot 1974 duren voordat ook de oude colleges van Oxford eindelijk hun deuren openstelden voor vrouwelijke studenten.
De oudste nog bestaande colleges in Oxford zijn gesticht omstreeks 1250. Een groot deel van de overige colleges dateert uit de 14de tot en met de 16de

6

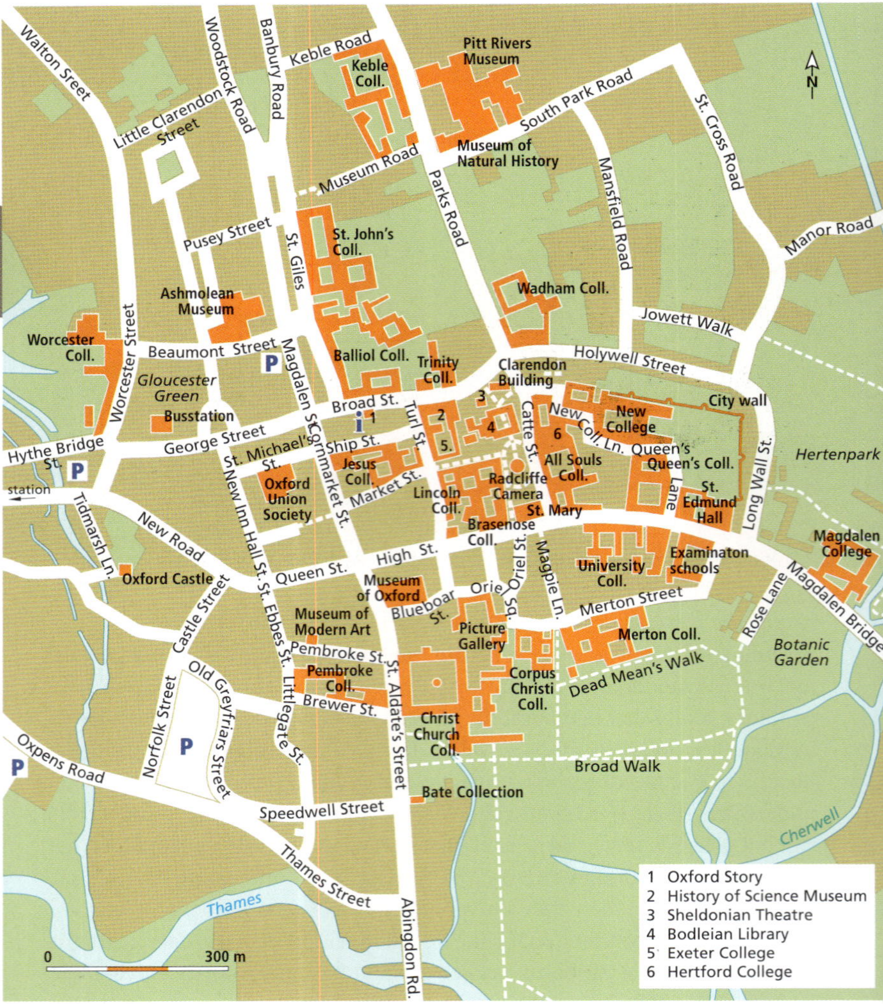

Oxford

eeuw, maar er zijn ook recentere stichtingen. Nu telt Oxford 36 verschillende colleges, elk met een specifieke intellectuele, politieke, financiële en niet te vergeten sportieve reputatie. Wel maken al deze colleges deel uit van een overkoepelende universitaire structuur, de University of Oxford. Dit houdt in dat de colleges, met behoud van zelfstandig bestuur, hun onderwijs en examens dienen af te stemmen op criteria die door dit overkoepelende orgaan worden vastgesteld. Sinds de toename van de studentenaantallen als gevolg van de 20ste-eeuwse democratisering van het onderwijs wonen de

WANDELING LANGS DE HOOGTEPUNTEN VAN OXFORD

Met het oog op de variërende openingstijden is deze wandelroute een aanrader wanneer je weinig tijd hebt maar toch een aantal colleges van binnen wilt zien. 's Morgens start je bij Christ Church College (open ma.–za. 9.30–17.30; zo. 12–17.30 uur). Vervolgens wandel je vanaf de uitgang bij de Picture Gallery omhoog via Oriel Street en Catte Street, langs All Souls College en Radcliffe Camera; als je hier iets omheen loopt, vang je een blik op van de Old School Quad en Sheldonian Theatre. Aan het eind van Catte Street leidt New College Lane rechtsaf, onder de Bridge of Sighs door, naar New College (open 11–17 uur). Daarna leidt New College Lane verder naar High Street, waar je rechts afslaat; zo loop je om Queen's College heen (bezoek op afspraak). Iets verder aan High Street ligt de University Church of St. Mary, met een goede lunchroom (ingang aan de achterzijde, tegenover Radcliffe Camera). Na de lunch steek je High Street ter hoogte van de kerk over en sla je rechtdoor Magpie Lane in, richting Merton Street. Hier liggen Merton College (geopend: 14–16 uur) en de Real Tennis Court. In Merton Street een stukje teruglopend, vind je links een pad in het verlengde van Magpie Lane. Een volgend zijpad links (Dead Man's Walk) leidt door de Christ Church Meadow naar de Botanic Garden (kassen geopend: 10–16.30 uur) en Magdalen College (geopend: 12–18 uur).

Oxford vanuit de lucht met vooraan Christ Church en op de achtergrond de ronde Radcliffe Camera.

6

studenten van de meeste colleges alleen nog in hun eerste studiejaar in de oude collegegebouwen. Daarna verhuizen ze naar een onderkomen ergens anders in de stad, vaak naar studentenhuizen die door hun college worden onderhouden.

Bezoek aan de colleges

De meeste van de 36 colleges zijn opengesteld voor bezoekers. Hieronder worden alle vóór 1600 gestichte colleges besproken, te beginnen met de highlights; ook worden alle tussen 1600 en 1800 opgerichte colleges vermeld. Bij zoveel colleges ziet zelfs de meest fanatieke toerist zich genoodzaakt om een keuze te maken; om deze reden en omdat de openingstijden sterk variëren wordt een suggestie voor een wandelroute gegeven.

6

Christ Church.

Een aantal colleges ontvangt alleen bezoekers in de periode van Pasen tot en met september, en dan alleen 's middags. Christ Church, het grootste college, is het gehele jaar dagelijks geopend, uitgezonderd eerste kerstdag. Enkele colleges zijn gratis toegankelijk, door andere colleges wordt een kleine toegangsprijs geheven. Christ Church College vraagt een hogere toegangsprijs. Bezoekers van de colleges kunnen doorgaans de kapel en kloostergang bezoeken, soms ook de eetzaal of bibliotheek. De kamers van docenten en studenten zijn niet toegankelijk voor bezoekers. Wel is het toegestaan om in de vaak uitgestrekte velden en parken (*meadows*) van de colleges te wandelen. Over het gras van het binnenplein (de zogenaamde *quadrangle*, afgekort *quad*) lopen is echter niet toegestaan: dat is een echt Engels privilege van docenten en ouderejaarsstudenten!

Christ Church

Christ Church College (www.chch.ox.ac.uk), dat zich eigenlijk kortweg Christ Church noemt, werd gesticht in 1525. Het is het grootste en meest prestigieuze college van Oxford. Met trots presenteert dit college dan ook iets meer van zijn verblijven en collecties aan het publiek dan de overige colleges. Bezoekers worden ontvangen aan een zuidelijke zijingang, namelijk het Meadow Building (gebouwd in 1863) aan het wandelpad Broad Walk, dat begint aan St. Aldate's Street (tegenover Alice's Shop). Iets noordelijker staat aan St. Aldate's Street de hoofdingang, een in 1681 door Christopher Wren gebouwde toegangspoort, die bekendstaat als Tom Tower.
Christ Church College is gebouwd op de locatie van het 12de-eeuwse kloostercomplex, gewijd aan St. Frideswide. De **kruisgang** van dit complex is intact gebleven en bevat tegenwoordig een 'middeleeuwse' tuin. Achter deze cloisters ligt de oude kloosterkerk. Deze kerk werd in 1525 de kapel van het college en ging vanaf 1546 tevens fungeren als kathedraalkerk van het bisdom Oxford. Vandaar dat deze collegekapel zich **Christ Church Cathedral** mag noemen. Het westelijke deel van de 12de-eeuwse kloosterkerk werd afgebroken bij de bouw van Tom Quad, het grote 16de-eeuwse bin-

nenplein van Christ Church College. Het resterende deel van de oude kloosterkerk is echter grotendeels in zijn oorspronkelijke staat bewaard gebleven, afgezien van enkele 19de-eeuwse herinrichtingen. De torenspits (te zien vanaf de Broad Walk) dateert uit ca. 1230. Het gewelfde plafond uit de 15de eeuw wordt gedragen door massieve Normandische zuilen. Het grote 13de-eeuwse schrijn van St. Frideswide werd na de Dissolution ernstig verwoest en is in de 19de eeuw gerestaureerd. De kerk bevat glasramen uit uiteenlopende perioden. Het raam in het zuidelijke transept is rond 1320 vervaardigd en toont in de middelste roos de moord op aartsbisschop Thomas Becket. Omdat Hendrik VIII opdracht gaf alle afbeeldingen van deze heilige, die in opstand was gekomen tegen zijn koning, te vernietigen, ontbreekt Beckets gezicht. In de westmuur bevindt zich een raam uit omstreeks 1630 van de Nederlandse glazenier Abraham van Linge, met een voorstelling van Jonas, uitkijkend over Niniveh. Alleen Jonas is van gebrandschilderd glas vervaardigd, de rest van het raam is geemailleerd. Enkele andere ramen zijn in de 19de eeuw vervaardigd door Edward Burne-Jones. In de Latin Chapel bevindt zich zijn voorstelling van het leven van St. Frideswide. In de Military Chapel heeft Burne-Jones de heilige Katharina afgebeeld met het gezicht van Edith Lidell, de zuster van Alice Lidell, het meisje dat model stond voor *Alice in Wonderland*; beiden waren dochters van de *dean* van Christ Church College. Het jongenskoor van Christ Church Cathedral is wereldberoemd; de **Evensong** van het Cathedral Choir kan dagelijks om 18 uur (beh.alve maandag) worden bijgewoond.

Tom Tower is een van de vele bouwwerken van Christopher Wren in Oxford.

Vanuit de kruisgang kun je de imposante **Dining Hall** van het college bezoeken via een weids trappenhuis, uitgerust met een waaierplafond uit 1640, gedragen door slechts één zuil. In deze eetzaal uit 1529 gebruiken studenten en docenten dagelijks de maaltijd, de laatsten natuurlijk aan de karakteristieke *High Table* op het verhoogde platform achter in de zaal. De portretten van talloze beroemde oud-studenten, van John Locke en Thomas More tot en met een flink aantal Britse premiers, kijken toe hoe de doperwtjes worden

Portret van Lewis Carroll alias Charles Dodgson.

ALICE IN WONDERLAND

Lewis Carroll (1832–1898; echte naam: Charles Lutwidge Dodgson) was student en later docent wiskunde aan Christ Church College. Hij stotterde en was verlegen, maar met kleine kinderen kon hij het goed vinden. Voor Alice Lidell – het dochtertje van de dean van Christ Church met wie hij was bevriend – verzon hij verhaaltjes, die hij later zou uitgeven in *Alice's Adventures in Wonderland* (1865) en *Through the Looking-Glass* (1872). Hierin beleefde Alice ontmoetingen met vreemde mensen en dieren. Vaak waren er verwijzingen naar het Oxfordse leven. Zo speelt de dodo van het Museum of Natural History een rol in de verhalen; Dodgson had een speciale band met de dodo, omdat hij vanwege zijn gestotter zijn eigen naam verhaspelde tot Do-Do-Dodgson.

In de Dining Hall van Christ Church zijn allerlei verwijzingen naar *Alice in Wonderland* te vinden. In een van de gebrandschilderde ramen is Alice afgebeeld, samen met andere verhaalfiguren. De hekjes voor de open haarden van de Dining Hall zijn versierd met 'Lange Jannen'; in de verhalen heeft Alice een steeds langer wordende nek. Het Witte Konijn was geïnspireerd op Alices vader, de dean die 's avonds na de maaltijd de Dining Hall placht te verlaten via een 'konijnenhol': een smal, naar beneden leidend wenteltrapje achter de deur links van de High Table.

geprikt op serviesgoed dat speciaal voor Christ Church College is voorzien van de initialen *Ch Ch*. Het grootste portret toont Hendrik VIII, een van de stichters van het college. Het houten plafond en de glasramen zijn uitgerust met wapenschilden, maar het aardigst is het vijfde raam in de linkermuur, waarin afbeeldingen van figuren uit *Alice in Wonderland* zijn te vinden.

Aan de andere zijde van de kruisgang is een souvenirwinkel gevestigd in het 13de-eeuwse **Chapterhouse** (kapittelhuis). Hier worden het zilver- en goudwerk uit de schatkamer van Christ Church College en Christ Church Cathedral tentoongesteld in grote vitrines. In de ruimte ernaast wordt een video vertoond over de geschiedenis van het college.

Ten westen van de kruisgang ligt Tom Quad, een binnenplein dat vanaf 1525 is gebouwd in de vorm van een enorme kruisgang. De overkapping van de verhoogde wandelgang is echter nooit voltooid, alleen de aanzetten voor de gewelven zijn te zien aan de gevels. De klok in Wrens Tom Tower slaat om 21.05 uur 101 maal. Het college huisvestte aanvankelijk 101 studenten, die om negen uur allemaal binnen de poorten van het college dienden te zijn (in Oxford viel de avond echter vijf minuten later dan in Greenwich, waar tegenwoordig de Engelse tijd wordt gemeten). Christ Church telt inmiddels bijna 500 studenten, dus gelukkig maar dat men niet zo genegen is om oude tradities aan te passen aan nieuwe tijden.

Ten noorden van Tom Quad liggen de 18de-eeuwse bibliotheek (niet geopend voor bezoekers) en de **Picture Gallery** (met een aparte toegangsprijs, maar op maandag gratis). De collectie is gericht op schilderijen en tekeningen van de renaissance tot en met de 18de eeuw en omvat werk van meesters als Michelangelo, Leonardo da Vinci, Titiaan, Tintoretto, Van Dyck en Hals.

Christ Church College ligt ingebed in uitgestrekte velden die zijn voorzien van prettige wandelpaden. De Broad Walk en Dead Man's Walk strekken zich uit van de westelijke toegang aan St. Aldate's Street tot Magdalen College en de Botanic Garden aan High Street (let op: vlak voor de Botanic Garden staat een hek waar wel wandelaars, maar geen fietsen of kinderwagens doorheen passen). Broad Walk slaat ook af naar de Cherwell in het zuiden. Een afslag vlak na het Meadow Building gaat richting Merton Street, en voert door een schilderachtig laantje langs de gebouwen van Christ Church, Corpus Christi en Merton Colleges.

> *CHRIST CHURCH COLLEGE, Broad Walk. Geopend: ma.–za. 9.30–17.30, zo. 12–17.30 uur.*

> *PICTURE GALLERY, Canterbury Quad. Geopend: ma.–za. 10.30–13 en 14.30–17.30, zo. 14.30–16.30 uur. Gratis toegang op maandag.*

De oudste colleges

De huidige gebouwen van de twee oudste, nog bestaande colleges in Oxford – University College, gesticht in 1249, en Balliol College, gesticht in 1263 – dateren voornamelijk uit latere perioden. **University College** aan High Street bestaat voor een groot deel uit 17de-eeuwse gebouwen. Het college staat vooral bekend vanwege zijn kapitale fout in 1811 om de jonge dichter Shelley weg te sturen, naar aanleiding van diens pamflet *The Necessity of Atheism*. Inmiddels heeft het college een monument voor hem opgericht. Korter geleden bood het college onderdak aan een andere roemruchte leerling, oud-president van de Verenigde Staten, Bill Clinton.

De gebouwen van **Balliol College** aan Broad Street, een als behoorlijk links bekendstaand college, dateren vooral uit de 19de eeuw. Dit college werd oorspronkelijk gesticht voor armlastige studenten. Adam Smith is de beroemdste Balliolstudent.

6

Balliol College.

De op twee na oudste stichting, **Merton College** uit het jaar 1264 aan Merton Street, heeft veel minder nieuwbouw en is beslist een bezoek waard. Deze instelling is historisch gezien het belangrijkste college van Engeland. Het was namelijk het eerste college dat onderdak bood aan docenten én studenten, in gebouwen gegroepeerd rond een centraal binnenplein. Dit model zou door de nadien gestichte colleges in Oxford en Cambridge worden nagevolgd. Een flink aantal van zijn oorspronkelijke gebouwen heeft Merton College weten te bewaren. De toegangspoort uit 1418, die een opvallend frontispice heeft waarin een door wilde dieren omringde Johannes de Doper is afgebeeld, komt uit op de Mob Quad, het oudste binnenplein van colleges in Oxford. Aan de rond 1300 gebouwde Mob Quad ligt de eveneens bijzonder oude 14de-eeuwse bibliotheek, die tegen een kleine vergoeding groepsgewijs is te bezoeken (wel eerst aanmelden bij de receptie). Veel van het houten bibliotheekinterieur stamt uit de 16de eeuw, maar een deel is nog origineel. De collegekapel werd gesticht in 1290. Deze bevat indrukwekkende glasramen, waaronder in het koor ramen met heiligenportretten, vervaardigd rond 1300. Ook is er een raam met een kopie van Leonardo da Vinci's *Laatste Avondmaal*, vervaardigd in 1702. De T-vorm van de kapel werd overgenomen door andere colleges.

Na het verlaten van Merton College kun je nog een bezoek brengen aan de overdekte **Real Tennis Court**, schuin tegenover het college (toegankelijk via de winkel aan de straatzijde). Real Tennis ontwikkelde zich in middeleeuwse kloosters als een tijdverdrijf voor monniken en kent andere spelregels dan het moderne tennisspel. Het combineert het moderne tennis met squash en heeft ingewikkelde spelregels voor het serveren, wat duidelijk te zien is aan de inrichting van de kleurige Real Tennis Court in Merton Street. De populariteit van Real Tennis bereikte een hoogtepunt in de 16de eeuw, toen niet alleen Merton College en talloze andere colleges een tennishal oprichtten, maar zelfs de dikke Hendrik VIII al zijn paleizen liet opluisteren met een Real Tennis Court. De huidige Real Tennis Court van Merton College dateert uit 1798 en is nog altijd in gebruik, want er bestaat een landelijke Real Tennis-competitie. Wanneer je Merton Street verder in oostelijke richting af loopt, zie je bij de hoek met High Street de Examination School uit 1882 liggen. In de maand juni worden hier – evenals in andere Examination Schools in de stad – ter afronding van het eerste en derde of vierde studiejaar de eindexamens afgenomen, de *mods* en *finals*. De studenten gaan dan in vol ornaat gekleed.

> *UNIVERSITY COLLEGE, High Street. Geopend: op afspraak, tel. +44 1865276959.*
> *BALLIOL COLLEGE, Broad Street. Geopend: 14–17 uur.*
> *MERTON COLLEGE, Merton Street. Geopend: 14–16 uur.*
> *REAL TENNIS COURT, Merton Street. Geopend: 10–17 uur.*
> *EXAMINATION SCHOOL, Merton Street. Gesloten voor publiek.*

6

Magdalen College en Botanic Garden
Aan het oostelijke einde van High Street, bij de Cherwell, ligt het in 1458 gestichte **Magdalen College**, bekend omdat Oscar Wilde hier studeerde, net als Edward Gibbon, de auteur van *Decline and Fall of the Roman Empire* en van memoires waarin hij zijn oude leermeesters te kijk zette. De satire op docenten heeft overigens altijd welig getierd onder Oxfords oud-studenten – denk bijvoorbeeld aan Kingsley Amis' beroemde satirische roman *Lucky Jim* uit 1954. Een bekend plaagrijmpje luidt:

I am Master of this college;
What I don't know isn't knowledge.

De imponerende klokkentoren van Magdalen College kwam gereed in 1509. Jaarlijks verzamelt het Magdalen College School Choir zich op 1 mei boven op deze toren, om vanaf zes uur 's morgens de stadsbewoners toe te zingen. Aan de gevel van het college langs High Street vallen de groteske sculpturen op, die fungeren als afwateringen.
De kapel en kruisgang van dit college dateren nog uit de 15de eeuw. In de kapel is een eigentijdse kopie te zien van Leonardo da Vinci's *Laatste Avondmaal*; het glasraam in Merton College zal hiervan zijn afgekeken. Deze kopie speelde een belangrijke rol als referentiepunt bij de recente restauratie van Da Vinci's meesterwerk in Milaan.
Het mooist aan Magdalen College zijn wel de uitgestrekte wandelweiden en het **Deer Park** (Hertenkamp), te bereiken via de ingang aan High Street en vanuit Longwall Street. De weiden liggen aan beide zijden van de Cherwell. Op twee plaatsen, aan het begin van het hertenkamp en aan het eind daarvan, kun je de rivier oversteken om over Addison's Walk verder naar het oosten te wandelen. Aan de westzijde liggen, langs het hertenkamp, 18de-eeuwse collegegebouwen. Bij Magdalen Bridge kun je roeiboten en punters huren voor een tochtje op de rivier.

Ook vlak bij Magdalen Bridge, tegenover het college, ligt de prettige **Botanic Garden**. Dit is de oudste botanische tuin in Engeland, gesticht in

1621 als kruidentuin voor medicijnenstudenten. Cambridge kreeg pas een botanische tuin in 1763. Uit de stichtingsjaren dateert nog de symmetrische tuinplattegrond en de mooie toegangspoort. Achter in de tuin, voorbij het poortje 'The 1648 Border', is een bed met planten die al worden vermeld in de tuincatalogus uit 1648. Ook staat er nog altijd een rond het jaar 1650 geplante taxusboom op het terrein, tussen de twee vijvers. De Botanic Garden is nog steeds in bezit van de University of Oxford, en er zijn altijd wel studenten in de weer met schoffel en hark.

Aan de oostzijde van de Botanic Garden liggen de grote kassen met bloemen, planten en bomen afkomstig uit uiteenlopende ecosystemen, van tropen tot woestijn. Er zijn kokosnootpalmen en mangobomen te zien, maar ook metershoge cactussen en een collectie vleesetende planten. Tekstborden voorzien een en ander van een educatieve tint. Het mooist is het dampende Lily House, een in 1851 door professor Daubeny gebouwde kas, speciaal voor zijn supergrote Victoria regia, een waterlelie waarvan de bladeren een diameter van wel 2 m kunnen bereiken. Inmiddels bevat deze kas een warmwaterbassin met een keur aan grote en kleine waterlelies, omringd door bananenbomen en rijstplanten.

> *MAGDALEN COLLEGE, High Street. Geopend: 12–18 uur.*
> *BOTANIC GARDEN, High Street. Geopend: 9–17; kassen 10–16.30 uur.*

Queen's College en New College

Een opvallende gevel aan High Street is die van Queen's College. Dit college is gesticht in 1341, maar werd tussen 1670 en 1760 volledig herbouwd. Bijzonder is dat dit gebeurde door Christopher Wren en Nicholas Hawksmoor, en dat deze architectuur in latere perioden geheel ongemoeid is gelaten – wat van geen van de andere colleges gezegd kan worden. De gevel is het werk van Hawksmoor, inclusief de palladiaanse koepel boven de toegangspoort. Aan de noordzijde van het centrale binnenplein liggen een door Wren gebouwde hal en kapel, opgeluisterd door gebrandschilderde ramen van de hand van de Nederlandse glazenier Abraham van Linge. In deze kapel kan op vrijdag (18.30 uur) en zondag (18.15 uur) de **Evensong** worden bijgewoond.

Queen's Lane leidt langs de 12de-eeuwse St. Edmund Hall (in Oxford bekend als 'Teddy Hall'), waar gedurende de middeleeuwen studenten waren gehuisvest, naar het even bezienswaardige **New College**. Dit college is gesticht in 1379 en beschikt nog altijd over enkele van zijn oorspronkelijke gebouwen. De Great Quad, de klokkentoren, de hal, de kruisgang en de grote kapel dateren alle uit de 14de eeuw. In deze kapel zijn nog gebrandschilderde ramen uit de bouwperiode te bezichtigen. Verder is er een raam in de westmuur uit 1777, dat is ontworpen door Joshua Reynolds. Ook is er een portret van de heilige Jacobus te zien van de hand van El Greco. Het

Botanic Garden.

opvallend gebeeldhouwde altaarscherm dateert uit de 19de eeuw. De tuinen van New College, te bereiken via de 18de-eeuwse Garden Quad, worden omzoomd door de middeleeuwse stadswallen.
Voorbij de ingang van New College leidt de mooie New College Lane langs Bath Place, waar je bij de Turf Tavern wat kunt drinken. Inspector Morse heeft hier voetstappen liggen; het toeristenbureau verkoopt een speciale Morse-wandeling. Daarna leidt de laan verder naar de Bridge of Sighs, een zwevende tussengang die twee gebouwen van het nabije Hertford College met elkaar verbindt. Deze overkapte brug, gebouwd aan het einde van de 19de eeuw, is vernoemd naar de Venetiaanse Brug der Zuchten.

- *QUEEN'S COLLEGE, High Street. Alleen in groepsverband te bezoeken, op aanvraag bij het Tourist Information Centre.*
- *NEW COLLEGE, Queen's Lane. Geopend: 11–17 uur.*

De overige colleges

Hierboven is een overzicht gegeven van de highlights, maar onder de overige colleges schuilt natuurlijk ook veel schoons. Het imponerende **All Souls College** aan Radcliffe Square is gesticht in 1438. De bouw dateert voor een groot deel nog uit de 15de eeuw. Dat geldt bijvoorbeeld voor de kapel, met gebrandschilderde ramen uit die periode. De opvallende twin towers zijn echter van Nicholas Hawksmoor. Aan dit prestigieuze college studeren uitsluitend zeer verdienstelijke ouderejaarsstudenten met een onderzoeksbeurs.

> *ALL SOULS COLLEGE, Radcliffe Square. Geopend: ma.–vr. 14–16 uur.*

6

Exeter College aan Turl Street, gesticht in 1314, heeft een opvallende 19de-eeuwse kapel die is gemodelleerd naar de Sainte-Chapelle in Parijs. Er is een wandtapijt te zien van de hand van de prerafaëlieten Edward Burne-Jones en William Morris (een Exeterstudent) met een afbeelding van de Aanbidding der Wijzen. Aardig is de typische Boaters graffiti op het binnenplein, naar aanleiding van een overwinning van Exeter in de Torpids, zoals de jaarlijkse roeiwedstrijden van de eerstejaars uit Oxford worden genoemd. Deze wedstrijden vinden plaats op de Thames in de periode februari–maart. Eind mei strijden de ouderejaars in de zogenaamde Eights Weeks om de titel 'Head of the River'. **Lincoln College** aan Turl Street, gesticht in 1427, ziet er charmant uit doordat het veel van zijn 15de-eeuwse architectuur heeft bewaard. Je kunt er een als museum ingerichte studentenkamer (namelijk van de methodist John Wesley) bezichtigen. **Oriel College** is een college uit 1326 met gebouwen uit de 17de eeuw. De Front Quad, waaraan de kapel en eetzaal liggen, heeft een gotisch voorkomen.
Hiermee zijn alle vóór 1500 gestichte, nog bestaande colleges beschreven.

> *EXETER COLLEGE, Turl Street. Geopend: 14–17 uur.*
> *LINCOLN COLLEGE, Turl Street. Geopend: 14–17 uur.*
> *ORIEL COLLEGE, Oriel Square. Geopend: 10–11.30 en 14–17 uur.*

De gebouwen van het oerconservatieve **Trinity College** aan Broad Street, gesticht in 1555, stammen voornamelijk uit het einde van de 17de eeuw. Er zijn een opvallende toegangspoort en een rijk gedecoreerde kapel uit deze periode. De kapel ligt aan een 15de-eeuws binnenplein, Durham Quad. De Garden Quad is ontworpen door Christopher Wren.

> *TRINITY COLLEGE, Broad Street. Geopend: 10–11.30 en 14–17 uur.*

De overige 16de-eeuwse stichtingen zijn: **Brasenose College** uit 1509, met een door Christopher Wren ontworpen kapel uit 1660; **Corpus Christi College** uit 1516, met een 16de-eeuwse zonnewijzer en eetzaal. De kapel heeft een altaarstuk van Rubens, *De aanbidding van de herders*; **St. John's College** werd gesticht in 1555, maar nam de honderd jaar oudere Front Quad van een inmiddels opgeheven monnikencollege over; **Jesus College** uit 1571 heeft vooral 17de-eeuwse gebouwen; en natuurlijk was er het al besproken Christ Church College.

Pembroke College aan Pembroke Square, gesticht in 1624, heeft een kapel die in de 19de eeuw opnieuw en druk is gedecoreerd. De bekendste student van dit college was Samuel Johnson, befaamd dankzij het door hem samengestelde eerste Engelse woordenboek en de onweerstaanbare biografie die James Boswell over hem schreef. Hij had liever aan de overkant bij Christ Church willen studeren, maar was zoals zoveel studenten te arm om zich dit prestigieuze college te kunnen veroorloven. Een tijdlang schoof hij daar stiekem aan in de collegezaal, tot er gaten in zijn schoenen vielen en hij zich niet langer durfde te vertonen. Onder de Johnson-memorabilia van Pembroke bevinden zich zijn bureau en de grote theepot waarmee hij zijn medestudenten van spraakwater bediende. Verder werd in de 17de eeuw nog **Wadham College** opgericht, in 1613.

Puntsaanlegplaats langs de Botanic Garden van Oxford.

In de 18de eeuw verrezen de gebouwen van **Worcester College** en **Hertford College**. Alle overige colleges werden na 1800 gesticht. **Keble College** uit 1870, met zijn neogotische architectuur, was het eerste uit baksteen opgetrokken college. De collegekapel is betegeld met kleurig mozaïek en bevat een beroemd schilderij uit de prerafaëlitische school: *The Light of the World* door Holman Hunt.

- *BRASENOSE COLLEGE, High Street. Geopend: 10–11.30 en 14–17 uur.*
- *CORPUS CHRISTI COLLEGE, Merton Street. Geopend: 13.30–16 uur.*
- *ST. JOHN'S COLLEGE, St. Giles' Street. Geopend: 13–17 uur.*
- *JESUS COLLEGE, Turl Street. Geopend: 14–16.30 uur.*
- *PEMBROKE COLLEGE, Pembroke Square. Geopend: 10–18 uur.*
- *KEBLE COLLEGE, Parks Road. Geopend: 14–17 uur.*

Oxford Union

Geen collegegebouw, maar het onderkomen van de in 1825 gestichte universitaire *debating society* is de Oxford Union in St. Michael's Street. Hier vertoonden talloze Britse en internationale politieke kopstukken hun redenaarskunsten. Het gebouw hangt vol met groepsportretten van oud-leden en eregasten, van de dalai lama tot moeder Teresa, van Desmond Tutu tot Yasser Arafat. De oorspronkelijke Debating Hall (nu de bibliotheek) heeft wandschilderingen met scènes uit de Arthurlegende, vervaardigd door vertegenwoordigers van de prerafaëlitische school als Edward Burne-Jones en William Morris. Het gebouw heeft een leuk café, te bereiken via de tuin. De bordjes 'members only' gelden niet voor het cafetariagedeelte.

> *OXFORD UNION, St. Michael Street. Geopend: ma.–za. 9.30–19 uur.*

6

Bodleian Library en omgeving

Een van de belangrijkste universiteitsbibliotheken ter wereld is gehuisvest in de 17de-eeuwse, monumentale Bodleian Library, genoemd naar haar stichter sir Thomas Bodley. De bibliotheek ligt verheven op een statig platform tussen Broad Street en Radcliffe Camera. Aan de Broad Street-zijde wordt zij geflankeerd door het Sheldonian Theatre van Christopher Wren en het in de jaren 1711–1715 voor de Oxford University Press gebouwde **Clarendon Building** van Nicholas Hawksmoor. Nu is de administratie van Bodleian Library in dit gebouw gevestigd (en zit de University Press in een reusachtig 19de-eeuws pand in Walton Street). Aspirant-bibliotheekgebruikers dienen hier, voordat ze het felbegeerde toegangspasje krijgen overhandigd, plechtig in hun moedertaal te beloven dat zij geen boeken zullen ontvreemden of bekladden.
De **Bodleian Library** ligt verscholen in de Old School Quad. Dit prachtige renaissancistische binnenplein uit de jaren 1613–1619 wordt opgeluisterd door de opmerkelijke Tower of the Five Orders of Architecture. Het zuilreliëf op deze poort demonstreert van boven naar beneden de Toscaanse, Dorische, Ionische, Korinthische en samengestelde klassieke bouwstijlen. Aan de quad liggen de toegangen tot schoolvertrekken die verschillende disciplines vertegenwoordigden, waarvan de namen boven de poortjes zijn vermeld. Recht tegenover de grote Tower ligt de toegang tot het in 1612 gebouwde Proscholium van de Bodleian Library, het gewelfde voorhof waarin nu een souvenirwinkel is ondergebracht. Achter het Proscholium kun je de kleine **Divinity School** bezoeken (gratis). Dit is een 15de-eeuwse zaal waar theologiestudenten werden geëxamineerd. Rond 1700 dreigden de muren in te storten, waarop de zaal door Wren werd gerestaureerd. Het waaierplafond toont de wapenschilden van de bouwsponsors; in het midden is het koninklijke wapen te zien. Er staan enige antiquiteiten opgesteld die niets te maken hebben met de oorspronkelijke functie van de zaal. Vanuit het Proscholium kun je ook het **Convocation House** bezoeken, waar tijdens de burgeroorlog het parlement vergaderde.
De Bodleian Bibliotheek zelf (bestaande uit ongeveer 200 km boeken, grotendeels ondergronds opgeslagen) en de studiezalen zijn grotendeels gesloten voor publiek, afgezien van de **Duke Humfrey's Library**. Deze bibliotheek uit 1488 (en gerestaureerd rond 1600) huisvest oude drukken en manuscripten en kan in groepsverband worden bezocht.
Het mooie **Sheldonian Theatre** is in de jaren 1664–1668 gebouwd door Christopher Wren als zijn allereerste project. Dat is duidelijk te zien aan

het orthodox-classicistische karakter van dit gebouw. Van de universiteit kreeg Wren de opdracht een representatieve ruimte te ontwerpen voor haar examenceremonies. Wren pakte zijn architectuurhandboeken van Vitruvius en Palladio erbij en zette een exacte kopie van een Romeins theater neer. In 1791 ontving Franz Joseph Haydn er een eredoctoraat in de muziek en gaf hij een uitvoering ten beste van een van zijn symfonieën. Tegenwoordig is het Sheldonian Theatre nog steeds in gebruik als universitaire aula en tevens als concerthal. Overdag wordt de sfeer in deze zaal nogal tenietgedaan door een opdringerige souveniruitstalling. Bezoekers kunnen de koepel beklimmen voor een uitzicht van achter glas over de stad. Buiten wordt het theater omringd door een hek met 19de-eeuwse koppen van Romeinse keizers. Deze kijken uit op Blackwell's Bookshop aan Broad Street.

Radcliffe Camera.

6

Aan de andere zijde van de Bodleian Library ligt de **Radcliffe Camera**, een palladiaanse rotunda uit 1748 gebouwd door James Gibbs, waarvan het zandsteen bij regenachtig weer nog mooier uitkomt. Gebouwd als bibliotheek, bevat de Camera nu leeszalen van de Bodleian.

Achter de Radcliffe Camera ligt de University Church of St. Mary, die dienstdoet als universiteits- en parochiekerk. De hoge kerktoren dateert al uit de 13de en 14de eeuw, de kerk zelf is voor een groot deel van recentere datum. Mooi is het barokke zuidportaal. De toren kan worden beklommen (127 treden) en geeft het beste uitzicht over de stad. In de kerk bevindt zich een goede lunchroom. 's Avonds kun je de Evensong bijwonen via de hoofdingang aan High Street. Schuin tegenover de hoofdingang is overigens de Oxford University Press Bookshop te vinden.

- *BODLEIAN LIBRARY, DIVINITY SCHOOL EN DUKE HUMFREY'S LIBRARY, Broad Street. Geopend: ma.–vr. 9–17, za. 9–12.30 uur.*
- *SHELDONIAN THEATRE, Broad Street. Geopend: 9–17 uur.*
- *RADCLIFFE CAMERA, Radcliffe Square. Gesloten voor publiek.*
- *UNIVERSITY CHURCH OF ST. MARY (KERKTOREN), Radcliffe Square. Geopend: 9.30–18 uur.*

6

IN HET SPOOR VAN TOLKIEN

Op de route van het Ashmolean Museum naar het Pitt Rivers Museum en het Museum of Natural History kom je in St. Giles Street langs The Eagle and Child. In deze pub placht J.R.R. Tolkien (1892–1973), de auteur van *The Hobbit* (1937) en *The Lord of the Rings* (1955), in de tijd dat hij hoogleraar was aan Pembroke College (1926–1945) en Merton College (1945–1959), te vertoeven met zijn literaire vrienden. De fantasiewereld van Tolkien, die in Zuid-Afrika werd geboren maar in de landelijke omgeving van Birmingham opgroeide, is nauw verbonden aan Centraal-Engeland. De hoofdpersoon van Tolkiens oorspronkelijk voor zijn kinderen geschreven verhalen, hobbit Bilbo Baggins, gaf hij allerlei autobiografische trekjes. Sommige daarvan vertegenwoordigden zaken die hij associeerde met zijn geïdealiseerde jeugd in de West Midlands. 'I am in fact a Hobbit in all but size,' schreef hij eens. 'I like gardens, trees, and unmechanized farmlands; I smoke a pipe, and like good plain food (unrefrigerated).' Het hobbitdorp 'Hobbiton' plaatste hij in Sarehole, een tegenwoordig met Birmingham vergroeid dorpje waar Tolkien gelukkige jaren moet hebben doorgebracht. Het huis van de hobbit, Bag End, vernoemde Tolkien naar de boerderij van een tante in Worcestershire. 'Any corner of that county (however fair or squalid) is in an indefinable way *home* to me, as no other part of the world is.' Worcestershire was de geboortestreek van Tolkiens moeder. Zij had hem in haar eentje opgevoed en onderwezen, nadat in zijn vroege jeugd zijn vader was overleden. Tegelijkertijd werd zijn fantasiewereld gevoed door zijn wetenschappelijke bezigheden in Oxford. Tolkien was er benoemd tot hoogleraar Oudengels en bestudeerde oude talen, mythen en legenden van Noordwest-Europa. Onder de indruk van de ouderdom en verbeeldingskracht van de Scandinavische mythologie wenste hij ook zijn eigen land op te kunnen luisteren met heldhaftige sagen uit een ver en duister verleden. 'The Hobbits are just rustic English people,' merkte hij ooit op, 'made small in size because it reflects the generally small reach of their imagination – not the small reach of their courage or latent power.' Tolkiens epische verhalen over de hobbit en consorten refereren aan thema's van allerlei historische sagen. Ook ontwierp Tolkien voor de bewoners van zijn fantasiewereld een geheel eigen taal. Hij deed dit met behulp van de filologische vaardigheden die voor zijn universitaire werk waren vereist. Op deze manier maakte hij academische kennis, normaal gesproken slechts toegankelijk voor een klein groepje specialisten, bereikbaar voor een groot publiek. Dat de wederwaardigheden en taal van de hobbits al snel wereldwijd belangstelling zouden wekken, overtrof Tolkiens stoutste verwachtingen.

» **Verder lezen: Humphrey Carter, *J.R.R. Tolkien. A Biography* (Londen, 1977).**

Musea

Oxford beschikt over een groot aantal musea. In het hart van de stad liggen onder andere de twee lokaal-historische musea (Museum of Oxford en Oxford Story) en het Museum of Modern Art. Iets naar het noorden, maar op loopafstand van het hart van de stad, liggen de grote universitaire musea, die alle gratis toegankelijk zijn: het etnologische Pitt Rivers Museum, het Museum of Natural History en het archeologische en kunsthistorische Ashmolean Museum. Deze drie musea zijn erg uitgebreid; alleen het Ashmolean Museum heeft een cafetaria.

Ashmolean Museum

Het Ashmolean Museum aan Beaumont Street is gebouwd als een aan kunst en oudheden gewijde tempel, in neoclassicistische stijl. De oudheidkundige en kunsthistorische collectie gaat terug op een lange universitaire verzameltraditie. Rond 1600 bracht Thomas Bodley, de stichter van de Bodleian Library, een grote hoeveelheid antiquiteiten bij elkaar. Deze verzameling werd geërfd door de botanicus John Tradescant, die de collectie uitbreidde met rariteiten afkomstig uit exotische landen. Alles kwam ten slotte in het bezit van Elias Ashmole, een oud-student van Oxford, die de verzameling nog vergrootte en alles in 1683 vermaakte aan de University of Oxford die er het eerste publieke museum van Engeland van maakte. Een deel van de collectie ging uiteindelijk naar het Pitt Rivers Museum en Natural History Museum.

Op de begane grond van het museum is een verzameling Romeinse sculpturen uitgestald (zaal 1), en bevindt zich bovendien de opmerkelijke afdeling met oudheden afkomstig uit Egypte (zaal 4–7). Ook is hier een afdeling gewijd aan oosterse oudheden (zaal 11–26). Er is verder een uitgebreide Engels porseleincollectie (zaal 8–10) en twee kleine zalen zijn gewijd aan middeleeuwse overblijfselen (zaal 2–3). Hier is onder andere een mooi, aan Thomas Becket gewijd reliekschrijn te vinden, rond het jaar 1200 vervaardigd in Limoges (Frankrijk). Op de eerste verdieping is een collectie schilderijen, tekeningen en toegepaste kunst ondergebracht. De nadruk ligt op de renaissance. Er is werk te zien van onder anderen Titiaan, Vasari, fra Filippo Lippi, Tintoretto en Veronese (zaal 39), van Rubens en van Hollandse meesters als Ruysdael, Van Goyen, Van Ostade en Steen (zaal 41). Tekeningen zijn er van onder anderen Michelangelo en Raphael (zaal 40 en 48). Ook is er 19de-eeuwse Engelse schilderkunst te bewonderen, met gezichten op Oxford en de Thames van Turner en landschappen van Constable, en werk van Franse impressionisten als Pissarro, Renoir, Cézanne en Bonnard (zaal 44–45).

De collectie van het Ashmolean Museum vormt echter in de eerste plaats een waar monument voor de Britse oudheidkunde en archeologie met zalen gewijd aan Egypte, Rome, Griekenland en het oude Nabije Oosten. De zalen zijn vernoemd naar beroemde archeologen als de roemruchte Arthur Evans, die op Kreta het paleis van koning Minos bij Knossos heeft opgegraven. Op de tweede verdieping volgen nog een paar zalen, met Nederlandse en Engelse schilderkunst: Hollandse stillevens uit de 16de en 17de eeuw (zaal 57) en 19de-eeuwse doeken van de prerafaëlitische school, waarbij ook werk van Alma Tadema is te vinden. Er staat bovendien een door Edward Burne-Jones beschilderde bruidskast, met afbeeldingen van episodes uit Geoffrey Chaucers *Canterbury Tales* (zaal 56).

> *ASHMOLEAN MUSEUM, Beaumont Street. Geopend: di.–za. 10–17, zo. 14–17 uur. Gratis toegankelijk.*

Pitt Rivers Museum en Museum of Natural History

Tegenover Keble College staat een opvallend gebouw. Het werd in 1855 door John Ruskin ontworpen als universiteitsmuseum. Ruskin, een aan Christ Church opgeleide kunsthistoricus, meende in tegenstelling tot velen van zijn tijdgenoten dat wetenschap en religie elkaar niet uitsloten, maar juist versterkten. Zijn ontwerp gaf gestalte aan deze gedachte: het Museum of Natural History oogt als een kerk in een industriële outfit. De collectie baadt in het licht van een indrukwekkend glazen dak, dat wordt gedragen door een hoog ijzeren gewelf. De etnologische verzameling van het Pitt Rivers Museum is te vinden in een aanbouw uit 1882. Bij wijze van contrast bestaat deze uit een zeer donkere ruimte.

Het **Pitt Rivers Museum** werd gesticht in 1884. Het bevat de collectie van de archeoloog en etnoloog generaal A.H.L. Pitt Rivers, die in 1882 zijn verzameling vermaakte aan de universiteit van Oxford. Aan deze collectie werden voorwerpen toegevoegd afkomstig van andere verzamelaars, onder wie John Tradescant en de 18de-eeuwse ontdekkingsreiziger kapitein James Cook. Meer nog dan in het Ashmolean, is een behoorlijk deel van de voorwerpen afkomstig uit de voormalige Britse koloniën. Pitt Rivers streefde ernaar met zijn collectie exotische en Europese artefacten aan te tonen dat de menselijke cultuur evolueert van primitief naar complex en van homogeen naar heterogeen. Moderne antropologen onderschrijven dit idee niet langer, maar als een eerbetoon aan Pitt Rivers en het victoriaanse evolutionisme zijn in dit museum gelijksoortige artefacten uit verschillende culturen en uit verschillende perioden bij elkaar geplaatst. In deze typologische opstelling wordt aanschouwelijk gemaakt hoe de mens in verschillende tijden en verschillende plaatsen is omgegaan met *facts of life* als huisvesting, kleding, bewapening of godsdienst. Het resultaat is een bijzondere expositie, aangezien in moderne etnologische musea voorwerpen doorgaans per cultuur worden geordend. Bovendien laat het Pitt Rivers Museum gebruiksvoorwerpen zien die stuk voor stuk gekenmerkt worden door een grote schoonheid.

De hoeveelheid bij elkaar gebrachte voorwerpen is overweldigend.

> *PITT RIVERS MUSEUM, Parks Road, www.prm.ox.ac.uk. Geopend: ma.–za. 13–16.30, zo. 14–16.30 uur. Gratis toegang.*

Vlinders in het Museum of Natural History.

Het **Museum of Natural History** heeft een mooie, moderne opstelling, en zal ook kinderen aanspreken. In het middenpad zijn grote vitrines op inventieve wijze besteed aan allerlei onderwerpen. Een gaat over de dieren in *Alice in Wonderland*, waaronder de dodo van de universiteit van Oxford, die in 1636 in Londen was terechtgekomen. In een andere vitrine staat deze befaamde opgezette dodo zelf – ooit het laatste nog levende exemplaar in Europa. Ook besteedt het museum uitgebreid aandacht aan de in Oxfordshire gevonden fossielen en voetstappen van dinosauriërs. In het grasveld voor de ingang van het museum is een lang spoor van zulke dinosauriërvoetstappen te zien, gegoten in beton. Het museum heeft een aantal skeletten staan van in Oxfordshire gevonden dinosauriërs en toont fossiele afdrukken van een zwemmende ichthyosaurus.

> *MUSEUM OF NATURAL HISTORY, Parks Road. Geopend: 12–17 uur. Gratis toegang.*

Overige musea

Het **Museum of Oxford** is gevestigd in de Town Hall. Het is recentelijk geheel vernieuwd. Het vertelt over het ontstaan van de stad vanuit de prehistorie tot de 20ste eeuw.

> *MUSEUM OF OXFORD, Town Hall, tel. 01865-252351. Geopend: di.–vr. 10–16, za. 10–17, zo. 12–16 uur.*

In de **Oxford Story**, tegenover Balliol College, komt de geschiedenis van de universiteit aan bod. Bezoekers dienen daarvoor plaats te nemen in een rijdend wagentje, om vervolgens langs een reeks statische historische taferelen te worden geloodst. Koptelefoons zorgen voor de bijbehorende uitleg in verschillende talen.Het **Museum of Modern Art** in Pembroke Street,

Vale of White Horse.

dat zich naar zijn New Yorkse grote broer graag MOMA laat noemen, is gevestigd in een oude brouwerij. De collectie bestaat uit internationale moderne kunst afkomstig uit uiteenlopende disciplines, waaronder ook moderne media.

Het **Museum of the History of Science** is te vinden in Broad Street, in het voormalige onderkomen van het Ashmolean Museum. Te zien zijn oude Europese en oosterse wetenschappelijke instrumenten op het gebied van de astronomie, navigatie en artsenij, en enige bezittingen van Einstein. De **Bate Collection of Historical Musical Instruments** aan St. Aldate's Street bevat Engelands omvangrijkste collectie Europese blaas- en slaginstrumenten.

- *OXFORD STORY, Broad Street. Geopend: 9–17 uur.*
- *MUSEUM OF MODERN ART, Pembroke Street. Geopend: di.–zo. 11–18, do. 11–21 uur.*
- *MUSEUM OF THE HISTORY OF SCIENCE, Broad Street. Geopend: ma.–vr. 10.30–13 en 14.30–16 uur. Gratis toegang.*
- *BATE COLLECTION, St. Aldate's Street. Geopend: ma.–vr. 14–17 uur. Gratis toegang.*

VALE OF WHITE HORSE

De Vale of White Horse bestaat uit het dal van de rivier de Ock, die bij Abingdon uitmondt in de Thames. Op de heuvelrug aan de zuidkant van dit rivierdal, de landelijke Berkshire Downs, ligt niet ver van het plaatsje Uffington, de **Uffington White Horse**. Deze heuvel dankt zijn naam aan de in kalkgrond uitgegraven sleuven in de vorm van een enorm gestileerd paard. De sleuven zijn duidelijk zichtbaar omdat ze eeuwenlang regelmatig zijn onderhouden; tot in de 19de eeuw werd er ter gelegenheid van het opknappen van de sleuven zelfs een hele kermis op de heuvel georganiseerd. Het paardfiguur moet in de ijzertijd, niet heel lang vóór de komst van de Romeinen, zijn vervaardigd door de Kelten. Dezelfde gestileerde paarden zijn immers te vinden op Keltische munten. Het **Vale and Downland Museum** in het marktplaatsje Wantage (10 km ten oosten van Uffington en White Horse Hill) heeft een uitstekende expositie over de geschiedenis van het witte paard en van de Vale of White Horse.

White Horse Hill is te bereiken via een afslagje van de B4507. De wandeling naar de top van White Horse Hill begint vanaf een parkeerplaats

De kop van een prehistorisch paard op White Horse Hill.

RIDGEWAY PATH

Ridgeway Path is een 5000 jaar oud voetpad dat zich over een lengte van ongeveer 135 km uitstrekt over hoge heuvelruggen van de plaats Tring, aan het begin van de Chiltern Hills in Hertfordshire, tot aan de steencirkel van Avebury in Wiltshire. Dit pad is een geliefd traject onder wandelaars. Langs het hele pad zijn tal van prehistorische bezienswaardigheden te vinden. Op White Horse Hill, recht boven het paardfiguur, zijn de door schapen begraasde sporen te zien van een heuvelfort uit de ijzertijd, Uffington Castle genoemd. Ca. 3 km ten westen van White Horse Hill ligt aan het pad een van de grootste neolithische grafheuvels in Engeland, het door bomen omringde Waylands Smithy, even oud als de Ridgeway zelf.
Wie Ridgeway Path helemaal wil af lopen, start in het oosten in Tring of Wendover, dat direct aan het pad ligt (6 km van Tring), of in het westen bij Avebury (vanuit deze richting heeft men doorgaans wind mee). Het pad is bewegwijzerd. Bij de Tourist Information Centres in het gebied kun je geschikte wandelkaarten kopen. Er is ook een Ridgeway-gids verkrijgbaar met accommodaties en andere wandelinformatie. In de omgeving van het pad zijn voldoende overnachtingsmogelijkheden.

en leidt naar boven door glooiende schapenweides. De klim wordt beloond met een indrukwekkend uitzicht over de weiden en akkers van het rivierdal.

In Wiltshire zijn langs de Ridgeway, namelijk op Hackpenn Hill, de hoogste top van de Marlborough Downs ten noorden van Avebury, en op andere locaties nog meer witte paarden te zien. Deze zien er veel minder gestileerd uit en dateren alle uit de 18de en 19de eeuw. Het paard van Hackpen Hill werd in 1838 gemaakt ter viering van de kroning van koningin Victoria een jaar eerder.

> *VALE AND DOWNLAND MUSEUM, Church Street, Wantage. Geopend: ma.–za. 10–16 uur. Gratis toegang.*

6

THAMES VALLEY

De brede Thames Valley maakt het hart van Oxfordshire tot een relatief vlak gebied. De rivier de Thames komt Oxfordshire bij het dorpje Lechlade binnenstromen. Vandaar kronkelt de rivier naar het oosten, richting Oxford, langs het dorpje **Buscot** met zijn 12de-eeuwse kerk en gebrandschilderde kerkramen van Edward Burne-Jones. Het 18de-eeuwse landhuis **Buscot Park** heeft werk van deze kunstenaar in de schilderijencollectie. In de landelijke Buscot Estates kun je prima wandelen.

> *BUSCOT PARK, Buscot. Geopend: apr.–sep. wo.–vr. en om de week op za.–zo. 14–18 uur, tel. +44 1367240786.*

Aan de noordoever van de Thames ligt vlak bij Buscot de 16de-eeuwse **Kelmscott Manor**, tussen 1871 en 1896 het huis van William Morris, met meubels, behangsels en tapijten van Morris en andere prerafaëlieten, onder wie Burne-Jones. Op het dorpskerkhof ligt het graf van Morris.

> *KELMSCOTT MANOR, Kelmscott. Geopend: apr.–sep. wo. 11–13 en 15–17 uur, tel. +44 1367-253348.*

Na Oxford buigt de Thames af naar het zuiden, richting Henley-on-Thames en Marlow. Op dit stuk is de Thames Valley dicht bewoond. Langs grote delen van de oever kun je een bewegwijzerd wandelpad van plaatsje naar plaatsje in het rivierdal volgen, het **Thames Path**.

Direct ten zuiden van Oxford voert de Thames langs Abingdon en Dorchester-on-Thames. In de marktplaats **Abingdon** kun je de restanten van de ooit zeer machtige, maar tijdens de Dissolution verwoeste 7de-eeuwse abdij bezoeken. Deze zijn te vinden achter de St. Nicholas Church aan Market Place. De toegangspoort tot het abdijterrein heeft nog deel uitgemaakt van het kloostercomplex. Aan het marktplein ligt ook een in renaissancestijl gebouwd stadhuis. Daarachter leidt de oude East St. Helen Street naar de 13de-eeuwse St. Helen's Church. Deze heeft de breedte van vijf kerken en bevat een mooie Lady Chapel. Rondom het kerkhof liggen armenhofjes: de Long Alley Almshouses, die al dateren uit 1446, en de Twitty's en Brick Alley Almshouses uit de 18de eeuw.

De 12de-eeuwse abdij van het aardige plaatsje **Dorchester-on-Thames** werd tijdens de Dissolution wel opgeheven, maar niet afgebroken. In de

Kelmscott Manor, de cottage van William Morris.

kloosterkerk, nu parochiekerk, is een Normandische loden doopvont te bewonderen met afbeeldingen van de apostelen. In de Lady Chapel bevindt zich een van de mooiste voorbeelden van middeleeuwse beeldhouwkunst, in de vorm van een beeltenis van een onbekende ridder.

Verder stroomafwaarts van de Thames ligt **Wallingford**, met een 17de-eeuws stadhuis op pilaren en armenhofje. De brug over de Thames is voor een deel nog middeleeuws. Van het Normandische kasteel dat hier door Willem de Veroveraar werd gebouwd, is alleen nog een ruïne over.

Ruim 5 km ten westen van Wallington bevindt zich het **Didcot Railway Centre**. Hier komt de geschiedenis van de Great Western Railway, het in 1841 voltooide spoor tussen Londen en Bristol, tot leven. Bezoekers kunnen een rit maken in een van de oude stoomtreinen.

> *DIDCOT RAILWAY CENTRE, Didcot. Geopend: apr.–sep. dag. 10–17; jan.–dec. za.–zo. 10–17 uur.*

De grote plaats **Reading** is niet erg aantrekkelijk. Prettig is wel **Henley-on-Thames**, dat precies op de plaats ligt waar Oxfordshire, Buckinghamshire en Berkshire samenkomen. Henley heeft aardige cafés en restaurants en vormt, samen met het naburige Marlow in Buckinghamshire, een goed vertrekpunt voor wandelingen in het dal van de Thames of in de beboste heuvels en dalen van de zuidelijke Chiltern Hills. Niet ver van het stadje kun je in de Chilterns ook twee tudorlandhuizen bezoeken, **Greys Court**

Official bij de regatta.

6

en **Stonor Park**, beide oorspronkelijk uit de middeleeuwen. Greys Court heeft nog een 14de-eeuwse toren; Stonor Park heeft uitgebreide tuinen.

> *GREYS COURT, Greys Court. Geopend: apr.–sep. wo.–vr. 14–18 uur.*

> *STONOR PARK, Stonor. Geopend: apr.–sep. zon. 14–16.30 uur (mei–sep. ook wo.; jul.–aug. ook di. en aug. ook op za.).*

Henley zelf is vooral bekend vanwege de jaarlijkse roeiwedstrijden op de rivier, de *Royal Regatta*. Deze duurt vijf dagen en vindt plaats in de eerste week van juli. De Regatta wordt gehouden sinds 1839 en trekt veel en deftig publiek. Oorspronkelijk ging het om roeiwedstrijden tussen de colleges van Oxford en Cambridge. Meer hierover wordt verteld in het River and Rowing Museum aan de rivieroever bij Mill Meadows. Toeristen kunnen in Henley bootjes huren of een boottocht maken op de New Orleans-raderboot. Wandelkaarten zijn te koop in het Tourist Information Centre aan West Street, vlak achter het stadhuis op Market Place.

NOORD-OXFORDSHIRE

Blenheim Palace

Ten noordwesten van Oxford, ter hoogte van het plaatsje Woodstock, bevindt zich een van de grootste attracties van deze streek: Blenheim Palace, het geboortepaleis van Winston Churchill (1874–1965). De bouw van het barokke Blenheim Palace in 1704–1723 werd van staatswege gefinancierd, in opdracht van koningin Anne. Hiermee beloonde zij sir John Churchill, de hertog van Marlborough, voor zijn overwinning in de Spaanse successieoorlog op de Fransen in de slag bij Höchstädt an der Donau (het nabijgelegen dorpje Blindheim wordt in Engeland Blenheim genoemd). De echtgenote van John Churchill had de bouwopdracht graag aan Christopher Wren verstrekt, maar haar gade besloot anders en stelde John Vanbrugh aan als architect.

De Churchills hebben van oudsher grote moeite gehad om hun hoge levensstandaard op te houden en stonden een aantal malen aan de rand van een fail-

6

Het geboortepaleis van Winston Churchill: Blenheim Palace.

lissement. Om dit probleem het hoofd te bieden, werd er vanaf de 19de eeuw getrouwd met vrouwen uit de Amerikaanse businesselite, zoals de familie Van der Bilt. Op de Amerikaanse happy few heeft Blenheim Palace wellicht om deze reden een grote aantrekkingskracht. Zo gaf Sylvester Stallone zijn bruiloft wat extra cachet door in dit paleis te trouwen. In het huidige tijdsgewricht zorgt de openstelling van het paleis voor toerisme ook voor extra inkomsten. De bekendste oorlogsheld van de familie was natuurlijk Winston Churchill. Op de begane grond van Blenheim Palace is een tentoonstelling over hem ingericht. Fascinerend zijn de brieven van een negentienjarige Churchill aan zijn vader over het verlies van een zakhorloge en de door hem op touw gezette reddingsoperatie: Winston mobiliseerde 23 man om de beek leeg te pompen waarin hij het familie-erfstuk had laten vallen. Er zijn ook schilderijen te zien van Churchill, die een niet-ongetalenteerd zondagsschilder was. In Churchills geboortekamer is zijn geboortehemdje te zien en een lok van zijn babykrullen. Zijn graf is te bezoeken op het kerkhof van het naburige Bladon.

De overige zalen van Blenheim Palace zijn individueel of tijdens een rondleiding te bezoeken. Na enkele zalen met porselein volgt een groot aantal stijlkamers. Aan de wanden hangen familieportretten van 17de-eeuwse en latere schilders. De eerste drie stijlkamers hebben een opvallend plafond met ornamenten van bladgoud, vervaardigd door Nicholas Hawksmoor. De ver-

Interieur van Blenheim Palace.

gelijkbare plafonds in de navolgende zalen zijn replica's. De 'Saloon', de grote eetzaal, bevat monumentale wandschilderingen van Louis Laguerre. Vanaf geschilderde balustrades kijken vertegenwoordigers van de wereldvolkeren toe hoe de gasten op het jaarlijkse kerstdiner van de hertog een vorkje meeprikken. In de volgende zalen zijn rariteiten te zien als de Franse herbergiersrekening met op de blanco zijde het bericht van John Churchill aan koningin Anne over zijn overwinning bij Blenheim. In de laatste zaal is de bibliotheek ondergebracht. Voor een bezoek aan de oostvleugel, die nog steeds wordt bewoond door de huidige hertog van Marlborough, dient een apart ticket te worden gekocht. Buiten het paleis kun je de familiekapel bezoeken. Bovendien wordt Blenheim Palace omringd door terrastuinen en een uitgestrekt park, ontworpen door Capability Brown. Er zijn een vlinderhuis, een boomgaard, een doolhof en een modelspoorweg. Aan de horizon kun je een zegezuil zien, opgericht ter ere van de militaire overwinning van John Churchill.

> *BLENHEIM PALACE, Woodstock, tel. +44 1993810500. Geopend: mrt.–okt. 10–17.30 uur.*

Blenheim Palace ligt bij het plaatsje **Woodstock**. Waar nu het paleis van de familie Churchill staat, lag ooit een koninklijk jachtverblijf. Koningin Anne gaf dit buitenhuis op om plaats te maken voor Blenheim Palace. Aan het kerkplein van Woodstock ligt het Oxfordshire County Museum, dat bezoekers vertelt over de plaatselijke geschiedenis en natuurlijke omgeving.

> *OXFORDSHIRE COUNTY MUSEUM, Fletchers's House, Park Street, Woodstock, tel. +44 1993811456. Geopend: di.–za. 10–17, zo. 14–17 uur.*

Langs de A4260 naar Oxford ligt, ter hoogte van Woodstock, **Rousham House**, een 17de-eeuws woonhuis dat wordt omringd door 18de-eeuwse landschapstuinen met watervallen, beelden en een opvallende arcadeboog.

> *ROUSHAM HOUSE, Woodstock. Geopend: apr.–sep. wo. en zo. 14–16.30 uur.*

6

Wolvercote, vlak bij Oxford, pub aan het water.

Een stuk noordelijker, op enkele kilometers ten zuidwesten van het door een stadsbrand en de burgeroorlog gehavende stadje Banbury, ligt **Broughton Castle**. Dit is een kasteel uit 1306, dat gedurende de 16de eeuw werd herbouwd.

> *BROUGHTON CASTLE, Broughton. Geopend: mei–sep. wo. en zo. 14–17 uur, jul.–aug. ook op do.*

Iets ten oosten van Banbury ligt **Middleton Cheney**. Hier zijn in de All Saints Church plafonds en glasramen te zien, vervaardigd door William Morris, Edward Burne-Jones en andere prerafaëlieten (een sleutel van de kerk is te verkrijgen bij de pastorie).

In het noordwesten van Oxfordshire, aan de A44 bij Chastleton, midden in uitlopers van de Cotswolds ligt **Chastleton House**, een groot landhuis uit 1612, met voor een behoorlijk deel nog een 17de-eeuws interieur.

> *CHASTLETON HOUSE, Chastleton. Geopend: apr.–okt. wo.–za. 13–17 uur.*

PRAKTISCHE INFORMATIE

i

OXFORD

Hotels

- River Hotel, 17 Botley Road, www.riverhotel.co.uk, tel. +441865243475.
- Randolph Hotel, Beaumont Street (tegenover Ashmolean), www.macdonaldhotels.co.uk. +44 1865256400.
- Arden Lodge, 34 Sunderland Avenue, tel. +44 1865 552076 (B&B), boeken via hotelsites als www.booking.com.
- The Falcon Private Hotel, 88-90 Abingdon Road, www.falconoxford.co.uk, tel. +44 1865511122.

Restaurants

- Pint Shop, 27-29 George Street, tel. +44 1865251194 (eetcafé en bier).
- Loch Fyne Restaurant, 55 Walton Street, tel. +44 1865292510 (vis).
- Caffé Uno, 41-47 George Street, tel. +44 1865246652 (Italiaans, keten, in uitgaansstraat).
- Quod Restaurant, 92-94 High Street, tel. +44 1865202505 (in oud bankgebouw, Italiaans).
- Chaing Mai Kitchen, 130a High Street, tel. +44 1865202233 (in oud politiebureau, Thai).
- Jamie's Italian Oxford, 24-26 George Street, tel. +44 1865838383 (keten, Italiaans).
- Cherwell Boathouse, 50 Bardwell Road, tel. +44 186552746 (modern).
- Ashmolean Dining Room, Beaumont Street, tel. +44 1865553823 (op de bovenste verdieping van het museum, Brits).
- Old Parsonage Restaurant, 1 Banbury Road, tel. +44 1865310210 (Brits).
- Browns, 5-11 Woodstock Road, tel. +44 1865511 995 (in omgebouwde garage, Brits, vestiging van een keten).

Uitgaan

Als grote studentenstad kent Oxford een veelzijdig uitgaansleven. Zie de vrijdageditie van de *Oxford Times* voor voorstellingen en exposities. Kaartjes voor veel voorstellingen en optredens zijn verkrijgbaar bij het Tourist Information Office (Gloucester Green), Waterstone's Bookshop en Blackwell's Musicshop (Broad Street), en bij de kassa van de desbetreffende zaal.
Theatervoorstellingen kun je bijwonen in het Playhouse (Beaumont Street), de Apollo (George Street) en het Pegasus Theatre (Magdalen Road).
De meest sfeervolle concertzalen zijn te vinden in Sheldonian Theatre (Broad Street) en de 18de-eeuwse Holywell Music Room (Holywell Street). In Jericho Pub, 56 Walton Street, vinden optredens van popbands plaats. Livepop, -folk en wereldmuziek in Oxford Venue, 196 Cowley Road.
Voor filmliefhebbers draaien de

blockbusters in de ABC Cinema's (Magdalen Street en St. George Place) en in Ultimate Picture Palace (Cowley Road). *Art cinema* Phoenix heeft een sympathieke programmering in 57 Walton Street. De grote winkelstraten zijn Cornmarket Street en High Street; overdekte winkels zijn er in de nabijgelegen Covered Market en het Westgate Shopping Centre (Queen Street). Aan Broad Street ligt Blackwell's Bookshop (de grootste boekwinkel van het land) en verspreid door de stad zijn tal van antiquarische boekwinkels te vinden.

JANE 3
Stratford upon Avon Marine Ltd
Canal and River Boats
from CLOPTON BRIDGE
STRATFORD UPON AVON
0789-69669
ANG

Shakespeare's Country

Het gezag van de beroemde bard is 400 jaar na zijn dood nog altijd groot. Warwickshire tooit zich graag als 'Shakespeare's Country' met de poëtische reputatie van 's werelds grootste toneelschrijver. In het prachtige middeleeuwse marktstadje Stratford-upon-Avon stond zijn wieg en ligt zijn graf. Het is heel bijzonder dat onder meer het geboortehuis uit de 16de eeuw nog overeind staat en toegankelijk is voor publiek. Nog ouder zijn twee andere grote bezienswaardigheden van de county, Warwick Castle en Kenilworth Castle.

Warwickshire wordt van oost naar west doorsneden door het brede dal van de Avon (een Keltisch woord, dat 'rivier' betekent), die iets voorbij Rugby ontspringt en langs Coventry, Kenilworth, Warwick, het kuuroord Leamington Spa en Stratford ter hoogte van Tewkesbury in de Severn uitmondt. Aan de noordwestzijde van de Avon was Warwickshire vroeger geheel bebost dankzij het Forest of Arden. Sinds de 18de eeuw ligt dit gebied echter aan de rand van het industriële hart van Engeland, onder de rook van de tweede stad van Groot-Brittannië, Birmingham. De zuidoostzijde van de Avon bestaat van oudsher uit boerenland.

< *Long boats* aangemeerd in het Stratford-upon-Avon Canal.

STRATFORD-UPON-AVON

Het stadje Stratford-upon-Avon is de geboorte- en sterfplaats van William Shakespeare (1564–1616) en voor de liefhebbers is een bezoek aan deze plaats dan ook een must. Maar Stratford is zo mooi dat alle bezoekers van Centraal-Engeland hier een plezierige dag kunnen beleven. De stad heeft verreweg het grootste deel van haar oude vakwerkarchitectuur weten te bewaren. Dat de woonhuizen van Shakespeare en zijn familieleden door de Shakespeare Birthplace Trust zijn opgekocht en opengesteld voor publiek, betekent dat je hier een kans hebt een aantal indrukwekkende vakwerkhuizen en boerderijen eens van binnen te bewonderen, en iets te proeven van het leven van een verder vrij gewone, gegoede familie in het Stratford van rond 1600.

Stratford is ontstaan als marktplaatsje bij een klooster dat in de 7de eeuw is gesticht aan de Avon. Van het klooster is tegenwoordig niets meer over; op het oude kloosterterrein staat nu de parochiekerk, waarin Shakespeare is begraven. Vanaf de 12de eeuw groeide Stratford onder aanvoering van zijn koopliedengilden uit tot een welvarende plaats. Van deze voorspoed getuigen de vakwerkhuizen in de straten die zich, in een rechthoekig patroon, parallel aan de rivier ontvouwen tussen Old Town en Bridge Street. Een afsplitsing van Bridge Street is Henley Street, waar het geboortehuis staat van Shakespeare, de schrijvende koopmanszoon.

- *BEREIKBAARHEID. Het treinstation van Stratford ligt aan Alcester Road, op 15 min. loopafstand van het centrum; de meest regelmatige verbinding is die met Birmingham Moor Street. Er is ook een verbinding met Warwick. Bussen zijn te vinden in Bridge Street.*
- *TOURIST INFORMATION CENTRE, Bridgefoot, tel. +44 8701607930.*

Shakespeares Stratford

Een rondwandeling door Shakespeares Stratford begint bij zijn **geboortehuis**. In **The Shakespeare Centre**, de nieuwbouw naast het geboortehuis, kun je een toegangskaartje kopen voor het geboortehuis van William, zoals de kassamedewerkers de dichter liefkozend noemen, en voor de bijbehorende **expositie**. Er zijn bovendien meer huizen in Stratford die ooit werden bewoond door Shakespeare en zijn familieleden. The Shakespeare Centre verkoopt ook een combinatieticket voor de drie woonhuizen in de stad: Shakespeares geboortehuis plus **Hall's Croft**, waar zijn dochter Susanna woonde met haar echtgenoot John Hall, en **Nash's House**, waar zijn kleindochter Elizabeth woonde met haar man Thomas Nash. In de tuin van Nash's House liggen nog de restanten van het gesloopte **New Place**, het huis waar Shakespeare zijn laatste jaren sleet. Er zijn drie- en vijfhuizencombinatietickets te koop voor deze drie huizen plus de twee boerderijen buiten de stad, waar de vrouw en de moeder van Shakespeare woonden

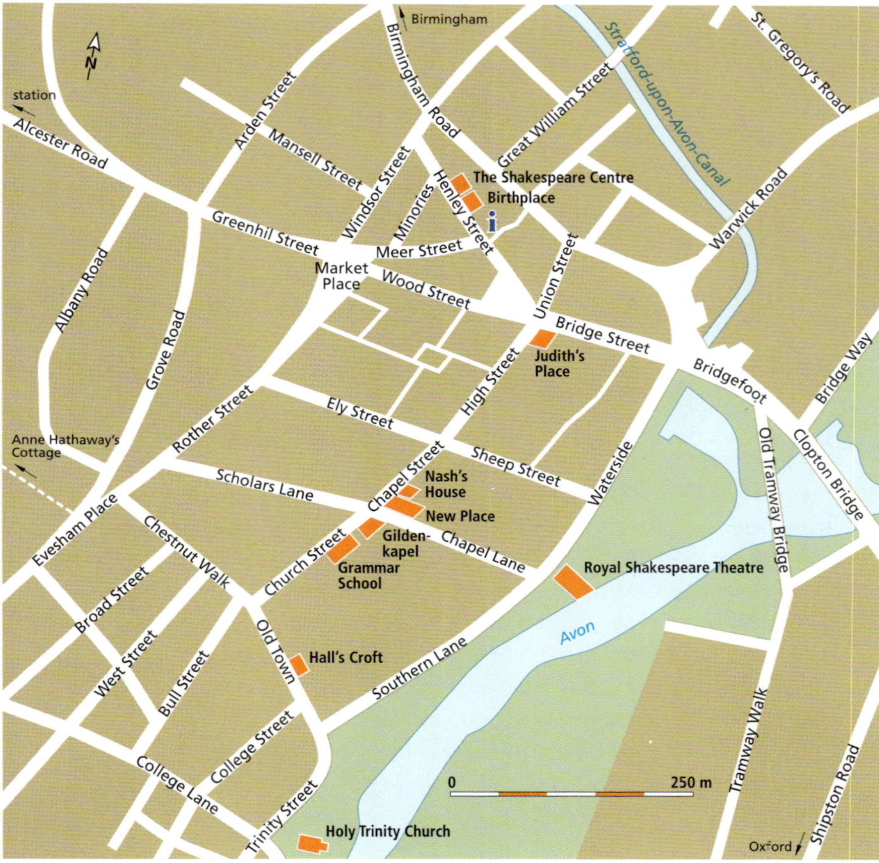

Stratford-upon-Avon

vóór hun huwelijk: **Anne Hathaway's Cottage** (2 km buiten Stratford) en **Mary Arden's House** (in Wilmcote). De combinatietickets zijn een jaar lang geldig.

Het geboortehuis

De expositie in **The Shakespeare Centre** geeft een goed gedocumenteerd beeld van het leven van Shakespeare en zijn familieleden. Een en ander is gelardeerd met toepasselijke citaten uit het werk van Shakespeare, te beginnen met een verzoek om mobiele telefoons uit te zetten: 'Silence that dreadful bell!' (Othello) Te zien zijn originele documenten en facsimiles van de weinige bronnen voor het leven van de schrijver, waaronder het doopboek, waarin op 26 april 1564 in het Latijn is opgetekend: *Gulielmus filius Johannes Shakspere* ('William, zoon van John Shakspere') en het begraafboek van

7

SHAKESPEARE IN STRATFORD

William Shakespeare schreef prachtige sonnetten over de liefde. Zelf kende hij ook een turbulent huwelijksleven. In 1564 was hij in Stratford geboren in Henley Street. Als kleine jongen bezocht hij de *Grammar School* in Church Street en hielp hij mee in zijn vaders winkel en leeratelier. Op een zomerdag in 1582 wandelde Shakespeare, 18 jaar oud, van Stratford naar het nabijgelegen gehucht Shottery. Het was een uitstapje met grote gevolgen: hij ontmoette daar de acht jaar oudere Anne Hathaway en maakte haar vervolgens zwanger. Er volgde een huwelijk dat voor hem eerder een kwestie van moeten dan van willen zal zijn geweest. In 1583 kregen Shakespeare en Anne een dochter, Judith. Twee jaar later kwam er een tweeling, Susanna en het jongetje Hamnet. Niet lang nadat hij aldus een naamdrager en mannelijke erfgenaam op de wereld had gezet, verliet Shakespeare zijn gezin en vertrok bijna voorgoed naar Londen. Mogelijk was de directe aanleiding voor zijn vertrek het feit dat hij was betrapt op stroperij. Maar zijn ongelukkige huwelijk met Anne was de echte reden dat hij tien jaar lang zijn gezicht niet meer zou laten zien in Stratford. In *Twelfth Night* zou Shakespeare verzuchten:

Then, let thy love be younger than thyself,
Or thy affection cannot hold the bent;
For women are as roses, whose fair flower
Being once display'd, doth fall that very hour.

Shakespeare keerde pas terug nadat hem in 1597 het trieste bericht had bereikt dat Hamnet was overleden. Om iets te doen voor zijn vrouw en dochters, die al die tijd bij zijn ouders hadden ingewoond, kocht hij toen in Chapel Lane het grootste woonhuis van Stratford, New Place genaamd. Zelf vertrok hij zo snel als hij kon weer naar de hoofdstad.
In Londen verdiende Shakespeare inmiddels goed de kost als acteur en schrijver van toneelstukken. Al vóór zijn huwelijk had hij kennisgemaakt met rondreizende theatergezelschappen. Niet alleen in Stratford, maar ook in Lancashire, waar hij als tiener nog wat had bijverdiend als toneelspeler en muzikant in de hofhouding van een adellijke familie. In Londen

sloot Shakespeare zich aan bij de acteurs die hij in deze vroege jaren had leren kennen. Met hen bracht hij in theaters als The Curtain, The Rose en de deels door hemzelf gefinancierde The Globe stukken voor het voetlicht als *Romeo and Juliet* (1595), *Hamlet* (1601) – met de beroemde, op het knekelhuis van Stratfords parochiekerk geïnspireerde scène waarin Hamlet de schedel van zijn oude hofnar toespreekt – en *Macbeth* (1606). Soms speelde hij zelf mee.
Na bijna 25 jaar toneel besloot Shakespeare dat hij toe was aan zijn pensioen. Hij keerde terug naar Stratford, waar hij zich voegde bij zijn vrouw en dochters in New Place. Zijn laatste toneelstuk *The Tempest* voltooide hij er in 1611. In 1616 zou hij in dit huis overlijden. Hij werd begraven in de Holy Trinity Church.
Een tip is de speelfilm *Shakespeare in Love* met een verliefde toneelschrijver die kampt met een lover's en writer's block. *Romeo and Juliet* is een van de vele toneelstukken die in een modern jasje zijn gestoken, met Leonardo DiCaprio als Romeo in Verona Beach, California.

de Holy Trinity Church, met op 25 april 1616: *Will[iam] Shakspere, gent.* Dankzij een knoppenpaneel kan worden nagegaan welke bezittingen Shakespeare per testament vermaakte aan zijn familieleden; berucht is de bepaling *I give unto my wife my second-best bed.* Vervolgens wordt er aandacht geschonken aan de opleiding van de jonge dichter, aan Stratfords lagere en Latijnse school (in Engeland Grammar School genoemd – de middelbare school die jongens voorbereidde op de universiteit). Te zien is een bureau uit de Latijnse school, waaraan Shakespeare wel eens gezeten zou kunnen hebben om zijn *small Latin and less Greek* te leren. Verder krijgt zijn carrière als acteur en toneelschrijver in Londen natuurlijk veel aandacht. Die carrière begon misschien al in Stratford, zoals de expositie laat zien, met het plaatselijke optreden van de koninklijke toneelgroep in het jaar 1569. In Shakespeares tijd reisden theatergezelschappen rond om op te treden in gildengebouwen, herbergen en op marktpleinen. De vijfjarige Shakespeare heeft waarschijnlijk ook zo'n voorstelling in de gildenhal van Stratford bijgewoond. Een flink deel van de expositie gaat vervolgens over de literaire vorming van Shakespeare. Ook is er een mooie maquette van het Globetheater, dat met aandelen van Shakespeare in Londen werd gebouwd, en een diorama met een voorstelling van de brand van de Globe. De expositie besluit met een exemplaar van de *first folio*, de beroemde eerste uitgave van het verzameld werk van de schrijver. In deze editie uit 1623 werd een aantal toneelstukken voor het eerst afgedrukt; omdat Shakespeares handschriften niet bewaard zijn gebleven, bevat de first folio van deze stukken de oudste overgeleverde teksten.

Het geboortehuis van William Shakespeare.

Hierna kun je **The Birthplace** bezoeken, waar je via de tuin kunt komen. In het geboortehuis zijn gidsen aanwezig, die desgewenst een en ander vertellen over de vertrekken. Het geboortehuis bestaat uit een T-vormig vakwerkhuis, met twee etages en een zolder. In het lange deel aan de straatzijde waren links de woonvertrekken gevestigd, en rechts de winkel en werkplaats van Shakespeares vader, die een wolhandel dreef en luxe lederwaren vervaardigde. In het uitsteeksel aan de tuinkant was de keuken gevestigd. In Shakespeares tijd stond het huis nog niet los, maar was het onderdeel van een aaneengesloten straatfront. In de 19de eeuw werden de belendende panden gesloopt om de kans op brand te verminderen. Dat het huis eeuwenlang een *inn* was, voorkwam afbraak en grote renovaties. In de 19de eeuw werd het als pelgrimsoord opgekocht door de Shakespeare Society.

Bezoekers komen binnen aan de linkerkant. Het **eerste vertrek** was oorspronkelijk een apart pand, zoals aan de haard is te zien, en werd pas na de geboorte van Shakespeare bij de familiewoning getrokken door een deel van de tussenmuur uit te breken. Shakespeares zuster Joan heeft hier nog gewoond. De volgende kamer was een **logeerkamer**. Deze en de volgende kamers zijn geheel ingericht als vertrekken uit omstreeks 1575, met gedecoreerde linnen behangsels en diverse replica's van meubelstukken uit die tijd. De stenen vloer van de logeerkamer is nog origineel. In de derde kamer bevindt zich de **woon- en eetkamer**, waar gedekt is voor een 16de-eeuwse maaltijd. Daarachter volgt de ruimte met Shakespeares vaders **leeratelier en winkel**. Hier zijn diens gereedschap en handelswaar te zien, waaronder veel zachtlederen handschoenen: John Shakespeare wordt in de bronnen immers *glover* genoemd. De verkoop gebeurde direct vanuit de werkplaats, door het raam aan de straatzijde. William Shakespeare hielp als jongen regelmatig in de werkplaats van zijn vader. In verschillende toneelstukken pronkte hij later graag met zijn gedetailleerde kennis over allerlei leersoorten zoals cheveril: *'O, here's a wit of cheveril, that stretches from an inch narrow to an ell broad'* (Romeo en Julia). De trap leidt naar de bovenverdieping en komt uit op de **slaapkamers** van de oudere kinderen (links), die het bed moesten delen, en de **slaap- annex kraamkamer** van Shakespeares ouders en hun kleinste kinderen (rechts), waar de schrijver is geboren. Deze kamer wordt al tijdenlang bezocht door Shakespeare-pelgrims. Voordat het geboortehuis opnieuw werd ingericht door de Birthplace Trust, waren op de muren en ingekrast in het glas de namen van duizenden bezoekers te lezen. De naam van Walter Scott is nog te zien in de raamkozijnen. In de kamer staat een kleurig hemelbed dat is vervaardigd naar het voorbeeld van het originele bed van de ouders van Anne Hathaway, Shakespeares vrouw (te zien in Anne Hathaway's Cottage). Men sliep op dikke strobalen; de opstaande houten staven aan weerszijden van de bedden dienden om de balen op hun plaats te houden. Onder het hemelbed is een extra rolbed te zien, en er staat een wiegje voor de allerkleinsten. Het plafond van de ouderlijke slaapkamer is opvallend laag. Daarboven bevindt zich de **zolder**, waar de leerling-leerwerkers en de huisbedienden sliepen. In de lege vertrekken achter de slaapkamer zijn uithangborden te zien van de herberg The Swan and Maidenhead, die na 1670 in het rechterdeel van het woonhuis werd gevestigd. Het trappetje naar de zolder gaat hier verscholen naast de slaapkamerdeur. Een trap naar beneden leidt naar de **keuken** en de kelder. Hier is te zien wat er zoal werd gegeten en gedronken in Shakespeares tijd. De keukenaanbouw dateert uit

De *inn* tegenover het woonhuis van William Shakespeare.

De voorouder van deze moerbeiboom zou door Shakespeare zijn geplant.

7

1601; daarvoor kookte men nog in de hal. In de tuin zijn bomen, planten en bloemen te vinden die voorkomen in Shakespeares werk.

> *THE BIRTHPLACE, Henley Street. Geopend: ma.–zo. 9–17, zomer 9.30–18 uur. Gesloten: 23–26 dec. Het huis is door de smalle trappen moeilijk toegankelijk met een rolstoel; de expositie is wel toegankelijk.*

Het sterfhuis en Nash's House

Om ook de andere woonhuizen en het graf van Shakespeare te bezoeken, kun je het best de hieronder aangehouden route volgen. In **Judith Shakespeare's Place**, op de hoek van High Street en Bridge Street, is een winkel van de keten Crabtree & Evelyn gevestigd. Hier woonde vanaf 1616 de jongste dochter van William Shakespeare met haar echtgenoot, die een wijnhandel in het pand dreef. **High Street** heeft veel vakwerkhuizen uit de periode rond 1600. Een van die huizen was het geboortehuis van John Harvard, de Cambridge-student die in het Amerikaanse Cambridge de naar hem genoemde universiteit zou oprichten. Het houten portaal is versierd met een ossenhoofd (Harvards grootvader was slager) en geeft het bouwjaar 1596 aan. Aan het einde van de straat staat een stadhuis uit 1767.

Aan Chapel Street liggen Nash's House en de overblijfselen van New Place, tegenover het Falcon Hotel, dat al sinds 1600 fungeert als herberg. Alvorens Nash's House te bezoeken, kun je even doorlopen naar de ingang van de middeleeuwse **gildenkapel**, die direct naast New Place ligt, aan de overzijde van Chapel Lane. Hier zijn enkele oude wandschilderingen bewaard gebleven, onder andere van het Laatste Oordeel. De toren werd in de 15de eeuw herbouwd. De kapel hoort bij de belendende **gildehal** van het Guild of the Holy Cross, aan Church Street. Dit gebouw dateert uit 1417–1418, maar lang voor dat tijdstip lag er al een gildehal op deze plek. Na de reformatie werd de benedenverdieping bestemd tot stedelijke feestruimte. In 1569 trad hier het koninklijk toneelgezelschap op, met in het publiek misschien de kleine William Shakespeare. Ook vond het stadsbestuur hier een onderkomen, tot ongeveer 1630, toen het eerste stadhuis werd gebouwd op de plek waar nu het gebouw uit 1767 staat. De bovenverdieping van de gildehal werd in gebruik genomen als **Grammar School** (alleen op afspraak te bezichtigen). Er is een klaslokaal te zien met oude schoolbankjes; het schoolbankje dat van Shakespeare zou zijn geweest staat tegenwoordig echter in The Shakespeare Centre. De leerlingen van de Latijnse school woonden de dienst bij in de gildenkapel. Soms kregen ze er zelfs les; in *Twelfth Night* verwijst Shakespeare naar een leermeester '*that keeps a school i' the church*'. Naast de gildehal en Latijnse school ligt aan Church Street nog de lange gevel van een **armenhofje** uit 1427 (niet te bezoeken), met de oudste woningen van de stad. Dit hofje was gebouwd voor armlastige leden van het gilde.

Teruglopend naar Chapel Street kun je **Nash's House** bezoeken. Dit pand werd bewoond door Thomas Nash en Elizabeth Hall, een kleindochter van Shakespeare. De benedenverdieping van dit woonhuis bestaat uit een aantal stijlkamers, waarin antieke voorwerpen van allerlei soort bij elkaar zijn geplaatst. De bovenverdieping wordt gebruikt voor wisselende tentoonstellingen van voorwerpen uit de collectie van de stichting die de huizen beheert. Ook zijn er voorwerpen te zien die gemaakt lijken te zijn van een nog door Shakespeare zelf geplante moerbeiboom (*mulberry*) in de tuin van **New Place**, het laatste woonhuis van de schrijver. De boom werd in 1756 gekapt door de toenmalige eigenaar van New Place, die genoeg had van het bezoek van de talrijke Shakespeare-pelgrims. Een slimme boer kocht de gekapte boom vervolgens op om er Shakespeare-souvenirs van te maken, die in Nash's House zijn te bezichtigen. Het kappen van de moerbei schrok de Shakespeare-toeristen natuurlijk niet af. In 1759 liet de eigenaar van New Place daarom het hele huis afbreken waarin Shakespeare zijn laatste jaren had gesleten. In 1616 was deze in New Place overleden. De gezondheid van de schrijver had toen al een tijdlang te wensen overgelaten. Een feestje ter gelegenheid van het huwelijk van zijn dochter Judith schijnt de directe aanleiding tot zijn overlijden te zijn geweest: 'Shakespeare ate too many pickled herrings and drank too much Rhenish whine' (zo schreef zijn schoonzoon dokter John Hall een jaar later), misschien wel in de Falcon Inn aan de overkant, aangestoken door het vrolijke gezelschap van zijn vrienden en collega-schrijvers Ben Jonson en Michael Drayton. 's Avonds laat vatte hij een flinke kou, waar hij niet meer bovenop kwam.

In de mooie elizabethaanse tuin van Nash's House liggen nog de waterput en de fundamenten van **New Place**. Deze zijn ook vanaf Chapel Street te zien. Er hebben onder de noemer van 'The Dig for Shakespeare' grootscheepse archeologische opgravingen in New Place plaatsgevonden op zoek naar een scherf, insect of snippertje papier dat meer kan vertellen over Shakespeare en zijn tijdgenoten. In de tuin staat ook een moerbei waarvan gidsen graag beweren dat het om een afstammeling zou gaan van de door Shakespeare zelf geplante boom. De tuin gaat over in een grote boomgaard (openbaar toegankelijk). Via deze boomgaard worden Nash's House en New Place verlaten om via Chapel Lane de weg te kunnen vervolgen naar het graf van Shakespeare.

- *NASH'S HOUSE EN NEW PLACE, Chapel Street. Geopend: ma.–za. 9.30–17, zo. 10–17 uur. Gesloten: 23–26 dec.*
- *GRAMMAR SCHOOL, Church Street. Te bezoeken op afspraak, schriftelijk aan te vragen bij de Headmaster: King Edward VI School, Church Street, Stratford-upon-Avon, Warwickshire, CV37 6HB, UK.*

Het graf en Hall's Croft

De Chapel Lane komt uit op Waterside, de oever van de Avon. Aan het einde van Chapel Lane ligt het **Royal Shakespeare Theatre**. Hierin is een tentoonstelling ondergebracht van kostuums uit door de Royal Shakespeare Company opgevoerde stukken, gedragen door bekende acteurs als Lawrence Olivier (Macbeth), John Gielgud (King Lear), Derek Jacobi (Prospero) en Jeremy Irons (Richard II). Ook is er een goed gesorteerde winkel met boeken en video's over Shakespeare en drama in het algemeen. Aan Waterside is ook nog **World of Shakespeare** te vinden, waar een audiovisuele voorstelling van een half uur wordt vertoond over het Engeland van Shakespeares jeugd.

- *ROYAL SHAKESPEARE THEATRE, RSC COLLECTION, Waterside. Geopend: ma.–za. 9.30–18, zo. 12–16.30 uur.*
- *WORLD OF SHAKESPEARE, Waterside. Geopend: 9.30–21.30 uur.*

Waterside leidt in noordelijke richting (met de rivier aan de rechterhand) naar de oude binnenhaven en schutsluis van Stratford. Vlak bij de sluis, maar aan de andere kant van de Avon, staat het **Gower Memorial**, een bronzen standbeeld uit 1888 voor Shakespeare. De schrijver wordt omringd door figuren uit zijn stukken: Lady Macbeth, Falstaff, Prince Hal en Hamlet vertegenwoordigen zijn tragedies, komedies, historiestukken en filosofische drama's. In zuidelijke richting loopt, parallel aan Waterside, een voetpad vlak langs de rivier, door het park. Dit voetpad leidt naar de Holy Trinity

Graf van Shakespeare.

Church en de graven van Shakespeare, zijn vrouw en andere familieleden. Deze graven liggen niet op het kerkhof aan de prachtige lindebomenlaan, maar in het koor van de laatmiddeleeuwse kerk (met een 18de-eeuwse torenspits). Deze ereplaats heeft de familie niet te danken aan de schrijversroem van Shakespeare, maar aan het feit dat hij aan het einde van zijn leven eigenaar was geworden van parochiegronden en daardoor recht had op een graf in de kerk. De graven kunnen tegen een kleine vergoeding worden bezichtigd. De op zijn kop staande, dreigende tekst op Shakespeares grafzerk luidt:

GOOD FREND FOR IESUS SAKE FORBEARE,
TO DIGG THE DUST ENCLOASED HEARE.
BLEST BE THE MAN THAT SPARES THES STONES,
AND CURST BE HE THAT MOVES MY BONES

Aan de linkerwand is het op talloze theelepeltjes afgebeelde 17de-eeuwse Shakespeare-monument te vinden, met een kleurige buste van de schrijver, gemaakt door de oorspronkelijk Nederlandse kunstenaar Gerard Johnson. Daarbij staat de doopvont, waarin hij gedoopt zou zijn. Er zijn kopieën te zien van de pagina's in het doop- en begraafboek van de kerk, waarop de schrijver wordt vermeld.

De kerk bevat stemmige gebrandschilderde ramen. Het koor van de kerk ligt enigszins schuin ten opzichte van het schip. Dit wordt wel uitgelegd als een symbolisering van het hangende hoofd van de gekruisigde Jezus. Er staan koorbanken met mooie misericorden, die alledaagse tafereeltjes uit de 15de eeuw uitbeelden. In de noordelijke zijbeuk ligt de Clopton Chapel, waarin de in de 15de eeuw belangrijke familie Clopton ligt begraven. Een aardig detail is de 13de-eeuwse klopper aan de binnenzijde van de poortdeur; wanneer een voortvluchtige deze wist vast te grijpen, kon hij gedurende 37 dagen niet meer worden opgepakt.

> *HOLY TRINITY CHURCH, Trinity Street. Geopend: ma.–za. 8.30–18, zo. 14–17 uur.*

Teruglopend door Trinity Street kom je bij Old Town, het oudste deel van Stratford. Hier ligt **Hall's Croft**, het statige vakwerkhuis waarin vanaf 1607 Shakespeares oudste dochter Susanna heeft gewoond met haar man, dokter John Hall. Het is een indrukwekkend woonhuis, met origineel glas in lood in het trappenhuis. In de slaapkamer is een hemelbed in tudorstijl geplaatst, evenals andere replicameubeltjes. In de overige vertrekken zijn veel voorwerpen te zien die afkomstig zijn uit de artsenij, zoals apothekerspotten, een kruidenboek en Hall's aantekenboeken. Op de bovenverdieping is een tentoonstelling ingericht over antieke medische instrumenten. De meeste stammen echter pas uit de 18de en 19de eeuw. In Hall's Croft is ook een tearoom gevestigd, met een terras in de mooie achtertuin.

> *HALL'S CROFT, Old Town. Geopend: ma.–za. 9.30–17, zo. 10–17 uur. Gesloten: 23–26 dec.*

De boerderijen

Vanaf Hall's Croft kun je nog een wandeling van ongeveer 2 km maken naar het oude gehucht Shottery en **Anne Hathaway's Cottage**, de grote, 15de-eeuwse vakwerkboerderij met strodaken waarin de echtgenote van Shakespeare met haar ouders woonde vóór haar huwelijk. Tot ver in de 19de eeuw woonden afstammelingen van de Hathaways op de boerderij. Een deel van het meubilair is nog origineel, waaronder het beroemde ledikant van Annes ouders in een van de slaapkamers op de bovenverdieping. Buiten zijn er een mooie tuin, boomgaard en tearoom. In Stratford staat het voetpad naar Shottery vanaf Chestnut Walk aangegeven.

> *ANNE HATHAWAY'S COTTAGE, Shottery. Geopend: ma.–za. 9–17, zo. 9.30–17 uur. Gesloten: 23–26 dec. Bereikbaar met bus of te voet.*

Ongeveer 5 km van Stratford vandaan ligt **Mary Arden's House**, het geboortehuis van de moeder van Shakespeare. Deze 16de-eeuwse vakwerkboerderij met betegeld dak is gebouwd met timmerhout uit het Forest of

Arden. Ook hier is het woonhuis nog grotendeels ingericht met origineel meubilair. In de bijbehorende schuren en stallen is inmiddels het Shakespeare Countryside Museum ondergebracht. Hier wordt informatie gegeven over het lokale boerenleven sinds de 16de eeuw. Er zijn oude werktuigen te zien, een ciderpers en een mooie oude stenen duiventil. Verder lopen er boerderijdieren rond, is er een werkende smidse te bezoeken en worden er valkenjachtdemonstraties gegeven.

> *MARY ARDEN'S HOUSE, Wilmcote. Geopend: ma.–za. 9.30–17, zo. 10–17 uur. Gesloten: 23–26 dec. Bereikbaar met bus of trein (één halte met de lijn Stratford–Birmingham Moor Street).*

7

De theaters

Stratford beschikt over een groot aantal goede theaters, allemaal te vinden aan de rivieroever, waar bijna het gehele jaar door stukken van Shakespeare en anderen worden opgevoerd. In deze theaters wordt gespeeld door de bekende Royal Shakespeare Company. **The Royal Shakespeare Theatre** aan Waterside vormt het hoofdkwartier. Hier worden de stukken van de bard zelf opgevoerd. Vlakbij ligt The Swan, een nagebouwd elizabethaans theater, waar stukken van tijdgenoten van Shakespeare op de planken worden gebracht. In **The Other Place**, aan Southern Lane, kun je terecht voor modern theater.

> *Het theaterseizoen van The Royal Shakespeare Company duurt van eind maart tot en met eind januari. Tickets zijn verkrijgbaar bij de kassa van het desbetreffende theater. Aan de kassa van The Royal Shakespeare Theatre (Main House) zijn ook tickets voor de overige theaters verkrijgbaar (kassa geopend vanaf 9.30 uur). Online kun je ook tickets aanschaffen: www.rsc.org.uk/buy-tickets, of via tel. +44 844-800-1110.*

Uitstapjes

Vanaf Old Tramway Bridge (bij de binnenhaven) kun je **Tramway Walk** volgen naar de **Butterfly Farm**. In dit nagebouwde tropische regenwoud komen honderden vlindersoorten voor. In het deel *Arachnoland* kan worden gegriezeld bij kleine en grote spinnen en schorpioenen.

Wat verder ligt The **Shire Horse Centre**, waar zware Engelse trekpaarden zijn te bewonderen, evenals andere bijzondere boerderijdieren. Op zondagen kan een rit worden gemaakt met **The Shakespeare Express**, een stoomtrein op de historische lijn Stratford-Henley-Birmingham Snow Hill Station. De rit duurt ongeveer een uur en er kan zowel een enkele reis als een retour worden gekocht.

> *BUTTERFLY FARM, Tramway Walk, Swan's Nest Lane, aan de overzijde van de Avon tegenover het Royal Shakespeare Theatre. Geopend: 10–18 uur.*

> *SHIRE HORSE CENTRE, Clifford Road. Geopend: 10–17 uur; het station ligt aan Alcester Road (A422).*

7

Royal Shakespeare Theatre in Stratford-upon-Avon.

Landhuizen rond Stratford

In de omgeving van Stratford bevindt zich een aantal landhuizen, die je de gelegenheid bieden iets van de Engelse upperclasssfeer te proeven. Soms is het huis zelf buitengewoon, soms het interieur, de verzameling of de tuinen. **Farnborough Hall** is een 18de-eeuws classicistisch landhuis. De landschapstuinen uit dezelfde periode, met een glooiende *walk* naar een tempel en een obelisk, zijn bijzonder.

Charlecote Park, 8 km ten oosten van Stratford, ziet er op afstand uit als een door water omgeven kasteelachtig elizabethaans landhuis. Het interieur is victoriaans. Het bijbehorende park biedt onderdak aan herten en een verzameling oude koetsen. Ook bij **Upton House** zijn de tuinen met terrassen het meest interessant. Het landhuis is groot maar gewoontjes. De kunstcollectie is weer wel vermaard: er zijn doeken te zien van El Greco, Pieter Brueghel, Jeroen Bosch, Hans Memling, Gabriel Metsu en William Hogarth.

- *UPTON HOUSE. Geopend: apr.–okt. za.–wo. 13–17 uur.*
- *FARNBOROUGH HALL, Farnborough. Geopend: apr.–sep. do.–vr. 14–18 uur.*
- *CHARLECOTE PARK. Geopend: apr.–okt. vr.–di. 10–17.30 uur; jul.–aug. ook wo.*

Ragley Hall, 13 km ten westen van Stratford, is een zeer groot landhuis uit 1680, gebouwd door Robert Hooke in palladiaanse stijl. De barokke Great Hall is 18de-eeuws. Het bijbehorende park is van de hand van Capability

Warwick Castle domineert het stadje Warwick.

Brown. Er zijn een koetshuis, een speeltuin met doolhof en tuinen waar je kunt wandelen, onder andere ook een beeldentuin. Dichtbij is een bos waar kinderen zich goed kunnen vermaken.

Ook in de nabijheid ligt **Coughton Court**, aan de A435 enkele kilometers ten noorden van het schilderachtige stadje Alcester. Het is een groot, 16de-eeuws tudorlandhuis met een hoofdpoort uit 1509 en twee nabijgelegen parochiekerken. Het herbergt een aardige portrettenverzameling, en ook bijzondere memorabilia, zoals het hemd dat Mary Queen of Scots droeg bij haar executie, en een cape geborduurd door de al even ongelukkig geëindigde eerste vrouw van Hendrik VIII.

- *RAGLEY HALL. Geopend: apr.–sep. do.–vr., zo. 12.30–17, plus voor de tuinen: za. 11–15.30 uur.*
- *COUGHTON COURT. Geopend: mrt.–okt. za.–zo. 11–17 uur; mei–sep. ook ma.–wo.*

HISTORISCH HART VAN ENGELAND

Warwick

Het stadje Warwick aan de Avon bestaat al sinds de vroege middeleeuwen en telt, zoals zoveel andere stadjes, aardig wat oude vakwerkhuizen. Wat dit plaatsje echter interessant maakt, is dat een groot deel van het oude centrum in 1694 door brand in de as werd gelegd. In de decennia daarna werd het stadscentrum

7

Het Canal Basin in Stratford-upon-Avon.

KANALEN IN WARWICKSHIRE

In Warwickshire, onder de rook van het industriële hartland van Engeland, is het kanalennetwerk wijd vertakt met het Coventry Canal, Oxford Canal, Stratford-upon-Avon Canal en Grand Union Canal. Op de 18de- en 19de-eeuwse smalle kanalen vindt tegenwoordig pleziervaart plaats in opgeknapte long of narrow boats. Op de jaagpaden langs de kanalen wordt gewandeld en gefietst. Ook in de buurt van de steden is nog genoeg te zien uit de periode waarin long boats kolen en goederen verscheepten.

Even ten noorden van Stratford gaat het Stratford Canal over in een hoog boven de vallei verheven 180 m lang ijzeren aquaduct, compleet met een smal jaagpad. In Coventry zijn bij het Canal Basin, net ten noordwesten van de ringweg, gerestaureerde pakhuizen uit 1769 te zien, waarin tegenwoordig winkels zijn gevestigd. Er ligt een schutsluis, die de verbinding vormt tussen Coventry Canal en Oxford Canal; de ijzeren Britannia Bridge uit 1837, nu een beschermd monument, zorgde ervoor dat trekpaarden konden overstappen van het ene naar het andere jaagpad. Ten zuiden van Rugby ligt de 1886 m lange Braunston Tunnel van het Grand Union Canal, uit 1796. Braunston zelf heeft een bijzonder groot Canal Basin. Spectaculair zijn de Hatton Locks in het Grand Union Canal, ca. 5 km ten westen van Warwick. Hier ligt een trap van 21 schutsluizen, aangelegd rond 1800 om het plaatselijke hoogteverschil te overbruggen. De trap strekt zich uit over enkele kilometers en staat bekend als de *Stairway to Heaven* (Hemeltrap).

herbouwd. Het hart van de stad heeft daaraan elegante straten, uit de tijd van de laatrenaissancistische en vroege Georgian bouwkunst, en een door meester-metselaars van Christopher Wren gebouwde kerk te danken. Aan de randen van dit stadshart liggen de vakwerkstraten die in 1694 gespaard zijn gebleven.

> *BEREIKBAARHEID. Het treinstation van Warwick ligt aan Station Road, op 15 min. loopafstand van het centrum.*
> *TOURIST INFORMATION CENTRE, The Court House, Jury Street, tel. +44 1926492212.*

7

De stad en de brand

De grote stadsbrand brak uit in High Street. Een zuidwestenwind joeg de vlammen naar Swan Street, Church Street, Northgate Street en Jury Street, tot aan de 15de-eeuwse East Gate en St. Peter's Chapel. In zes uur was een derde van de stad afgebrand. De kasteelheer van Warwick Castle was op de hoogte van de herbouwactiviteiten in Londen, waar in 1666 een groot deel van de stad was afgebrand en Christopher Wren als belangrijkste stadsarchitect optrad. Onder invloed van het Londense stadsherstel besloot men in Warwick bredere straten te bouwen en werd bepaald dat de nieuwe panden geheel uit steen opgetrokken zouden worden, met gladde gevels. Deze huizen zijn onder andere te vinden op het centrale kruispunt, waar High Street en Jury Street samenkomen. De hoekhuizen dateren alle uit de jaren direct na de brand en hebben een opvallende Korinthische, Ionische of Dorische zuil. Het Court House aan Jury Street, op de hoek met Castle Hill, dateert uit 1728 (en is nu het onderkomen van het Tourist Information Centre). Castle Hill zelf bleef in 1694 gespaard en bestaat nog grotendeels uit vakwerkhuizen (evenals Mill Street, aan de andere kant van Warwick Castle). Vanaf het kruispunt leidt Church Street naar de herbouwde St. Mary en (daarachter) Northgate Street, die grotendeels in Georgian stijl is opgetrokken.
Vanuit Northgate Street bereik je via Barrack Street de Market Place, waar een 18de-eeuws stadhuis en een 17de-eeuwse markthal staan. In deze markthal is het **Warwickshire Museum** gevestigd. De benedenverdieping is gewijd aan plaatselijke geologie en paleontologie; hier is onder andere het gigantische gewei van het prehistorische Ierse reuzenhert te zien. Op de bovenverdieping is een goede expositie ingericht over de geschiedenis van Warwickshire sinds de steentijd, met mooie maquettes van nederzettingspatronen door de eeuwen heen. Een apart deel van deze verdieping is gewijd aan natuur en ecologie.

> *WARWICKSHIRE MUSEUM, Market Place. Geopend: ma.–za. 10–17, zo. 11–17 uur. Gratis toegankelijk.*

Vanaf Market Place leidt Brook Street naar de gildewoningen in vakwerkstijl waarin vanaf 1571 armlastige en invalide ex-soldaten werden gevestigd, **Lord Leicester Hospital** aan het einde van High Street. Het complex heeft dus niets met een ziekenhuis te maken! Het opvanghuis was een fundatie van Robert Dudley, de uit de Tachtigjarige Oorlog bekende graaf van Leicester. In het Hospital zijn de kapel, gildehal en eetzaal te bezichtigen.

> *LORD LEICESTER HOSPITAL, High Street. Geopend: di.–zo. 10–17 uur.*

7

St. Mary

De St. Mary is een bezienswaardige parochiekerk. De oudste kerk op deze plek was van Saksische oorsprong en is in de 12de eeuw vervangen door een Normandische kerk. In de 14de eeuw werd hier echter een geheel nieuwe kerk gebouwd in opdracht van Thomas de Beauchamp, de graaf van Warwick. De grote stadsbrand verwoestte het schip, de dwarsbeuken en de toren van deze kerk, maar de Normandische crypte, het 14de-eeuwse hoogaltaar, het albasten grafmonument van Thomas de Beauchamp en de spectaculaire **Beauchamp Chapel** zijn bewaard gebleven. Deze kapel ligt aan de zuidelijke dwarsbeuk en bevat 15de- en 16de-eeuwse grafmonumenten van verschillende graven van Warwick en van Robert Dudley, de graaf van Leicester. Een 17de-eeuws fresco toont het Laatste Oordeel en is duidelijk door brand beschadigd. In het schip zijn aan het westeind van de zuidwand, bij het souvenirwinkeltje, nog twee aardige broodkastjes te zien, bedoeld voor bedeling aan de armen en nog gebruikt tot in de vorige eeuw. De namen van de burgers die deze liefdadigheid instelden, staan op de kastjes vermeld. De kerktoren (43 m) kan worden beklommen voor een uitzicht op Warwick Castle.

> *ST. MARY, Church Street. Geopend: 10–18 uur.*

Warwick Castle

Het stadje Warwick wordt nog altijd gedomineerd door een van de mooiste middeleeuwse kastelen van Engeland, Warwick Castle. Het oudste deel van dit kasteel werd in 1068 gebouwd door Willem de Veroveraar. Het bestond uit een aarden bolwerk, met een houten vestingtoren en een binnenhofje met voorraadschuren, een keuken, stallen en een kapel. In later eeuwen werd het kasteel herbouwd in steen en uitgebreid met torens, wallen en woonvertrekken. De graven van Warwick betrokken het kasteel. Vooral in de 14de eeuw werd de vesting uitgebouwd tot wat ze nu is. Toen raakten de graven van Warwick (destijds de familie Beauchamp, van wie de grafmonumenten te zien zijn in de St. Mary van Warwick) verwikkeld in de Honderdjarige Oorlog tussen Engeland en Frankrijk (1339–1453) en de binnenlandse Rozenoorlogen (1455–1485). In de 17de en 18de eeuw, toen het kasteel zijn functie als vesting had verloren, bouwden de graven van Warwick (toen de familie Greville) de woonvertrekken uit met een grote centrale hal en tal van staatsievertrekken.

Warwick Castle.

De laatste graaf van Warwick verkocht het kasteel in 1978 aan Madame Tussaud. Sindsdien is Warwick Castle uitgegroeid tot een toeristische attractie van het kaliber van de Efteling. In de weekends en vooral op feestdagen is het er zeer druk. Leuk is dan wel dat er door acteurs in middeleeuwse dracht allerlei vermaak wordt geboden, van ballengooien en poppenkast tot valkenjacht- en wapendemonstraties. Een bezoek aan het kasteel is dus in de eerste plaats een geweldig uitje voor kinderen.

> *WARWICK CASTLE, Warwick. Geopend: 10–18 uur. Gesloten: 24 dec. Bereikbaarheid: vanaf Warwick Station ca. 25 min. lopen naar het kasteel. Een treinreis met Central Trains biedt de mogelijkheid een voordelig gecombineerd trein-en-toegangsticket te kopen, waarmee je de wachtrijen bij de kasteelkassa's kunt omzeilen. Ter plaatse zijn er tickets voor verschillende onderdelen van de expositie te koop.*

Bezoek aan het kasteel

Bezoekers komen het terrein van Warwick Castle binnen door de stallen. De wandeling naar het kasteel voert langs tuinen die zijn ontworpen door Capability Brown. Ook is er een mooie victoriaanse rozentuin. Het kasteel ligt op een kunstmatig opgeworpen aarden heuvel. Aan de zuidzijde, waar de Avon langs het kasteel stroomt en voor een natuurlijke verdediging zorgt, zijn de woonvertrekken gevestigd. De overige zijden worden verdedigd door muren en torens. Het oudste deel van het kasteel is aan de westzijde gevestigd. De hoogste en zwaarste torens staan aan de oostzijde, naast de **Gatehouse** met de ophaalbrug die toegang geeft tot het kasteel. Binnen in het kasteel liggen de muren, poorten en woonvertrekken rondom een groot grasveld.

Ramparts en torens

7

De *ramparts* (verdedigingswallen) en torens van het kasteel kunnen worden beklommen. Dit is een leuke manier om een bezoek aan het kasteel te beginnen: de torens geven een prachtig uitzicht op het kasteelcomplex, op de rivier en op het stadje Warwick. De trap naar de Ramparts Walk ligt recht tegenover de grote woonvertrekken aan de overzijde van het grasveld. Langs een wapenkamer bereik je eerst de hoogste toren, de 14de-eeuwse **Guy's Tower** (42 m). Vanaf deze toren kun je helemaal afdalen of de klim vervolgen, door halverwege de toren de rampart verder af te lopen richting de Gatehouse en de 14de-eeuwse **Caesar's Tower**. Vanaf deze laatste toren kun je de dam in de Avon zien. Vanaf Caesars toren ga je weer naar beneden.

Madame Tussaud's

In de torens, ramparts en woonvertrekken van Warwick Castle heeft Madame Tussaud met *soundbites*, '*smellbites*' en uiteraard de bekende wassen poppen het leven in het kasteel door de eeuwen heen voor de geest willen roepen. Er zijn vier onderdelen te bezoeken: *Death or Glory*, *Kingmaker*, *Royal Weekend Party* en *Ghost Tower*. Alles bezoeken kost al snel een hele dag, zeker als het erg druk is.

Onder in Caesar's Tower bevindt zich een kerker (**dungeon**), waar de graven van Warwick tijdens de Honderdjarige Oorlog en de Rozenoorlogen belangrijke gevangenen lieten wegkwijnen. Nu zijn er middeleeuwse martelwerktuigen opgesteld. De kerker is het laatste onderdeel van de tentoonstelling *Death or Glory* over de geschiedenis van de oorlogvoering sinds de middeleeuwen. Hoe leefden en stierven soldaten op het slagveld? Er is wapentuig te zien uit verschillende perioden, tot en met de napoleontische tijd. Bezoekers kunnen ook zelf een zwaard ter hand nemen. Deze tentoonstelling is ondergebracht in de ramparts tussen Caesar's Tower en Gatehouse.

Aan de andere zijde van Caesar's Tower is de tentoonstelling *Kingmaker* te vinden. Dit is een rondleiding langs de diensten van een middeleeuws kasteel in oorlogstijd. De rondleiding begint in de stallen. Madame Tussaud's paarden zijn te horen, te ruiken en geven een knipoog. Vervolgens gaat het naar de smidse en de harnasmakerij, de wielmakerij, de wapenmakerij, de ijzergieterij – hoe maak je een kanonskogel? – de leermakerij, de kleermakerij, de tentmakerij, de wasserij enzovoort. In de hoofdzaal wordt een verhaal verteld over de Rozenoorlogen (1455–1485), waarin Richard Neville, de toenmalige graaf van Warwick, een belangrijke rol speelde en 'Kingmaker' werd genoemd. Hier is ook de middeleeuwse schrijver te zien die dit alles

Bibliotheek in Warwick Castle zoals die er in 1898 moet hebben uitgezien; de wassen beelden stellen onder meer een jonge Winston Churchill voor.

optekende, met in de hand een ganzenveer en mesje – om zijn perkament glad te krabben. Let ook op de nieuwsgierige hond bij de put.
Het volgende tijdvak dat in Warwick Castle door Madame Tussaud wordt verbeeld, is de 16de en 17de eeuw, de tijd van de Tudors en jakobieten. De hieraan gewijde tentoonstelling in *Ghost Tower* is niet echt enerverend. Er wordt een flauw verhaal verteld over de rondspokende geest van een van de graven van Warwick, Fulk Greville, die werd vermoord door zijn knecht.
In de woonvertrekken van Warwick Castle is de victoriaanse tijd vertegenwoordigd dankzij Madame Tussaud's *Royal Weekend Party*. Hier worden in twaalf kamers de voorbereidingen voor een in 1898 waar gebeurd diner op Warwick Castle tot leven gebracht. De gravin van Warwick ontving toen een groot aantal aristocratische gasten, onder wie kroonprins Edward VII en een nog jonge Winston Churchill. Het geheel wordt gepresenteerd als een wassen verbeelding van *Liaisons Dangéreuses*. Winston Churchill, net terug van het front in Egypte en hopend op een carrière als oorlogscorrespondent, houdt zich op in de rookkamer. Ondertussen heeft zijn moeder, die voortijdig weduwe was geworden, in de muziekkamer sjans van een veel te jong roodharig heerschap. Daisy, de gravin van Warwick, is in de slaapkamer in de weer met haar cocktailjurk. De kroonprins staat er in zijn logeerkamer

wat stijfjes bij. Tot besluit van deze tentoonstelling zijn originele foto's van gasten van dergelijke diners en bals te zien. De Royal Weekend Party is een geliefd onderdeel op Warwick Castle. De wachtrij is soms erg lang doordat bezoekers aan het begin door enkele smalle gangen moeten worden geloodst.

Stijlkamers

Serieuzer, maar ook wat bedaagder van aard zijn de overige woonvertrekken van Warwick Castle, de Great Hall and State Rooms. Hier geen wassen poppen, maar stijlkamers. De in de 19de eeuw gerestaureerde Great Hall is volgehangen met wapens. De inrichting van de State Rooms dateert uit de 17de tot en met de 19de eeuw. De kamers bevatten portretten van koningen en hoogwaardigheidsbekleders van Anthony van Dyck en zijn leerlingen. In de Green Drawing Room is een portret van stadhouder Willem III, in Engeland bekend als King William, te vinden. In de Blue Boudoir hangt een portret van Hendrik VIII door Hans Holbein de Jongere, en naast de deur hangt daar een schilderijtje van Pieter de Hoogh.

The Mound

Aan de westzijde van het kasteel kun je even uitwaaien door de niet al te hoog gelegen Mound te beklimmen. Deze motte is het oudste deel van het kasteel, het oorspronkelijk Normandische aarden bolwerk dat werd aangelegd onder Willem de Veroveraar. Er is niet zoveel bijzonders te zien, behalve wat kantelen, maar het uitzicht vanaf de Mound op het eiland in de Avon is geweldig. Vanaf deze kant kun je naar beneden wandelen. Vlakbij is een voetbrug naar het eiland. Op het eiland ligt een victoriaans boothuisje en er zijn wandelpaden.

Rondom Warwick

Hatton Country World, ten westen van Warwick aan de A4177, is een openluchtmuseum waar oude ambachten en boerderijen te zien zijn, naast allerlei bijzondere boerderijdieren. Er is ook een groot winkelgedeelte (*outlet*) in dorpse bebouwing: Hatton Shopping Village en een overdekte speelhal.

> *HATTON COUNTRY WORLD, Dark Lane, Hatton, tel. +44 1926843411. Geopend: 10–17.30 uur.*

Ongeveer 15 km ten westen van Warwick ligt aan de B4439 **Packwood House**, een tudorwoonhuis in vakwerkstijl, met een vermaarde taxusbomentuin. In de buurt ligt het uit dezelfde periode, door een gracht omgeven, kleine landhuis **Baddesley Clinton**. Voor deze huizen kun je aan de kassa een combinatieticket kopen.

> *PACKWOOD HOUSE, Packwood Lane, Lapworth. Geopend: apr.–okt. wo.–zo. 12–16.30 uur.*

> *BADDESLEY CLINTON, Knowle. Geopend: mrt.–okt. wo.–zo. 13.30–17 uur.*

Kenilworth Castle

Ten westen van het verder niet bijster interessante plaatsje Kenilworth, aan de oever van de Avon, halverwege Warwick en Coventry, ligt de schilderachtige ruïne van het rood zandstenen Kenilworth Castle. Dit kasteel is gesticht in de 12de eeuw en is van oudsher, zij het met enige onderbrekingen, in het bezit geweest van het Engelse vorstenhuis. Hendrik V sleet hier zijn laatste jaren, na zijn roemrijke overwinning in de slag bij Agincourt, in 1415. In de 16de eeuw schonk Elizabeth I het kasteel aan haar favoriet Robert Dudley, de graaf van Leicester die in de Tachtigjarige Oorlog een belangrijke rol zou spelen en begraven werd in Warwick's St. Mary. Walter Scott beschreef in zijn historische roman *Kenilworth* hoe Leicester zijn koningin in dit kasteel met hoofse feesten placht te vermaken. De koninklijke connectie maakte dat Kenilworth Castle in 1649, tijdens de burgeroorlog, door de troepen van Oliver Cromwell werd verwoest. Het oude Normandische kasteel, de 14de-eeuwse woonvertrekken en Great Hall en het 16de-eeuwse Gatehouse (de toegangspoort) hebben deze verwoesting grotendeels overleefd. Bij de ruïnes zijn elizabethaanse tuinen aangelegd.

Ook de 12de-eeuwse **abdij van Kenilworth** is ten prooi gevallen aan verwoestingen, in dit geval die van de Dissolution. Wat resteert, is het 14de-eeuwse poortgebouw van de abdij en de Abbey Barn. In deze schuur zijn archeologische vondsten te zien, afkomstig van de abdij. De belendende St. Nicholas Church hoorde in de middeleeuwen bij de abdij, maar is in de 19de eeuw grondig gerestaureerd. Stenen van de abdij werden voor een deel opnieuw gebruikt bij de bouw van Leicester's Gatehouse van Kenilworth Castle. In de omgeving zijn ook vijftien 16de-eeuwse landhuisjes te zien, Little Virgina genoemd, die zijn opgetrokken uit steen afkomstig van de abdij en het kasteel.

> *TOURIST INFORMATION CENTRE, Library, Smalley Place, Kenilworth, tel. +44 1926748900.*

> *KENILWORTH CASTLE, Kenilworth, tel. 01926-852078. Geopend: 10–18 uur. Gesloten: 24–26 dec. en 1 jan.*

DE DRIEHOEK LEAMINGTON–COVENTRY–RUGBY

In 1786 opende het plaatsje **Leamington** een bescheiden heet-en-koudwaterbad voor invaliden bij een al langer bekende, plaatselijke medicinale bron. Dit initiatief sloeg aan, zodat kort daarna het startsein werd gegeven voor de aanleg van een veel groter badencomplex, in 1814 gecompleteerd met de statige Georgian Pump Rooms. Het stadje groeide in hoog tempo uit tot een deftig kuuroord, met elegante, wit gestucte panden voorzien van zwarte smeedijzeren balkons. Vanaf 1838 mocht de plaats zich Royal Leamington Spa noemen. Nadat koningin Victoria de baden een bezoek had

7

Leamington Spa ligt romantisch aan de Leam.

gebracht, behaagde het haar om de titel 'Royal' aan de bronbadplaats te verlenen.

- *BEREIKBAARHEID. Het treinstation ligt aan Old Warwick Road, op 30 min. loopafstand van de Royal Pump Rooms.*
- *TOURIST INFORMATION CENTRE, Royal Pump Rooms, Parade, tel. +44 11926-742762, www.royal-leamington-spa.co.uk.*

De **Royal Pump Rooms** liggen bij de rivier de Leam aan de Parade, de brede, met bomen en bloemen opgeluisterde hoofdstraat van Leamington Spa. Deze Pump Rooms werden in 1814 aangelegd boven een van de zeven medicinale bronnen, in de vorm van een klassieke tempel. Er waren twintig verschillende baden ondergebracht. Tegenwoordig worden in Leamington Spa tienduizenden mensen per jaar behandeld door middel van hydro- en fysiotherapie. Het bronwater kan in de Royal Pump Rooms nog steeds worden geproefd. De Pump Rooms zijn inmiddels wel verbouwd en bieden nu onderdak aan verschillende gelegenheden, waaronder een lunchroom, een Art Gallery and Museum en, in de oude Assembly Rooms, deftige feest- en receptieruimten. In het **Art Gallery and Museum** zijn doeken te vinden van Hollandse en Vlaamse meesters als Van Goyen, Van der Neer, Jan Breughel, Avercamp, De Hoogh en Bloemaert, naast 20ste-eeuwse Engelse

Pump Room van Leamington.

7

schilderkunst en Wedgwood-porselein. Ook is er een expositie te bezichtigen over de geschiedenis van Leamington Spa. Bovendien is op dezelfde afdeling het victoriaanse Turkse bad te bezoeken.

> *ART GALLERY AND MUSEUM, Royal Pump Rooms, Parade. Geopend: di.–zo. 9–17 uur. Gratis toegankelijk.*

Langs de rivier de Leam liggen de **Pump Room Gardens**, met een 19de-eeuwse muziektent, en aan de overzijde is een groot publiek park te vinden, de Jephson Gardens. Hier zijn prettige tuinen aangelegd en er zijn fonteinen, een volière en een Griekse tempel gewijd aan het standbeeld van de invloedrijkste arts van Leamington Spa, dokter Henry Jephson.

Typerend voor de statige stadsarchitectuur uit de Georgian en victoriaanse periode is Newbold Terrace, de lange straat langs de noordkant van de Jephson Gardens, en Newbold Street (een zijstraat daarvan). Meer naar het noordoosten liggen het halvemaanvormige Lansdowne Crescent en het ovale Lansdown Circus. Aan de noordwestkant van de stad, bij de tennisvelden, liggen de fraaie Beauchamp Avenue en Clarendon Square.

De bronbadplaats Leamington Spa is vermaard om haar luxe winkels en goede uitgaansgelegenheden. De grote winkelstraten zijn de Parade en twee zijstraten van deze laan, Regent Street en Warwick Street. Aan Newbold

Terrace ligt het Royal Spa Centre, waar theatervoorstellingen, films en concerten bezocht kunnen worden.

Coventry

7

Ingebed in Warwickshire ligt de grote stad Coventry, die sinds de bestuurlijke herindeling van 1974 formeel gezien eigenlijk bij de geïndustrialiseerde West Midlands hoort. In de middeleeuwen bloeide Coventry dankzij de wol- en textielhandel en de machtige koopmansgilden. Gedurende een groot deel van de 20ste eeuw bloeide de stad opnieuw, nu vooral dankzij de motorindustrie; sinds 1896 was de Daimlerfabriek bij de stad gevestigd en werden hier de eerste Engelse auto's vervaardigd. Het **Coventry Transport Museum** aan Hales Street heeft ongeveer 200 oude auto's, en evenveel motorfietsen en fietsen vervaardigd in de fabrieken van Coventry.
Coventry werd in de Tweede Wereldoorlog zwaar gebombardeerd en verloor daarbij een groot deel van zijn middeleeuwse centrum. In de nacht van 14 op 15 november 1940 kwamen zeshonderd mensen om het leven en raakte de stad in één klap haar grote kathedraal kwijt. Lange tijd werd de mis te midden van de ruïnes van de kathedraal gelezen, tijdens de oorlogsjaren zelfs in een ondergrondse kapel. Vanaf het einde van de jaren 50 werd de wederopbouw van de kerk en de stad ingezet. In het kader van het streven naar vrede en verzoening hielpen jonge Duitsers mee aan het herstel van Coventry's religieuze centrum, en gingen inwoners van Coventry op hun beurt naar Dresden, om mee te werken aan de wederopbouw van deze door de geallieerden gebombardeerde stad. De ruïnes van de oude kathedraal zijn blijven staan, als een monument voor de ramp van 1940. Daarnaast is een bijzondere moderne kathedraal verrezen, die tegenwoordig veel bezoekers trekt uit binnen- en buitenland.

- *BEREIKBAARHEID. Het treinstation van Coventry ligt buiten de ringweg aan Station Square, op 30 min. loopafstand van het centrum.*
- *TOURIST INFORMATION CENTRE, Coventry Cathedral, Priory Street, tel. +44 2476225616 of +44 2476221413.*
- *COVENTRY TRANSPORT MUSEUM, Hales Street. Geopend: 10–17 uur. Gratis toegang.*

Oude St. Michael's Cathedral

De oude en nieuwe kathedraal van Coventry kun je het best benaderen vanuit Hay Lane. Aan het einde van deze laan heb je dan een indrukwekkend zicht op de verwoeste kathedraal en de nieuwbouw daarachter, die door de ruïnes heen schemert. Alvorens de ruïne te betreden, kun je een blik werpen in Bailey Lane, het laantje langs de zuidmuur van de kerk. Hier zijn de grote gildehal (**St. Mary's Hall**), gebouwd in de 14de en 15de eeuw, en het vakwerkhuis op nummer 22, ongedeerd gebleven tijdens het bombardement.

De in de Tweede Wereldoorlog getroffen kathedraal van Coventry.

In het verlengde van Bailey Lane bleven ook in Pepper Lane, met de **Golden Cross Inn** uit 1583, enkele oude panden wonder boven wonder gespaard. De toren van de **oude kathedraal** heeft het bombardement op miraculeuze wijze met spits en al overleefd. Van het schip staan alleen nog muurresten overeind, en er zijn wat geblakerde zuilstompjes te zien. Enkele raampartijen naast de toren hebben nog wat resten glas in lood. Aan de zuidwand is de Bishop Haigh Memorial Chapel bewaard gebleven. In wat ooit het koor was, is een altaar geplaatst van stenen die zijn overgebleven na de brand. Achter dit altaar staat een in november 1940 geplaatst kruis, gemaakt van twee verkoolde dakbalken. Verder staan er enkele moderne monumenten: een sculptuur van Jacob Epstein en een in 1995 geplaatst beeld getiteld *Reconciliation* – een identiek exemplaar staat in Hiroshima.

Nieuwe St. Michael's Cathedral

De nieuwe kathedraal is gebouwd in de jaren 1955–1962. Voor zowel de architectuur als de inrichting van de uit haar as herrijzende kathedraal, heeft men destijds groots willen uitpakken. Er werd een prijsvraag uitgeschreven voor een ontwerp voor het gebouw, en een aantal kunstenaars kreeg de opdracht glas-in-loodramen en andere decoratieve elementen te verzorgen. Het gebouw zelf oogt als een laatmiddeleeuwse kerk in een moderne jas. Het schip is hoog en langgerekt, met glas-in-loodramen in harmonicavormige muren. Buiten steekt aan de westmuur de ronde Chapel of Unity uit, eveneens met harmonicamuren en glas-in-loodramen. Aan de oostmuur steekt de ronde Chapel of Christ the Servant naar buiten, die geheel van glas is. Aan deze benamingen alleen al is te merken dat de bouwers van de kathedraal hooggestemde idealen tot uitdrukking wilden brengen. Vrede en verzoening tussen – christelijke – kerken en volkeren is het thema dat steeds weer terugkeert in de aankleding van de kathedraal.

Naast de toegang tot de kerk (voor de toegang moet je betalen) is aan de oostmuur Jacob Epsteins beeld te zien van de aartsengel Michaël, de beschermheilige van de kathedraal, en de door hem geketende duivel. De toegang bevindt zich in de **glazen zuidwand**, waarin levensgrote figuren van engelen, heiligen, profeten en apostelen zijn gegraveerd. Deze glaswand zorgt voor natuurlijk licht in de kerk en biedt uitzicht op de ruïne van de oude kathedraal.

De lengtemuren van het schip hebben een harmonicavorm, waarin van vloer tot plafond reikende smalle glas-in-loodramen zijn aangebracht die schuin de kerk in komen, en zo het altaar verlichten. Samen met het plafond zorgen deze muren voor een uitstekende akoestiek, die in 1962 voor het eerst werd uitgetest tijdens de opvoering van het *War Requiem*, door Benjamin Britten gecomponeerd ter gelegenheid van de opening van de nieuwe kathedraal.

In de oostmuur valt na binnenkomst dadelijk het grote glas-in-loodraam op, het abstracte **Baptistry Window**. De **tien smalle ramen** van het schip zijn het beste te zien vanaf het hoogaltaar. Enkele van deze ramen zijn gedoneerd door de Berliner Philharmoniker. Achter het hoogaltaar hangt een groot wandtapijt (gewicht: een ton) met de figuur van Christus en de symbolen van de vier evangelisten. Ook de aartsengel Michaël is te zien. Op het betonnen hoogaltaar staat een zilveren kruis, dat er nog het meest uitziet als een verrijzende feniks. In dit kruis is het befaamde **Cross of Nails** opgenomen. Dit Spijkerkruis bestaat uit drie middeleeuwse spijkers, die uit het brandende dak van de oude kathedraal zijn gevallen. De ochtend na het bombardement maakte men er dit kruisje van.

Aan de oostzijde van het hoogaltaar leidt een sluis via de Chapel of Christ in Gethsemane naar de **Chapel of Christ the Servant**, ook wel de **Chapel of Industry** genoemd, omdat deze de gildenkapel van de oude kathedraal vervangt. In het midden staat een abstracte Christussculptuur, en in de wand is een kleine vitrine aangebracht waarin enkele herinneringen aan de oude gildenkapel zijn geplaatst.

Ten westen van het hoogaltaar ligt de Lady Chapel, met gebrandschilderde ramen en een gedenksteen van de Aktion Sühnezeichen Friedensdienste (ASF), die jonge Duitsers uitzond om aan de wederopbouw van Coventry mee te werken (zij bouwden in 1961 het International Centre buiten de kathedraal). Vanuit deze kapel leidt een trap naar de lager gelegen **Millennium Chapel**. In de glazen deuren van deze kapel kunnen sponsors hun naam – of die van iemand anders – laten graveren, zoals in de middeleeuwen schenkers van kerkramen zichzelf en hun familieleden in gebrandschilderd glas lieten vereeuwigen. Nog meer naar beneden ligt het **Visitors Centre**, waar je tegen extra betaling de schatkamer kunt bezichtigen, evenals een videovoorstelling over de geschiedenis van de stad en de kathedraal. Daarnaast bevinden zich een tearoom en een cadeauwinkel.

In de **Chapel of Unity**, aan de westzijde vlak bij de ingang, worden in de vloermozaïeken alle werelddelen afgebeeld. De glas-in-loodramen betreffen ook hier een Duitse schenking.

> *COVENTRY CATHEDRAL, Priory Street. Geopend: 9–18 uur.*

> *VISITORS CENTRE, Coventry Cathedral. Geopend: ma.–za. 10–16 uur.*

Restanten van de gildekapel in de kathedraal van Coventry.

7

Oude stad

Tegenover de St. Michael staat, aan de westkant, **Holy Trinity Church**, de parochiekerk van Coventry. Een bezoekje aan deze middeleeuwse kerk geeft, na de rondwandeling door de oude en nieuwe kathedraal, een indruk van wat er in 1940 verloren is gegaan. Het houten gewelf van de kerk is indrukwekkend, vooral in de Marler's Chantry en de Chapel, daterend uit de jaren 1526–1527. De glas-in-loodramen zijn minder oud, die zijn gesneuveld tijdens het bombardement.

Een groot deel van het stadscentrum wordt in beslag genomen door overdekte winkelcentra. Op enkele locaties is echter het oude Coventry bewaard gebleven. Vooral het prachtige armenhofje **Ford's Hospital** is de moeite van een korte stadswandeling waard. Na een bezoek aan de kathedralen en de parochiekerk kun je, om Ford's Hospital te bereiken, het beste Pepper Lane (met de oude Golden Cross Inn) aflopen. Aan het einde van dit laantje steek je de brede straat met bankgebouwen over, om de route iets naar rechts te vervolgen via de Greyfriars Lane. Ford's Hospital ligt bijna aan het eind van deze gehavende laan, aan de linkerkant. Het is een klein armen-

In Rugby staat het beeld van William Webb Ellis, 'uitvinder' van het Rugby Union Football.

hofje in vakwerkstijl, met een zware houten toegangsdeur aan de straatzijde die overdag door bezoekers geopend kan worden. Er wonen nog steeds mensen. Het hofje heeft een bijzondere opzet, want de woningen liggen hier niet aan een groot, open hofplein, zoals bij Engelse armenhofjes gebruikelijk is, maar aan een zeer smal binnenstraatje. Hierop komen de deuren van zes armenhuisjes uit. Het hofje werd in 1509 gesticht door een lokale koopman, William Ford, voor vijf invalide mannen en één vrouw. Zij kregen hier gratis kost en inwoning. In de periode daarna woonden er zelfs vijf echtparen en een verzorgster op het piepkleine hofje.

> *FORD'S HOSPITAL, Greyfriars Lane. Deur geopend: 10–17 uur.*

Wie meer van het oude Coventry wil zien, kan het beste Greyfriars Lane weer teruglopen en aan het einde linksaf slaan, Broadgate in. Het standbeeld daar is van de schutsvrouw van Coventry, lady Godiva. De legende wil dat zij zich ten doel had gesteld de streek te verlossen van een zware belasting die haar echtgenoot Leofric, graaf van Mercia en heer van Coventry, had opgelegd. Als grap had hij tegen haar gezegd dat hij de belasting zou opheffen als zij naakt te paard over de markt van Coventry zou rijden. Door zich met haar lange haren te bedekken, onttrok Godiva haar lichaam aan de blikken van de menigte.

Bij het standbeeld leiden bordjes naar Medieval Spon Street (via het winkelcentrum). Spon Street bestaat, zoals de bordjes al doen vermoeden, helemaal uit vakwerkhuizen. Het is echter geen historisch gegroeide straat, maar een openluchtmuseum waar een aantal oude vakwerkhuizen opnieuw is opgetrokken. Aan het einde loopt de straat dood tegen de ringweg. De Shakespeare Inn en de Old Mill Inn staan nog op hun oorspronkelijke plaats. Vlak bij Spon Street, achter de St. John Parish Church, ligt nog een tweede armenhofje, Bond's Hospital in Hill Street. De huizen van Bond's Hospital dateren uit 1344. Oorspronkelijk vormden ze het onderkomen van de priesters van de St. John. Na de reformatie werden er een school en een woonhofje voor jongens in gevestigd.

> *BOND'S HOSPITAL, Hill Street. Binnenplein openbaar toegankelijk.*

Rondom Coventry

Ongeveer 4 km ten zuiden van Coventry ligt, bij het plaatsje Baginton, het geheel gereconstrueerde **Lunt Roman Fort**. Op deze plaats bouwden de Romeinen in 60 n.Chr. een militaire versterking met uitzicht op de rivier de Sowe. Bij het fort lag een ronde houten arena met een dubbele poort, waar paarden gedresseerd werden. Ook deze arena is gereconstrueerd, evenals een van de drie graanschuren bij Lunt. In deze graanschuur is een museum gevestigd, waarin archeologische vondsten te zien zijn.

> *LUNT ROMAN FORT, Baginton. Geopend: jul.–aug. dag. 10–17; sep.–jun. za.–zo. 10–17 uur.*

Ten noorden van Coventry, richting Nuneaton, ligt **Arbury Hall**, een oorspronkelijk elizabethaans landhuis gebouwd op de fundamenten van een abdij. Het werd herbouwd in 'Gothic Revival'-stijl, die in de 18de eeuw in de mode was. In het interieur zijn 'middeleeuwse' waaierplafonds verwerkt.

> *ARBURY HALL. Geopend: mei–jul. zo. en wo. 14–18 uur; apr.–sep. alleen zo.*

Rugby

Rugby ligt aan de Avon, in de buurt van de bron van deze rivier. De plaats dankt haar bekendheid aan de uitvinding van het Rugby Union Football door een leerling van de plaatselijke school, William Webb Ellis. Deze sportieveling scoorde in 1823 tijdens een voetbalwedstrijd een doelpunt door de bal op te pakken en ermee naar het doel te rennen. Wat begon als een grap, is intussen uitgegroeid tot een van de belangrijkste nationale sporten van Engeland en zijn voormalige koloniale gebieden. Aardig is daarbij dat Rugby's school goed staat aangeschreven onder de elite, zodat illustere leerlingen als Lewis Carroll, de auteur van *Alice in Wonderland*, en in de jaren 60 Salman Rushdie de sport in Rugby hebben geleerd.

> *TOURIST INFORMATION OFFICE. Visitor Centre en Rugby Art Gallery & Museum, Little Elborrow Street, tel. +44 1788533217.*

7

In Little Church Street is het **Rugby School Museum** gevestigd. Hier wordt informatie gegeven over de ontwikkeling van rugby, over de geschiedenis van Rugby's school en over de levens van beroemde leerlingen. Vanuit het museum kunnen onder leiding van een gids de school en het voetbal- annex rugbyveld worden bezocht. Rugby's school werd gesticht in de 16de eeuw, maar de meeste gebouwen zijn 19de-eeuws. Bij de Rugby School Close herinnert een granieten plaquette aan het grote moment van William Webb Ellis.

In St. Matthew's Street is het **Webb Ellis Rugby Football Museum** te vinden. Hier worden sinds 1842 Gilbert's Rugby Footballs met de hand vervaardigd. Er is een collectie rugbymemorabilia te zien.

> *RUGBY SCHOOL MUSEUM, Little Church Street. Geopend: di.–za. 13.30–16.30; rondleiding door de school start op ma., vr. en za. om 14 uur.*

> *WEBB ELLIS RUGBY FOOTBALL MUSEUM, St. Matthew's Street. Geopend: ma.–za. 9–17 uur.*

PRAKTISCHE INFORMATIE

STRATFORD-UPON-AVON

Hotels

- Mercure, Chapel Street, tel. +44 2477092802 (vakwerkpand in centrum).
- Falcon Hotel, Chapel Street, tel. +44 1789279953 (vakwerkpand in centrum).
- Eastnor House B&B, 33 Shipston Road, tel. +44 1789268115.
- Moonraker House, 40 Alcester Road, www.moonrakerhouse.com, tel.+ 44 1789268774.

Restaurants

- The Encore, 1 Bridge St, tel. +44 1789269462 (pub met eetgelegenheid in centrum).
- Il Bertorelli, 22 Wood Street, tel. +44 1789414494.
- Thai Boathouse, Swan's Nest Lane, tel. +44 1789297733 (bistro langs de rivier).
- Russons, 8 Church Street, +44 1789268822 (gevarieerde kaart in 17de-eeuws pand).

Uitgaan

Stratford-upon-Avon is de thuisbasis van de beroemde Royal Shakespeare Company. Dit nationale theatergezelschap voert allerlei soorten stukken op, in verschillende theaters: werk van Shakespeare zelf in The Royal Shakespeare Theatre (Waterside); werk van zijn tijdgenoten in The Swan (Waterside) en modern drama in The Other Place (Soutern Lane). Het theaterseizoen van de Royal Shakespeare Company duurt van eind maart tot en met eind januari. Tickets zijn verkrijgbaar bij de kassa van het desbetreffende theater. Aan de kassa van het Main House (Royal Shakespeare Theatre) zijn ook tickets voor de overige theaters verkrijgbaar (kassa geopend vanaf 9.30 uur).

i

bob harris alarms
HAYMAN-JOYCE
The natural choice for the Cotswolds

De Cotswolds

8

Het grootste deel van het graafschap Gloucestershire wordt bepaald door de 80 km lange strook kalkheuvels van de Cotswolds. In het zuidwesten zijn deze heuvels nog vrij steil en de dalen sterk bebost; meer naar het noordoosten gaan de heuvels over in een weidser landschap. De Cotswolds herbergen knusse, door toeristen druk bezochte dorpen en kleine stadjes. De grootste plaats aan de zuidkant is Cirencester, die in de buurt van de bron van de Thames door de Romeinen is gesticht. Aan de noordkant van de Cotswolds ligt de stad Gloucester, met haar beroemde kathedraal en 19de-eeuwse binnenhaven, en het 18de-eeuwse kuuroord Cheltenham. Nog meer naar het noorden ligt, diep in de vallei van de brede Severn, Tewkesbury, met een van Engelands mooiste Normandische abdijkerken.
Over de hele lengte van de heuvelrug loopt een wandelpad van 100 km, de Cotswold Way, met op 300 m het hoogste punt, en in de heuvels zijn tal van kleinere wandelpaden te vinden. De industriële revolutie ging grotendeels voorbij aan Gloucestershire, waardoor de Cotswolds-plaatsjes hun oude karakter hebben behouden – mede dankzij een actieve monumentenzorg in deze streek.

< IJsverkoper in Broadway.

COTSWOLDS

De Cotswolds worden al sinds de prehistorie bewoond. Het omringende land was moerassig, reden waarom op de kalkheuvels de vroegste wegen en nederzettingen verschenen. Verspreid over de Cotswolds zijn dan ook aardig wat overblijfselen uit de prehistorie en Romeinse tijd te vinden.
De huidige dorpjes en stadjes in de Cotswolds zijn in de middeleeuwen opgetrokken uit het typische, door het zonlicht warm gekleurde Cotswolds-kalksteen. Zowel muren als daken zijn van deze steensoort vervaardigd. De Cotswolds vormen een boerengebied waar vanwege de niet erg vruchtbare kalkgronden van oudsher langharige schapen – de Cotswold Lions – worden gehoed, op velden die van elkaar worden afgescheiden door karakteristieke stenen muurtjes. De wolhandel bracht het gebied grote welvaart. De rijkdom vertaalde zich vanaf de 12de eeuw in de bouw van prachtige 'wolstadjes' en 'wolkerken'. Enkele van de mooist bewaarde plaatsjes zijn Bibury, Northleach, Chipping Campden en Winchcombe.

Wolstadjes in de Cotswolds

Het kleine plaatsje **Bibury** geldt als een van de mooiste van de streek. De plaats herinnert aan de periode vanaf het einde van de 16de eeuw, toen de wolhandel een nieuwe impuls kreeg doordat veel Vlaamse wevers, die hun land waren ontvlucht vanwege de Tachtigjarige Oorlog en de reformatie, zich in de Cotswolds vestigden. Erfenis hiervan zijn de 17de-eeuwse wevershuisjes van Cotswolds-steen: de Arlington Row Cottages.
Northleach is een even klein plaatsje, vrijwel volledig opgetrokken uit Cotswolds-steen, met een mooie, voor het dorp groot uitgevallen 15de-eeuwse kerk. De graftombes met het koperwerk in deze kerk behoorden tot de rijke wolhandelfamilies. **Chipping Campden** heeft als bijzondere attracties 17de-eeuwse armenhuisjes en een mooie 17de-eeuwse markthal, die wordt gedragen door stenen pilaren. De kerk dateert uit de 15de eeuw.
Ongeveer 25 km ten zuidoosten van Chipping Campden ligt, in een wandelgebied, de op Stonehenge en Avebury na belangrijkste steencirkel van Engeland: de **Rollright Stones,** daterend uit de bronstijd. Het is een perfecte cirkel van 31,7 m doorsnede, bestaande uit 77 stenen met één grote apart staande steen (King's Stone). De veronderstelling is dat er in het verleden wel 80 stenen hebben gestaan. Rondom zijn verschillende graftombes opgegraven, binnen de cirkel zelf hebben archeologen helemaal niets gevonden. In de 19de eeuw stonden hier slechts 25 stenen, sindsdien zouden de orginele stenen zijn teruggezet. Rondom de cirkel circuleren allerlei verhalen over heksen die hier samenkwamen.
Het iets grotere **Winchcombe** was in de Angelsaksische tijd al een belangrijke plaats. De in die periode gebouwde abdij is echter verwoest tijdens de Dissolution. De plaatselijke kerk, de St. Peter, is gesticht in de Normandi-

Gloucester en de Cotswolds

sche tijd, maar geheel herbouwd in de 15de eeuw. Binnen kun je Saksische graftomben bezichtigen. Aan North Street is de markthal te vinden. Vlakbij aan Broadway Road liggen de oude pottenbakkersovens van **Winchcombe Pottery** en de ruïnes van de 13de-eeuwse Hailes Abbey, die tijdens de Dissolution is verwoest. In de Pottery Shop is Winchcombe stoneware te koop. Ruim 3 km ten zuiden van Winchcombe ligt op het hoogste punt van de Cotswold Way, Cleeve Hill, een neolithische grafheuvel, **Belas Knap** genaamd. De long barrow grafheuvel is bereikbaar via een wandeltocht omhoog door bossen en weilanden vanaf Charlton Abbots. In de grafheuvel zijn vier grafkamers te zien. Intrigerend is de valse ingang, wellicht bedoeld om grafrovers of boze geesten te misleiden. In het Corinium Museum van Cirencester wordt enige informatie gegeven over het leven van de bouwers van Belas Knap. Ongeveer 25 km ten noordwesten van Winchcombe ligt bij het plaatsje Bredon, buiten de Cotswolds, overigens ook nog een heuvelfort uit de ijzertijd:

Bibury

Kemerton Camps of **Bredon Hill** waarover de bekende Engelse dichter A.E. Houseman dichtte: *In summertime on Bredon, the bells they sound so clear; round both the shires they ring them, in steeples far and near, a happy noise to hear*. Op de top staat een kleine vierkanten toren.
Vlak bij Winchcombe ligt **Sudeley Castle**. Het landgoed Sudeley was vanaf de 10de tot de 17de eeuw, met enkele onderbrekingen, in bezit van de koninklijke familie of haar verwanten. In de 15de eeuw werd een kasteel op deze plek gebouwd. Tijdens de burgeroorlog werd dit kasteel echter voor een groot deel vernietigd door de troepen van Cromwell. In 1837 werden het landgoed en kasteel opgekocht door een familie van rijke industriëlen, de Dents. Onder leiding van de architect Gilbert Scott werd het kasteel gerestaureerd; de kapel, tiendschuur en Portmare-toren hebben de burgeroorlog in grotendeels originele staat overleefd. In het kasteel is een kunstcollectie te zien, met werk van Constable en Turner. Buiten ligt een reconstructie van een 16de-eeuwse broderietuin.

> *SUDELEY CASTLE, Winchcombe. Geopend: mrt.–okt. 11–17 uur.*

CIRENCESTER

De grootste Cotswolds-stad is Cirencester, aan de voet van de heuvelrug in het zuiden. Het middeleeuwse hart van Cirencester wordt gevormd door Market Place, waar in de hoofdstraat 18de- en 19de-eeuwse golvende gevels naar de 15de-eeuwse wolkerk leiden, de St. John the Baptist. Op het kerk-

Cirencester

plein komen ook enkele kleinere, oudere straatjes uit. In de kerk dateren uit deze bouwperiode nog het stenen preekgestoelte, de wandschildering in de St. Catharine Chapel en de waaiergewelven.

De stad bestond echter al in de Romeinse tijd en heette toen Corinium. Dit was een belangrijk bestuurs- en handelscentrum, op Londinium na de grootste Romeinse stad in Engeland. Van het Romeinse verleden is weinig meer te zien. De Saksen maakten de stad met de grond gelijk, en in later eeuwen werd van de Romeinse ruïnes een abdij gebouwd. In het park achter de kerk aan Market Place (de Abbey Grounds) liggen restanten van deze abdij, die op haar beurt weer werd verwoest tijdens de Dissolution. Ook is hier een klein deel van de Romeinse stadsmuur bewaard gebleven, vlak bij **Verulamium Gate** aan Fosse Way. De vroegere loop van de Romeinse stadsmuur bepaalt tegenwoordig de loop van de ringweg om de stad; op de vier plekken waar ooit de Romeinse toegangspoorten tot Corinium lagen, liggen nu de verkeersknooppunten. In de stad zelf volgen de hoofdstraten (de elkaar kruisende London Road, Lewis Lane en Querns Lane) nog altijd de route van de oude Romeinse wegen, en het grote Romeinse forum van Corinium gaat tegenwoordig schuil onder een rechthoekige parkeerplaats op Forum Car Park (aan Lewis Lane). Het aardigst om te bezoeken is de locatie van het 2de-eeuwse Romeinse amfitheater bij de zuidwestelijke Bath Gate, aan het einde van Lewis Lane en Querns Lane, aan de overzijde van de ringweg. De locatie ligt daar aan de Cotswold Avenue. Ooit reikten de zitplaatsen tot wel 10 m hoog; vandaag de dag is dat op het met gras overgroeide terrein niet meer te zien.

> *TOURIST INFORMATION CENTRE, Corinium Museum, Trinity Road, tel. +44 1285623000.*

Corinium Museum

8

Het Corinium Museum van Cirencester is een bezoek waard. Het museum is voornamelijk gewijd aan het prehistorische en Romeinse verleden van de stad en de Cotswolds. De belangrijkste tentoongestelde objecten betreffen de in de stad gevonden vloermozaïeken, grotendeels gaaf overgeleverd, en fragmenten van wandfresco's. Een van de geëxposeerde mozaïeken, met een voorstelling van Venus, is afkomstig uit Kingscote, dat ook in de Cotswolds ligt (daar is ter plekke de opgraving van een Romeinse villa te bezoeken). Een aardig gegeven is dat de Romeinen lokale kalk- en zandsteen hebben gebruikt voor hun mozaïeken. Deze worden tentoongesteld in gereconstrueerde Romeinse woonvertrekken, ingericht met replica's van meubels en huisraad en met levensgrote poppen. Een bijzondere archeologische vondst betreft de scherf pleisterwerk met een inscriptie in de vorm van een acrostichon (een soort rebus) annex anagram met een waarschijnlijk christelijke betekenis: het woord *tenet* komt tweemaal voor in de vorm van een kruis, en het anagram luidt *paternoster*. Deze geheimzinnige inscriptie dateert uit de periode dat christenen nog vervolgd werden door de Romeinen. Ook wordt in het Corinium Museum informatie gegeven over naburige opgravingen, bijvoorbeeld die van Chedworth Roman Villa; de middeleeuwse afdeling stelt de wolhandel in de Cotswolds centraal.

> *CORINIUM MUSEUM, Park Street. Geopend: ma.–za. 10–17, zo. 14–17 uur.*

Chedworth Roman Villa

Deze voor een deel gereconstrueerde Romeinse boerenhoeve werd bewoond vanaf de 2de eeuw n.Chr. tot en met de 4de eeuw. Er zijn originele fundamenten van thermen te zien, evenals een hypocaustum (vloerverwarming) en latrines. Bovendien is een aantal vloermozaïeken bewaard gebleven.

> *CHEDWORTH ROMAN VILLA, Yanworth (ten zuidwesten van Northleach). Geopend: di.–zo. 10–17 uur.*

GLOUCESTER

De stad Gloucester (spreek uit als 'Gloster') ligt aan de Severn, op een locatie die al sinds de Romeinse tijd wordt bewoond. De huidige straten Northgate Street, Southgate Street, Eastgate Street en Westgate Street, waarvan het kruispunt het hart van de stad vormt, zijn oorspronkelijk Romeinse wegen.

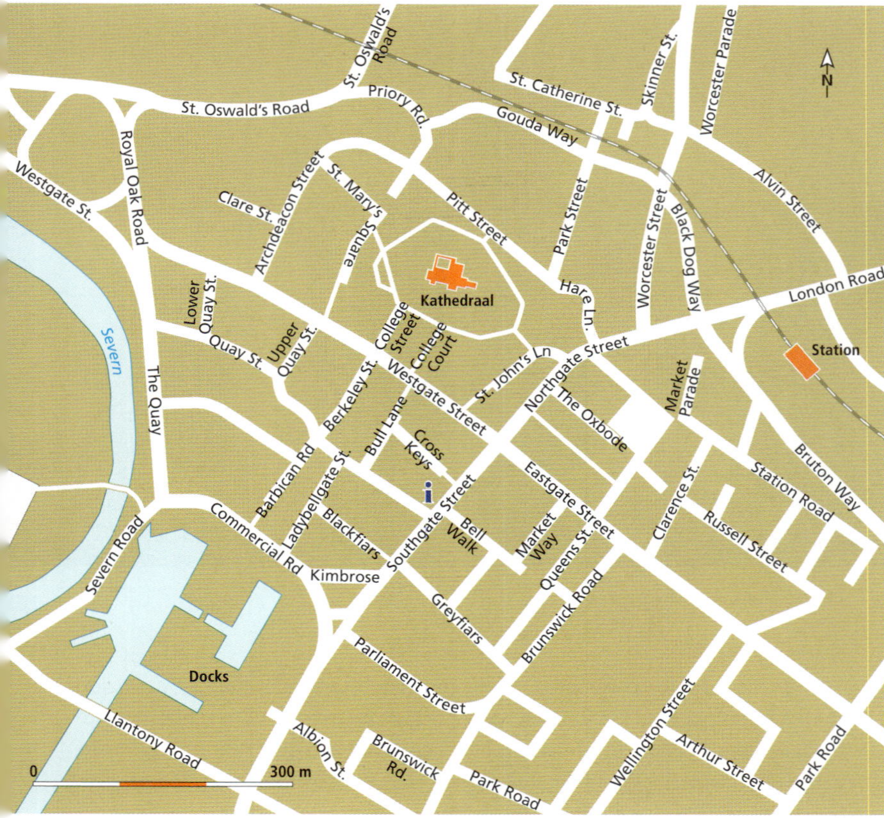

Gloucester

Vandaag de dag staat Gloucester vooral bekend om de grote kathedraal en de 19de-eeuwse dokken. In het **City Museum and Art Gallery** in Brunswick Road, een zijstraat van Eastgate Street, bevinden zich Romeinse voorwerpen en een deel van de Romeinse stadsmuur. Ook is er een kunstcollectie met werken van Turner en Gainsborough. In Westgate Street is het **Gloucester Life Museum** gevestigd in een tudorvakwerkhuis, over het leven van alledag in vroeger tijden. Het leukste museum is het National Waterways Museum (zie verderop).

> *TOURIST INFORMATION CENTRE, 28 Southgate Street, tel. +44 1452396572.*

> *CITY MUSEUM AND ART GALLERY, Brunswick Road. Geopend: di.–za. 10–17 uur. Gratis toegang.*

> *GLOUCESTER LIFE MUSEUM, Westgate Street. Geopend: di.–za. 10–17 uur. Gratis toegang.*

De kathedraal van Gloucester.

Kathedraal

Willem de Veroveraar vertoefde graag in Gloucester, waar hij het *Domesday Book* liet optekenen. Op de plek waar al sinds de 8ste eeuw een kleine abdij had gestaan, werd nog tijdens zijn leven een aanvang gemaakt met de bouw van een abdijkerk (sinds de Dissolution een kathedrale kerk). Rond 1100 was deze abdijkerk voltooid. Het huidige gebouw dateert weliswaar voornamelijk uit de 14de tot en met de 15de eeuw, maar de Normandische kerk is nog terug te vinden in het schip, de dwarsbeuken en de crypte met haar korte, dikke pilaren. Bij het koor is duidelijk te zien hoe het Normandische deel overgaat in het 14de-eeuwse deel.

Achter het koor liggen enkele bijzondere grafmonumenten. De abdijkerk had een bijzondere band met het Engelse koningshuis; de oudste zoon van Willem de Veroveraar werd hier begraven, evenals de vermoorde Edward II, de laatste in een prachtige tombe uit 1327. Zijn graf maakte Gloucester Cathedral tot een waar pelgrimsoord. De kathedraal profiteerde hier in financieel opzicht zeer van. In de 14de eeuw was er volop geld om de kathedraal uit te breiden met prachtig glas in lood, bewaard gebleven in het enorme oostraam uit 1352 (met een afbeelding van de door de Engelsen gewonnen slag bij Crécy, 1346, tijdens de Honderdjarige Oorlog), en bovendien met nieuwe gewelven en ramen. De in deze kathedraal voor het eerst geïntroduceerde bouwkunst met de hoge ramen en afgeplatte waaiergewelven, werd later nagevolgd in tal van andere Engelse kerken. De waaiergewelven zijn vooral indrukwekkend in de kloostergangen, die zijn te bereiken via een deur in de noordelijke dwarsbeuk.

> *GLOUCESTER CATHEDRAL. Geopend: dag. 8–18 uur.*

Beatrix Potter

Vlak bij de kathedraal ligt, in het laantje College Court op nr. 9, The House of the Tailor of Gloucester. In dit winkeltje situeerde de kinderboekenschrijfster en -illustrator Beatrix Potter (1866–1943) het huis van een van haar hoofdpersonen, de arme kleermaker John Prichard. Beatrix Potter bezocht Gloucester vaak en baseerde wel meer van haar verhalen en tekeningen op plekjes in de stad. In 1979 werd het winkeltje gekocht door de uitgever van Beatrix Potters verhalen, die het liet inrichten als museum met de lange naam **Tailor of Gloucester Beatrix Potter Museum**.

> *BEATRIX POTTER MUSEUM EN SHOP, 9 College Court. Geopend: ma.–za. 10–17, zo. 12–16 uur. Gratis toegankelijk.*

De dokken

Zeer de moeite waard is het 19de-eeuwse erfgoed van de stad: de **Docks**, met kanalen, binnenhavens, sluizen, een *swing bridge* en dokken, en het uitstekende National Waterways Museum. De dokken van Gloucester dateren uit de tijd dat de vaart op dit gedeelte van de Severn, dat ten zuiden van de stad moeilijk bevaarbaar was, een nieuwe kans kreeg door de aanleg in 1827 van een kanaal van Gloucester naar Sharpness (aan de Severnmond). In de stad werd, op het punt waar het noordeinde van dit kanaal weer samenkwam met de Severn, een flinke binnenhaven aangelegd. Hier verrees een aantal grote pakhuizen voor de opslag van de belangrijkste handelswaar: graan. Toen de graanhandel later verschoof naar andere Engelse havens, werden de pakhuizen gebruikt om timmerhout op te slaan. Vijftien van deze pakhuizen zijn tegenwoordig opgeknapt en ingericht als winkels, antiquariaten, galerieën, musea, cafetaria en restaurants. In de binnenhaven liggen sluizen en dokken, waar nog altijd schepen op traditionele wijze worden hersteld en gebouwd. Omdat in de Gloucester Docks nog wordt gewerkt, wekt het geheel beslist geen overgerestaureerde indruk. De Docks beslaan een groot gebied en je kunt er rondom de hele binnenhaven wandelen. Het uitzicht op de toren van de kathedraal is magnifiek. Opvallend is de Mariner's Church, het kerkje van de binnenhaven, gebouwd om de havenarbeiders aan te zetten tot regelmatig kerkbezoek. Het kerkje werd zo populair onder de stadsbewoners dat op zeker moment de toegang moest worden ontzegd aan niet-havenarbeiders.

Het **National Waterways Museum** is gevestigd in het Llanthony Warehouse, een graanpakhuis uit 1873. De glijbaan waarop men zakken graan van de bovenverdiepingen naar beneden liet glijden, is er te zien, evenals

Gloucester Waterways Museum.

bijvoorbeeld de benodigdheden om de jutezakken voor hergebruik te repareren. Het museum biedt uitleg over de aanleg en het gebruik van het kanalennetwerk in Engeland sinds de 18de eeuw, met interessante informatie over de wisselwerking tussen kanalenbouw en industriële revolutie. Zeer aardig zijn niet alleen de modellen van kanalen, sluizen, viaducten, overhalen (*tramways*) en takels (*lifts*), die je soms zelf in beweging kunt zetten, maar ook de computerspelletjes. Hiermee kunnen bezoekers zichzelf terugplaatsen in de tijd om te investeren in de aanleg van werkelijk bestaande kanalen; het wel en wee van de aandelen en van de kanalenbusiness in het algemeen, kan dan over een periode van 200 jaar op de voet worden gevolgd. Er is niet alleen veel aandacht voor de infrastructuur van de kanaalbouw en kanaalvaart, maar ook voor de mensen achter dit alles: de investeerders, de beheerders, de kanaalgravers (*navvies*), de bootbouwers, de dokwerkers en de bootslui (*boaters*). Van het gezinsleven op de long boats zijn prachtige foto's te zien, en ook de volkskunst van de boaters – de opvallende beschilderingen van hun boten en gebruiksvoorwerpen – wordt in het zonnetje gezet. Met de computer kunnen bezoekers een eigen boot beschilderen. Buiten het hoofdgebouw is in de werkplaats nog een groot, zelf te bedienen model te vinden van een kanaal met schutsluis en lift, gevuld met water en bootjes. In dezelfde werkplaats bevindt zich een cafetaria.

> *NATIONAL WATERWAYS MUSEUM, Gloucester Docks. Geopend: 11–16; juli–aug. 10.30–17 uur.*

Royal Dean Forest Park

Aan de andere kant van de Severn ligt, ter hoogte van Gloucester, het grote Royal Dean Forest Park. Aan de oostkant van het park is bij de plaats Cinderford het Dean Heritage Centre gevestigd. Hier wordt informatie gegeven over de geschiedenis van het gebied. Het bezoekerscentrum is tevens het beginpunt van een aantal wandelingen door het natuurpark. In en om het park zijn verschillende mogelijkheden om te overnachten. Je kunt er kanoën en kajakken, 'apenkooien' door de bomen, wandelen en mountainbiken.

Dean Heritage Centre.

> *DEAN HERITAGE CENTRE, Cinderford. Geopend: feb.–okt. 10–18, nov.–jan. alleen za.–zo. 10–16 uur; Go Ape Tree Top Adventure; bereikbaar via de A48 vanuit Gloucester naar Blakeney: Mallards Pike Lake, Lydney.*

Het park is al sinds de 11de eeuw een koninklijk jachtterrein. Daarnaast werd hier lang vóór de industriële revolutie aan houtkap gedaan om ijzererts te kunnen smelten. Vanaf de 17de eeuw werd hout echter erg duur in verband met de scheepsbouw. Van houtkap schakelde men daarom voor een deel over op kolenwinning, ook in dit gebied.
Ten westen van het park, ongeveer 1 km ten zuiden van het plaatsje Coleford aan de B4228, ligt **Puzzle Wood**: een gebied waar al in de prehistorie ijzermijnen te vinden waren. Nu is dit gebied ingericht als een 'puzzelbos' met rondlopende dieren. Je kunt er ook ponyrijden en picknicken.

> *PUZZLE WOOD, Coleford. Geopend: apr.–okt. 11–18 uur.*

Nog iets zuidelijker aan dezelfde weg liggen de **Clearwell Caves** met het Iron Mining Museum. Dit zijn natuurgrotten in oude ijzermijnen, die ook hier al sinds de prehistorie werden geëxploiteerd. Negen grotten zijn opengesteld voor publiek. Er wordt ook informatie gegeven over ijzerwinning.

> *CLEARWELL CAVES, Perry Grove Road, Coleford, info@clearwellcaves.com. Geopend: mrt.–okt. 10–17 uur.*

Neoclassicisme hoorde bij de spacultuur van Cheltenham rond 1800.

CHELTENHAM

Cheltenham was tot de 18de eeuw een rustig Cotswolds-plaatsje – tot er in 1715 een medicinale bron werd ontdekt. Bij de bron verscheen op den duur een overdekte pomp, gecompleteerd met een bal- en biljartzaal. In eerste instantie werd de pomp op kleine schaal geëxploiteerd. Dit veranderde na een bezoek van George III in 1788. Cheltenham groeide uit tot een modieuze bronbadplaats, zeer populair onder de high society. Gedurende het einde van de 18de en het begin van de 19de eeuw werd Cheltenham omgetoverd tot een bijzonder chique bronbadplaats. In 1830 werd de grote Pittville Pump Room geopend.

> *TOURIST INFORMATION CENTRE, 77 Promenade, tel. +44 1242522878.*

Pittville Pump Room

Het gebouw met de pomp ligt even buiten het centrum van Cheltenham, in een park met een meer en volière. Het is een koepelgebouw met een breed portaal, gedragen door Ionische zuilen. Onder de koepel bevindt zich een balzaal, waar ook de oude marmeren pomp is te vinden. Er kan nog steeds water uit de pomp worden geproefd. Tegenwoordig wordt de balzaal gebruikt voor bruiloftspartijen. Een trap leidt omhoog naar de met bladmotieven versierde koepel en het bordes, dat een aardig uitzicht geeft op het park.

> *PITTVILLE PUMP ROOM, Pittville Park (15 min. rechtdoor lopen vanaf Pittville Street, een zijstraat van High Street). Geopend: 10–16 uur. Gratis toegang.*

In Cheltenham is de stad met haar Georgian (*Regency*) en victoriaanse architectuur zélf de grootste bezienswaardigheid. De centrale straten van Cheltenham zijn Montpellier Walk en Promenade: brede lanen met kastanjebomen, bloemen, de Montpellier Gardens en Imperial Gardens en, aan de Promenade, een imitatie van de Trevi-fontein in Rome. De stadsarchitectuur wordt bepaald door witgestucte gevels en smeedijzeren balkons. Spectaculaire staaltjes daarvan zijn te zien in Montpellier Walk, met een fantastische gevelrij, trapsgewijs aflopend en versierd met 32 kariatiden (Griekse zuilen in de vorm van vrouwenfiguren). Aan het begin van Montpellier Walk ligt de witte rotunda, gebouwd als tweede Pump Room in de stad. De Imperial Gardens aan het begin van Promenade worden aan vier zijden omzoomd door strakke gevels. Iets verder ligt achter Promenade en Royal Well Road de fraaie Royal Crescent.

Cheltenham leent zich uitstekend voor *window-shopping*, vooral in en om Montpellier Walk en Promenade. High Street is echter een doorsneewinkelstraat, en Regent Arcade en Beechwood Shopping Centre zijn nieuwe overdekte winkelcentra. Ook zijn er veel uitgaansgelegenheden in dit oude kuuroord, evenals prettige cafetaria's en restaurants. Uitgaan kun je onder andere in het Playhouse Theatre in Bath Road en Everyman Theatre in Regent Street, gebouwd in 1891. In Winchcombe Street bevindt zich een grote bioscoop. De Town Hall uit 1903 aan Imperial Square heeft een concertzaal; hier kan overigens ook het bronwater worden geproefd.

Art Gallery and Museum

The Wilson Art Gallery and Museum bevat op de tweede verdieping een belangrijke, zeer goed gesorteerde collectie op het gebied van de Arts and Crafts Movement, met meubilair, metaalwerk, keramiek en textiel van de Cotswolds Group of Furniture Makers. Er zijn tevens afdelingen met Chinees en Europees aardewerk, Engelse en Nederlandse schilderkunst (met werk van Jan Steen en Gerard Dou) en een lokaal-historische expositie.

> *ART GALLERY AND MUSEUM, Clarence Street. Geopend: ma.–za. 10–17.20, zo. 14–16.20 uur. Gratis toegankelijk.*

TEWKESBURY

Het vakwerkstadje Tewkesbury met de grote Normandische abdijkerk ontstond vlak bij het punt waar de Avon uitmondt in de Severn. Direct langs de voorzijde van de abdij loopt van west naar oost **Church Street**. Aan de linker- en rechterzijde van deze hoofdstraat liggen, in de vorm van een visgraat, smalle binnenstraatjes die aan een kant uitkomen op de Avon, en aan de andere kant op de kleine Swilgate. Omdat deze rivieren regelmatig buiten hun oevers traden, moesten de inwoners van Tewkesbury woekeren met de krappe ruimte die het stukje land tussen de Avon en Swilgate hun

8

Tewkesbury's vakwerkhuizen.

bood. De bouw van nieuwe huizen in de 17de eeuw vond daarom niet plaats in nieuwe straten, maar in van de hoofdstraat afgeleide *courts* en *alleys*, ofwel binnenstraatjes. Zo konden de woningen van de hoofdstraat en van de binnenstraatjes geheel tegen elkaar aan worden gebouwd, zonder ruimte te verspillen aan de gebruikelijke achtertuinen tussen huizenblokken. Op zeker moment telde het stadje wel 90 binnenstraatjes. In de 19de eeuw waren de inmiddels vervallen en overbevolkte courts en alleys beruchte bronnen van cholera-epidemieën. Het bestand aan binnenstraatjes is intussen opgeknapt door selectieve afbraak en renovatie. Er zijn nu nog 30 van zulke, gedeeltelijk overdekte, straatjes. Met overstromingen van de Severn heeft het stadje nog altijd te kampen.

› *TOURIST INFORMATION CENTRE, 100 Church Street, tel. +44 1684855040.*

Voor de abdij liggen in Church Street de **Abbey Lawn Trust Cottages**, gebouwd aan het eind van de 15de eeuw als onderkomen voor een serie winkels. De verkoop vond plaats via het raam, de blinden fungeerden als toonbank.

Nr. 45 huisvest The Merchant's House, het als **John Moore Museum** ingerichte middeleeuwse koopmanshuis met een eenvoudige eikenhouten inrichting. De ingang van dit huis ligt aan een binnenlaantje, dat uitkomt op de tuin van de abdij.

› *JOHN MOORE MUSEUM, Church Street 45. Geopend: di.–za. 10–13 en 14–17 uur. Gratis toegang.*

Tegenover deze cottages ligt het binnenlaantje Old Baptist Chapel Court. Hier bevindt zich ook de toegang tot een sfeervolle doperse schuilkerk: de **Old Baptist Chapel**. Deze is gevestigd in een 15de-eeuws woonhuis; van buitenaf wijst niets erop dat achter de houten deur een kerk schuilgaat. Op de benedenverdieping is aan de voet van de kansel het grote, in de houten vloer verzonken bassin te zien, waarin de volwassen kerkgangers werden gedoopt. Houten luiken sluiten dit bassin af. Ook op de eikenhouten entresol konden kerkgangers plaatsnemen om de dienst bij te wonen. Aan de wand hangen kopieën uit het doopboek van de schuilkerk, waarin voor de periode tussen 1655 en 1843 de namen werden opgetekend van in deze kerk gedoopte personen. De registratie gebeurde geheel in geheimschrift, want de doperse gemeenschap was verboden. Het doopboek was ook klein genoeg van formaat om het snel te kunnen verstoppen tijdens een inval.

> *OLD BAPTIST CHAPEL, Old Baptist Chapel Court. Geopend: 9–18 uur. Gratis toegankelijk.*

Waaiergewelven van het kloostercomplex in Tewkesbury.

8

Voorbij de schuilkerk ligt, aan het einde van de binnenstraat, de kleine begraafplaats van de doperse kerk. Rechtsaf via St. Mary's Road, langs het water in oostelijke richting, kom je weer terug in Church Street.

Het is aardig om vanuit Church Street en vanuit High Street en Barton Street, de straten die in het oosten afsplitsen van Church Street, meer van dergelijke binnenstraatjes te bezoeken. Bij de abdijkerk en het toeristenbureau is een plattegrond van de binnenstraten verkrijgbaar. Er zijn nog 30 binnenstraatjes, waarvan een aantal privéterrein beslaat. Een van de mooiste, aan het oosteinde van Church Street aan de rechterkant, is **Lilley's Alley**, met 15de-eeuwse vakwerkhuizen en uitkomend op het pand van een oude pijpenmaker. Linksom doorlopend langs de rivier de Swilgate, vind je verder naar het oosten **Fletcher's Alley**, waar openbare latrines uit het einde van de 19de eeuw te zien zijn. Deze binnenstraat komt uit op Barton Street. Hier ligt ook het lokaal-historische **Tewkesbury Museum**. Aan High Street, de straat die een stukje terug begint bij de splitsing, ligt aan de rechterkant **Walls Court**, een geheel overdekte binnenstraat in vakwerkstijl.

> *TEWKESBURY MUSEUM, Barton Street. Geopend: apr.–dec. di.–vr. 10–16, za. 13–16; jan.–mrt. za. 11–15 uur.*

Abdijkerk

De vanaf 1092 gebouwde abdijkerk (tegenwoordig parochiekerk St. Mary the Virgin) is het enige overgebleven deel van het oude kloostercomplex op de oever van de Avon, dat werd afgebroken tijdens de Dissolution. De kloosterkerk bleef gespaard nadat de bevolking van Tewkesbury een forse afkoopsom van 453 pond had betaald aan Hendrik VIII. Aan de zuidzijde van de kerk (de achterkant), voorbij de losstaande 15de-eeuwse abtswoning, zijn wat restanten te zien van de afgebroken kloostergebouwen.

De kolossale Normandische klokkentoren, gebouwd tussen 1092 en 1160 van Cotswolds-steen (onderkant) en steen uit Caen in Frankrijk (bovenkant), is 44 m hoog. De kantelen en siertorentjes zijn 16de-eeuwse toevoegingen. Je kunt de 200 treden van de torentrap beklimmen en wordt dan beloond met een mooi uitzicht op de stad en de rivierdalen. Ook het stoere schip van de brede kerk is voor een groot deel nog Normandisch. Het druk gedecoreerde koor, de gewelven en de glas-in-loodramen dateren uit de 14de eeuw. In het gewelf zijn, op de kruispunten van de ribbenbogen, voorstellingen uit het leven van Christus gebeeldhouwd. Via een rijdende spiegel voor in het schip kunnen bezoekers de sculpturen goed zien (door middel van een muntkastje kunnen deze nog eens extra worden belicht). In het koor bevindt zich een aantal kapellen uit de 13de tot en met de 15de eeuw. De Warwick Chantry van de familie Beauchamp uit circa 1430 is mooi bewaard gebleven: kleurig beschilderd, met een opvallend waaierplafond en heraldische afbeeldingen op de buitenwanden. De rondom lopende *chantries* van (noordzijde) Hugh en (zuidzijde) Edward le Despenser dateren uit 1349 en 1375. De chantry van de laatste heeft een 14de-eeuws fresco. Bovenop staat een bijzonder knielend ridderbeeld van Edward, dat vanaf de noordzijde goed is te zien.

› *TEWKESBURY ABBEY. Geopend: 7.30–17.30 uur.*

PRAKTISCHE INFORMATIE

GLOUCESTER

Hotels

- Riverside House, Watermoor Road, Cirencester, tel. +44 1285647642.
- Corinium, 12 Gloucester Street, Cirencester, tel. +44 1285659711.
- Lamprey, 56 Westgate Street, Gloucester, tel. +44 1452541630.
- New County Hotel, 44 Southgate Street (centrum), Gloucester, tel. +44 1452307000.

Restaurants

- Dr Foster's Waterfront Bar & Restaurant, Kimberley Warehouse, Gloucester Docks, tel. +44 1452382157 (pub met gevarieerd eten).
- Vinings Warehouse, Gloucester, tel. +44 1452384455 (Indiaas, Thai) aan het water.
- Bij de Docks vind je veel vestigingen van ketens als Zizi, Nando's, Pizza Express, Hetty's tea party, The Docks (cupcakes en afternoon tea).
- Made by Bob, The Corn Hall, Unit 4 The Corn Hall, 26 Market Place, Cirencester (Engels, Italiaans).
- Eat wild, 4 Castle Street, Cirencester, tel. +44 1285657399 (Engels).

9

Langs de grens met Wales

9

De grens tussen Engeland en Wales is gemarkeerd door Offa's Dyke, een ophoging die in de 8ste eeuw werd opgeworpen in opdracht van koning Offa van Mercia. Tegenwoordig is het een langeafstandswandelpad dat van de monding van de Severn in het zuiden naar Chester in het noorden loopt.
De grens tussen Engeland en Wales is lang zo 'natuurlijk' niet als de eeuwenoude dijk doet vermoeden. Op slechts enkele kilometers van elkaar ontspringen in de Cambrian Mountains in Wales de rivieren de Wye en Severn die het landschap en de welvaart van de Engelse provinciën in het grensgebied hebben bepaald. De Severn is oneindig belangrijk geweest voor de streek langs de grens. Het prille begin van de industriële revolutie bij Ironbridge in Shropshire kon alleen plaatsvinden dankzij de rivier, maar ook daarvoor al profiteerden steden als Shrewsbury en Worcester van de transportmogelijkheden over water. De nabijheid van de rivier heeft ook een keerzijde, zoals de regelmatige en soms desastreuze overstromingen laten zien.
Het rivierdal van de Wye is beschermd natuurgebied en wordt gevuld met dorpjes aan weerszijden van Hereford. Van de drie belangrijkste steden heeft Shrewsbury zijn middeleeuwse centrum het beste behouden. Hereford en Worcester kunnen daarentegen bogen op twee indrukwekkende kathedralen.

< Het vlakke land rond Great Malvern.

Worcester langs de Severn.

9

WORCESTERSHIRE

Worcestershire (spreek uit: 'Woestershire') is al sinds de middeleeuwen een zelfstandig graafschap. Aan de grenzen van het graafschap is echter vaak gemorreld. Tegenwoordig bestaat het uit het verstedelijkte gebied van Worcester, 'zoutstad' Droitwich, enkele plaatsen bij Birmingham en het groene Malvern Hills district in de zuidwesthoek.

Worcester

De grote kathedraal van Worcester is (in tegenstelling tot die van Tewkesbury) op veilige hoogte gebouwd tegen mogelijke overstromingen van de Severn. Achter de kathedraal is op een kademuur met bakstenen aangegeven tot waar de rivier de afgelopen honderd jaar kon stijgen. Samen met het historische oorlogsjaar 1943 werden in de afgelopen jaren de hoogste waterstanden bereikt. De rivier zelf is een reservaat voor zwanen: voor de kathedraal drijven tientallen fotogenieke exemplaren rond. Aan de achterzijde van de stad stroomt een tweede belangrijke waterweg, het kanaal dat in de 18de eeuw het provinciestadje met grote broer Birmingham verbond. Hierlangs ligt de industriële trots van de stad: de Worcester porseleinfabriek, nu een museum.

> *TOURIST INFORMATION CENTRE, Visitor Centre, Guildhall, High Street, tel. +44 1905726311.*

Het centrum van Worcester ligt ingeklemd tussen rivier en kanaal. Aan het einde van Trinity Street is Mealcheapen Street het enige overgebleven voorbeeld van een oorspronkelijk middeleeuws straatje. Friar Street heeft de meeste 16de-eeuwse huizen in vakwerkstijl, maar de stedelijke autoriteiten hebben er een modern betonnen parkeercomplex tegenaan gezet. In Friar Street is ook **Greyfriars**, het enige overgebleven gedeelte van een franciscanenklooster uit de 15de eeuw. Eromheen liggen een ommuurde tuin, die je kunt bezoeken, en een armenhofje. Aan de overzijde van Greyfriars is het 16de-eeuwse Tudor House met inrichting en wisselende activiteiten.

> *GREYFRIARS. Geopend: mei–okt. wo–do. 14–17 uur.*

> *TUDOR HOUSE, Friar Street. Geopend: ma.–wo. en vr.–za. 10.30–17 uur. Gratis toegang.*

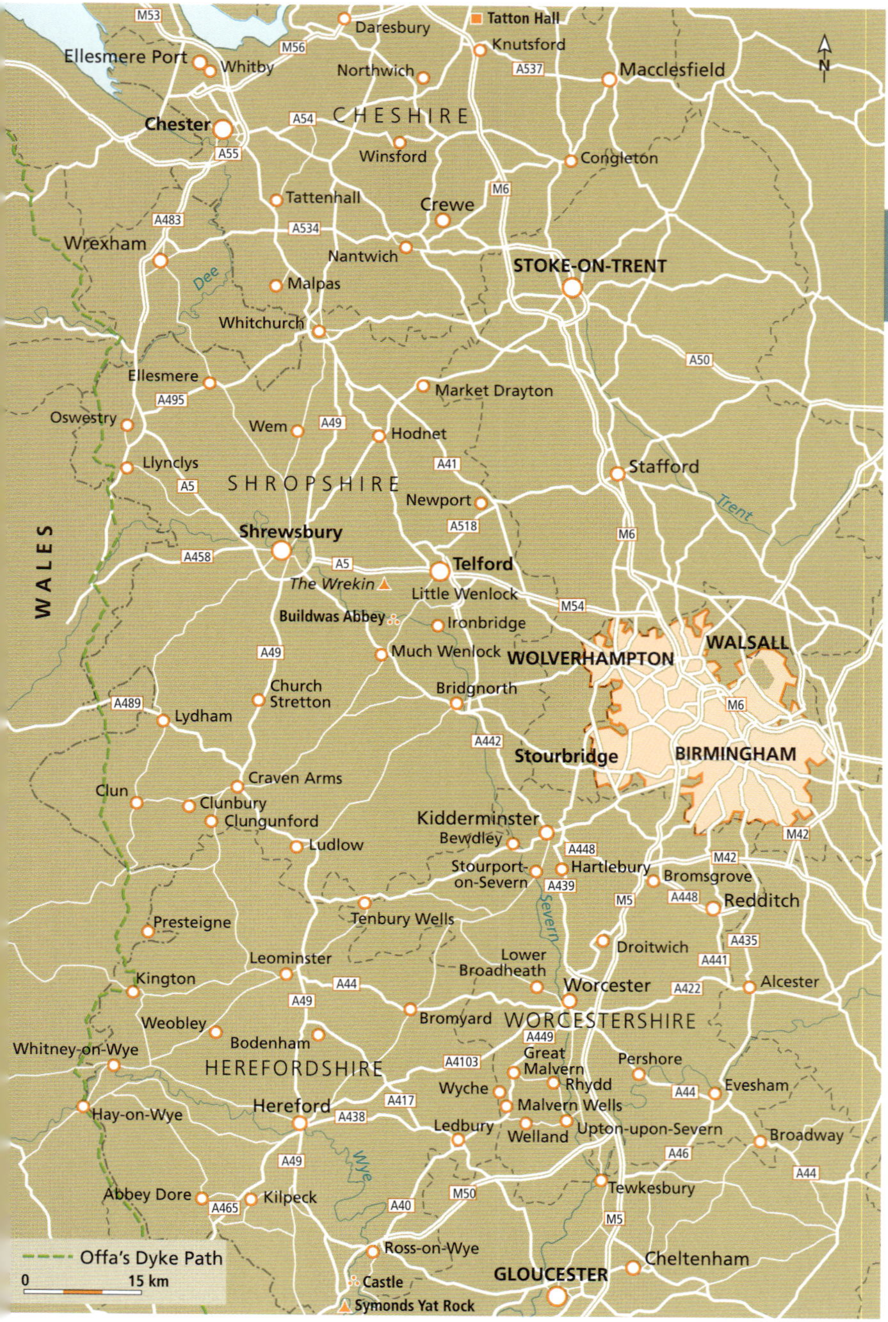

Langs de grens met Wales

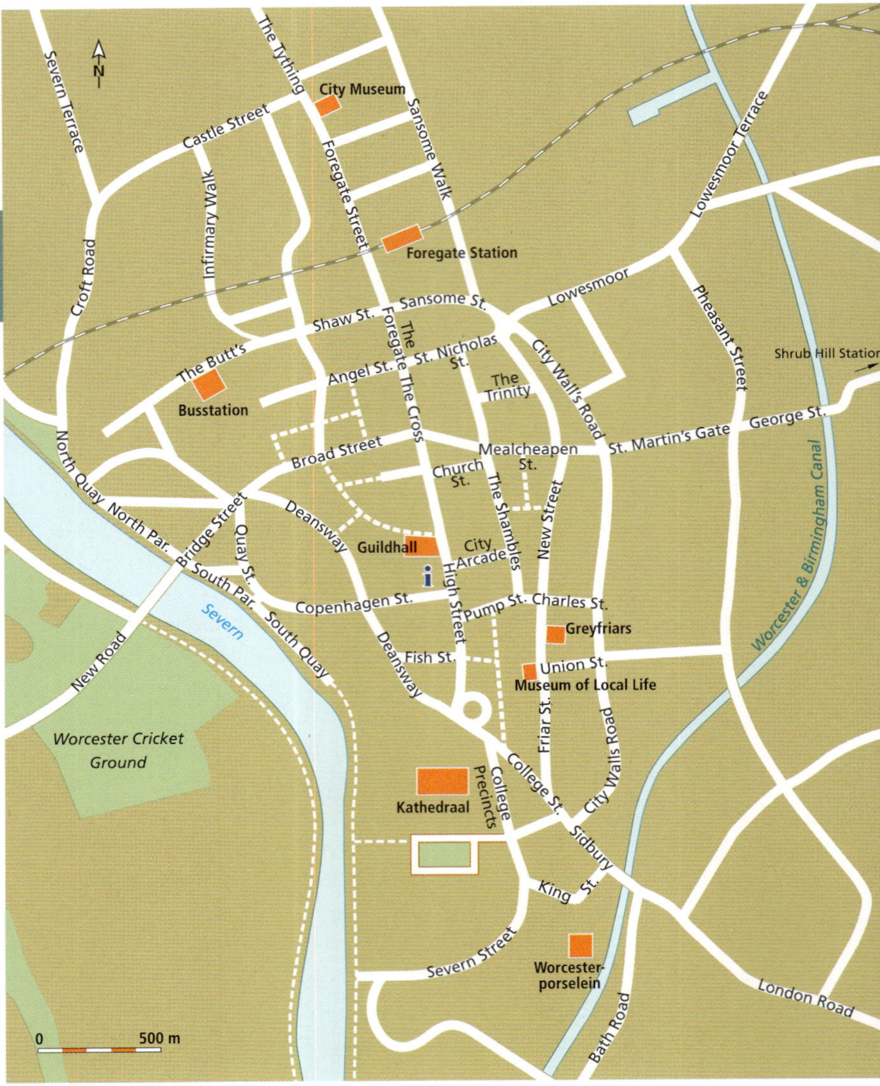

Worcester

In Friar Street en New Street zijn talloze restaurants. Bijzonder is restaurant King Charles II in 29 New Street, een pand van waaruit de koning via een achterdeur gevlucht schijnt te zijn na zijn gevangenneming in de slag om Worcester tijdens de Engelse burgeroorlog.
High Street is een drukke winkelstraat met één opvallend gebouw. Dit is de **Guildhall**, een vroeg-18de-eeuws gebouw, dat werd ontworpen door

Thomas White, een leerling van Christopher Wren. Het gebouw is ook herkenbaar aan de drie koninklijke beelden van Queen Anne en Charles I en II die in drie nissen de voorgevel sieren. In het verlengde van High Street (The Cross, The Foregate en Foregate Street) staat het **Worcester Art Gallery and City Museum**, met verzamelingen op het gebied van natuurlijke historie, geologie, archeologie en de geschiedenis van Worcester. In de Art Gallery worden wisselende tentoonstellingen gehouden.

> *CITY MUSEUM AND ART GALLERY, Foregate Street. Geopend: ma.–za. 9.30–16.30 uur. Gratis toegang.*

9

Kathedraal van Worcester

De voltooiing van de kathedraal van Worcester strekte zich uit over eeuwen. Pas in de 14de eeuw was de huidige kerk gereed, waardoor de oorspronkelijk Normandische bouwstijl geheel overvleugeld raakte door de Engelse gotiek met een nadruk op hoge gebrandschilderde ramen en waaiergewelven.
De locatie is verbonden met Oswald, de stichter van een klooster op dezelfde plek, en met Wulstan, de 11de-eeuwse bisschop die op de plaats van een kerk uit de 7de eeuw met de bouw van de huidige kathedraal begon. De toegankelijke crypte onder de huidige kerkvloer bevat de fundamenten van deze kerk. Aan de oostzijde bij de Lady Chapel is boven aan een zuil een reliëf geplaatst dat herinnert aan de St. Wulstans kerkenbouw.
De kathedraal bevat enkele koningsgraven. Van de tombe van koning John (1167–1216) in het koor is alleen het deksel authentiek. De overige delen zijn in de 16de eeuw vernieuwd. Daarnaast zijn de kapel en tombe van Arthur, de koningszoon wiens vroege dood op vijftienjarige leeftijd de weg vrijmaakte voor zijn beroemde en beruchte broer Hendrik VIII. De mooie kapel werd niet gespaard in de reformatie die onder meer door de breuk van Hendrik VIII met de paus in Rome werd ontketend: veel van de gezichten van de heiligen rondom de tombe zijn weggeslagen. In de kerk zijn nog andere graven te zien in de vorm van beeltenissen: de overledenen zijn boven op de tombe in steen verbeeld. De mooiste is die van het echtpaar Beauchamp, waar het hoofd van Joan Beauchamp op een zwaan rust. Halverwege het schip is de toegang tot de kloostergangen, met versiersels op de kruispunten van het ribgewelf die engelen voorstellen.

Royal Worcester Porcelain

Halverwege de 18de eeuw kreeg men op verschillende plaatsen in Engeland door hoe Chinees en inmiddels ook Duits en Frans porselein geproduceerd werden. Voordien was de fabricage van porselein 400 jaar lang een Aziatisch monopolie geweest. De Worcester Royal Porcelain Company bestaat sinds 1751. In eerste instantie had het in Worcester gemaakte porselein grote gelijkenis met het Chinese. Later ontwikkelde men onder invloed van

Een armenhofje in Worcester.

het porselein uit het Duitse Meissen een eigen stijl met bloemmotieven. De fabriek maakte door de snelle introductie van thee en koffie in Engeland in de eerste decennia een stormachtige ontwikkeling door. In de 19de eeuw zakte de interesse voor porselein in en moest men op zoek gaan naar fusiepartners en nieuwe toepassingen van keramiek. Dit leidde tot de productie van decoratieve objecten als vazen, deurknoppen en de onder verzamelaars geliefde porseleinen beeldjes. Hieronder vallen ook de 20ste-eeuwse Amerikaanse en Engelse porseleinen vogelmodellen van Dorothy Doughty.

In het museum van de fabriek is op twee verdiepingen de ontwikkeling van stijlen, motieven en techniek van het Worcester-porselein in kaart gebracht. Naast klassieke motieven als landschappen en aan de oudheid ontleende scènes, is fruit (kruisbessen, damastpruimen) een populair motief in het Worcester-porselein als ode aan de fruitteelt in de zuidelijk gelegen Vale of Evesham. Aan het museum zijn maar liefst drie winkels verbonden met porselein, oplopend in kwaliteit en prijs.

> *MUSEUM OF ROYAL WORCESTER, Severn Street. Geopend: 's zomers ma.–za. 10–17, 's winters di.–za. 10.30–16 uur.*

Onder de rook van Birmingham

Ten noorden van Worcester ligt langs het Worcester and Birmingham Canal het kuuroord **Droitwich Spa**. Het *brine water* (letterlijk: pekelwater) heeft een zeer hoog zoutgehalte, waar gasten zich gewichtloos in kunnen laten

THE ELGAR TRAIL

Worcester is een van de plaatsen in dit deel van Engeland, die verbonden zijn met de in Groot-Brittannië wereldberoemde componist Edward Elgar. In een tijd waarin het Europese vasteland grote componisten in overvloed kende, waren de Engelsen op zoek naar componisten van eigen bodem. Groot was daarom het geluk toen Elgar op het toneel verscheen en in enkele decennia kon uitgroeien tot nationale componist. Dit dankt hij onder liefhebbers aan zijn *Enigma Variations* en onder de rest van de bevolking aan het 'tweede volkslied' *Land of Hope and Glory*, dat jaarlijks bij de Last Night of the Proms wordt opgevoerd. Elgar werd geboren in 1857 in het dorpje Lower Broadheath, ten westen van Worcester. Daar is na zijn dood in 1935 de Elgar Birthplace Trust opgericht en is van het geboortehuis een museum gemaakt. Te zien zijn enkele kamers van het huis, een handgeschreven partituur, schetsen en andere memorabilia. Het toeristenbureau heeft een Elgar Trail op papier gezet. Langs deze route liggen plaatsen die verband houden met de componist. Begin en einde zijn in Worcester. De route wordt bewegwijzerd door bordjes met Elgar Trail en een viooltje erop.

> **ELGAR MUSEUM, Crown East Lane, Lower Broadheath. Het museum zal naar verwachting in de lente van 2017 heropenen.**

9

ronddrijven. Niet voor niets is het motto van het stadje *Sal sapit omnia* (zout geeft aan alles smaak). Het zout is afkomstig van een aardlaag in de Midlands waar de Romeinen al van profiteerden. Zij kenden Droitwich als Salinae. Sindsdien hebben de bewoners de bronnen geëxploiteerd, waarbij het kanaal in latere eeuwen diende om het zout naar de omringende steden te vervoeren. In de 19de eeuw werd aan het zoutbad medicinale werking toegeschreven en ontwikkelde de stad zich als kuuroord. Op Victoria Square is een centrum met een tentoonstelling over de zoutwinning en het kuuroord.

> *HERITAGE CENTRE, Victoria Square. Geopend: ma.–za. 10–16 uur. Gratis toegang.*

Ongeveer 16 km ten noordwesten van Worcester ligt in de vallei van de Teme bij Great Witley **Witley Court**. Van een afstand zou je het niet zeggen maar achter de façade gaat een imposante ruïne schuil. Een brand in 1937 verwoestte dit complex, dat oorspronkelijk middeleeuws is en nadien door de 19de-eeuwse architect John Nash als Italiaans paleis werd herbouwd. Erbij behoren de St. Michael's Church, met een barok interieur ontworpen door James Gibbs, evenals tuinen. De ruïnes met de omringende tuinen zijn wel bezienswaardig. Dat geldt vooral ook voor de grootse Perseus en Andromeda-fontein.

> *WITLEY COURT. Geopend: apr.–okt. dag. 10–18, nov.–mrt. dag. 10–17 uur.*

Een 16de-eeuws straatje in Ledbury.

Iets verder noordelijk ligt Kidderminster, het startpunt van de lange Severn-stoomtreinroute (**Severn Valley Railway**) naar het in Shropshire gelegen Bridgnorth. De eerste halte met de trein ligt nog net in Worcestershire. Dit is **Bewdley** aan de Severn, dat in de binnenhaven nog een perfect 18de-eeuws stadsgezicht heeft. De stad was een doorvoerhaven voor ijzer en aardewerk uit Staffordshire en de Black Country. Het ging mis met de stad toen ze weigerde mee te werken aan de aanleg van een kanaal. Stourport nam toen de rol van Bewdley over.

Stourport is geheel door de aanleg van het Staffordshire and Worcester Canal in 1772 ontstaan. Op de plaats waar de Severn en de Stour samenkomen, staan de bassins van het kanaal en de daarbij horende pakhuizen, waaronder het Clock Warehouse, en tolhuis, er nog vrijwel ongewijzigd.

Malvern Hills

De oude grens van Worcesterhire en Herefordshire wordt gevormd door een smalle heuvelrug die in de vorm van een V over een afstand van bijna 15 km parallel aan de Severn van noord naar zuid loopt. Deze Malvern Hills, bestaande uit vulkanisch gesteente, zijn aan de voet bedekt met bos, hoge varens, gras en gaspeldoorn. Over de kam zijn tientallen kilometers aan wandelpaden uitgezet. Met de auto biedt de weg van Wyche naar Ledbury het beste uitzicht over de heuvels en de Worcestershirevlakte.

Ledbury is een omweg op weg naar Worcester of Hereford waard. High Street wordt er gedomineerd door vakwerkhuizen met als meest opvallende bouwwerk een Market House dat op 16 eiken palen rust. Achter dit gebouw loopt Church Lane, waarschijnlijk een van de meest gefotografeerde straatjes in de streek. Een oude Latijnse school uit de 15de eeuw is er ingericht als tentoonstellingsruimte.

Vijf plaatsjes dragen de naam Malvern: Little Malvern, North Malvern, Malvern Link, Malvern Wells en West Malvern. Great Malvern is de grootste van de zes dankzij het bronwater waardoor het stadje in de 19de eeuw enige bekendheid verwierf als kuuroord. Het stadje herbergt een nog actieve geneeskrachtige bron, de St. Ann's Well (met restaurant). In **Great Malvern** kan de toren van de priorijkerk St. Mary en St. Michael dienen als uitkijkpost over de vlakte en de heuvels. Het interieur van deze 11de-eeuwse kerk is ook de moeite waard. Beroemd is de kerk om de 15de-eeuwse gebrandschilderde ramen en om het koorscherm dat is opgesierd met meer dan duizend middeleeuwse tegels in bijna honderd verschillende patronen. Tot de Dissolution maakte de kerk deel uit van een kloostercomplex. De huidige zwanenvijver in het nabijgelegen Priory Park was de oude visvijver van de monniken. Sinds 1929 is in Malvern een jaarlijks festival, toen nog met vooral opvoeringen van toneelstukken van George Bernard Shaw die hier regelmatig verbleef om zijn vriend, de componist Edward Elgar, te ontmoeten. Het festival in de maanden mei–juni omvat tegenwoordig veel meer, al nemen de werken van Shaw en Elgar nog altijd een belangrijke plaats in. In het **Malvern Museum of Local History**, gevestigd in het Gatehouse nabij de priorijkerk, wordt ook aandacht besteed aan deze toneel- en festivalgeschiedenis. Ook het kloosterverleden komt aan bod. Malvern Wells is, zoals de naam al aangeeft, net als Great Malvern verbonden met het bronwater. Samen met de St. Ann's Well van Great Malvern is de Holy Well in dit plaatsje de enige nog werkende bron in de streek.

> *MALVERN MUSEUM OF LOCAL HISTORY. Geopend: apr.–okt. 10.30–17 uur.*

Vale of Evesham

Aan de andere zuidzijde van Worcester ligt de Vale of Evesham, een vruchtbare dalkom, bekend om de groente- en fruitteelt (zoals afgebeeld op een bekend porseleinmotief). De twee belangrijkste plaatsen aan de Avon zijn Pershore en Evesham.

Het gezicht van **Pershore** wordt bepaald door Georgian architectuur, aangelegd door de indertijd rijke wolhandelaren van de stad. Veel van de inns en hotels in de stad hebben tuinen die uitlopen tot de rivier, met uitzicht over de weiden in de vallei. De oudste bezienswaardigheid is de abdij uit de 11de eeuw, die ten tijde van de Dissolution werd verwoest; de abdijkerk is in gerestaureerde staat nog te bezoeken. De monniken van de abdij waren degenen die de 14de-eeuwse brug over de Avon hebben gebouwd.

Ook in **Evesham** stond een grote abdij. In het Abbey Park van de stad is een klokkentoren het meest gaaf overgebleven deel van het complex. Aan Abbey Gate staat de vroeger tot de abdij behorende Almonry dat nu een volgepakt museum is over de geschiedenis en het dagelijks leven in vroeger tijden. Het heeft een prettige tuin.

> *ALMONRY. Geopend: ma.–za. 10–17, zo. (mrt.–okt.) 14–17 uur.*

9

Landschap bij Symonds Yat.

HEREFORD EN OMGEVING

Herefordshire is een landelijke county met veel veeteelt, verbouw van hop en ciderappels. In Hereford is zelfs een museum gewijd aan de ciderproductie, met een eigen distilleerderij en wijnkelders.

> *CIDER MUSEUM, 21 Ryelands Street. In West-Hereford over de ringweg. Geopend: apr.–okt. ma.–za. 10–17, nov.–mrt. ma.–za. 11–15 uur.*

Langs de Wye

Wye Valley tussen Hereford en Chepstow (Wales), waar de rivier in de Severn uitmondt, is beschermd natuurgebied. De vruchtbare grond is zeer geschikt voor de teelt van ciderappels, hop en graan en voor het houden van schapen en de *white-faced* Herefordshire-runderen. Ter hoogte van Symonds Yat en op de grens met Gloucestershire ligt het **Jubilee Park**, dat bestaat uit een **heggendoolhof** (*maze*) en een Mazemuseum. In de nabijheid is een vlinderpark, de **Wye Valley Butterfly Zoo**. Verder stroomopwaarts ligt hoog op een zandsteenheuvel de ruïne van **Goodrich Castle**, ooit in bezit van de graven van Shrewsbury. Het staat er met afgebrokkelde muren alsof de kanonnen van de civil war er zojuist hebben gebulderd. Een klim omhoog wordt beloond met een uitzicht over het rivierdal.

> *GOODRICH CASTLE. Geopend: apr.–okt. dag. 10–18, nov.–mrt. dag. 10–16 uur.*

Ook hoog gelegen is **Ross-on-Wye** in een bocht van de rivier. De slanke hoge torenspits van de St. Mary geniet nationale bekendheid. In Church Street en Copse Cross Street zijn 16de- en 17de-eeuwse hofjes.
Helemaal aan het einde van de Wye Valley ligt **Hay-on-Wye**, een stadje dat zich profileert als kunstenaarsdorp zoals je kunt zien aan het grote aantal galerieën en ateliers. Maar bovenal staat Hay-on-Wye bekend als dé Engelse boekenstad: in dit kleine plaatsje bulkt het van de tweedehandsboekwinkels en antiquariaten. De eerste boekwinkel werd er in 1961 geopend door Richard Booth. Van het Normandische kasteel Hay Castle is een deel ook al tot boekwinkel omgebouwd. Aan het begin van het zomerseizoen vindt in Hay-on-Wye een Festival of Literature plaats.

9

Ten oosten van Hereford ligt bij een afslag van de A438 naar Dorstone **Arthur's stone chambered tomb**, een met een hek omgeven grafheuvel. Het complex is 5000 jaar oud. Het dak bestaat uit één steen die oorspronkelijk geheel met aarde was bedekt. De verwijzing naar koning Arthur heeft alles te maken met de kracht van de Arthurmythologie en niets met het complex zelf.

Hereford

De belangrijkste stad langs de rivier de Wye is Hereford. Het stadje is een typische plattelandshoofdstad met hetzelfde schizofrene karakter van veel Britse steden. Dit betekent dat het enkele mooie straten bevat met daaromheen minder aantrekkelijke winkelstraten en overdekte winkelcentra. Belangrijkste bezienswaardigheid is de langs de Wye gelegen kathedraal.

> *TOURIST INFORMATION CENTRE, 1 King Street, tel. +44 1432268430.*

Kathedraal

De kathedraal van Hereford staat aan het einde van Broad Street, die wordt gedomineerd door een vreemde geelgroene tempel, gewijd aan een missionaris van de jezuïeten, St. Francis Xavier, en het omvangrijke hotel Green Dragon. In dezelfde straat staat schuin tegenover de kathedraal het **Hereford Museum and Art Gallery**. Het museum bevat een keur aan voorwerpen, waaronder landbouwgereedschap dat gebruikt werd in de ooit wijdverbreide verbouw van hop, de grondstof voor bier. In de Art Gallery zijn tijdelijke tentoonstellingen.

> *HEREFORD MUSEUM AND ART GALLERY, Broad Street. Het museum is tijdelijk gesloten.*

De kathedraal van Hereford bestaat uit de eigenlijke kerk en een kloosterhof. De kerk ontbeert een echte toren. In de 18de eeuw werd de houten torenspits eraf gehaald omdat deze dreigde om te vallen. Vervolgens kwam het gehele westeinde van de kathedraal naar beneden. Dit werd met enige

9

Ross-on-Wye

aanpassingen, maar nooit naar volle tevredenheid, herbouwd. In het interieur van de kathedraal vallen vooral de massieve, ronde pilaren en gewelven op. Helemaal aan het westeinde staat een bijzondere Normandische doopvont uit 1150, de tijd waarin de kathedraal oorspronkelijk werd gebouwd op de plaats van een veel oudere Saksische kerk.

Vanuit de zuidoostelijke dwarsbeuk loopt een gang (de Vicar's Cloister) naar het 15de-eeuwse College of the Vicar's Choral. Door deze gang konden de koorzangers 's winters droog de kathedraal bereiken. Nu is het de weg naar de nieuwe vleugel waar de grootste schatten van de kathedraal worden bewaard. In de kathedraal worden een wereldkaart bewaard, de **Mappa Mundi** uit 1290, en een zogenaamde **Chained Library**. Toen de kerk enkele jaren geleden in geldnood zat, dreigde men beide pronkstukken kwijt te raken. De reddingsoperatie bestond uit een sprong vooruit. In een aanbouw werd ruimte gecreëerd voor de Chained Library (die voorheen in de Lady Chapel was opgesteld) en voor een tentoonstelling over de beroemde wereldkaart. Bezoekers kunnen er nu tegen betaling terecht. De Chained Library laat zien hoe in vroeger tijden boeken in bibliotheken aan de ketting lagen en staande geraadpleegd moesten worden. De boeken stonden met de rug naar achteren, waardoor een index nodig was om de juiste boeken te vinden. De eerste kast bevat manuscripten, de volgende studies over de klassieken waaronder een aantal van Nederlandse humanisten; hierna volgen kasten met theologische en juridische boeken.

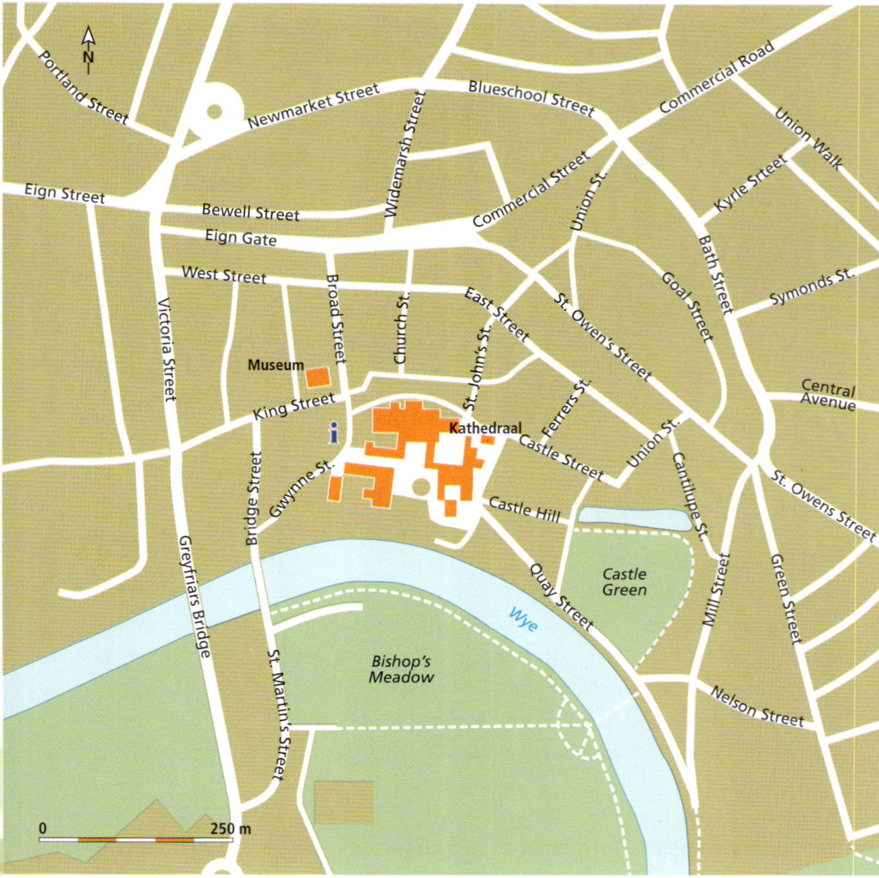

Hereford

De *Mappa Mundi* is een bijzondere landkaart. Het is ten eerste een verbeelding van de middeleeuwse geografische kennis. Te zien zijn alle toen bekende werelddelen. Linksonder is Engeland met leesbaar Oxford, Lincoln (waar de kaart werd gemaakt) en Londen. Ook de belangrijke Vlaamse steden van dat moment worden met naam genoemd. De kaart is ook de verbeelding van een middeleeuws religieus wereldbeeld. Het Heilige Land is in het centrum van de kaart geplaatst. Links- en rechtsboven zijn hemel en hel verbeeld. Daarnaast bevat de kaart tal van mythologische elementen. Het duidelijkst is de verbeelding van het labyrint op Kreta, waar volgens de Griekse mythe de Minotaurus opgesloten was.

> *KATHEDRAAL. Geopend: ma.–za. 9.30–16, zo. 12.30–15.30 uur.*

9

Beeldhouwwerk aan de kerk van Kilpeck.

INHEEMSE MOTIEVEN IN KILPECK

In de periode na het jaar 1066 introduceerden de Normandische veroveraars de romaanse bouwstijl, meegenomen van het Franse vasteland. Het nieuwe bouwen werd echter uitgevoerd door lokale metselaars en decorateurs, zodat de romaanse architectuur in Engeland een heel eigen karakter kreeg. Veel 12de-eeuwse decoraties in Engelse kerken en kloosters, met geometrische en figuratieve voorstellingen op portalen, doopvonten enzovoort, gaan terug op oudere inheemse motieven. Vaak kunnen ze zelfs worden herleid tot bepaalde groepen rondtrekkende beeldhouwers uit Herefordshire, Northamptonshire en East Anglia. Vooral in de kleinere parochiekerken zijn dergelijke elementen terug te vinden. De kerk in Kilpeck levert hiervan mooie voorbeelden. Hier is het beeldhouwwerk afkomstig van decorateurs uit Herefordshire. Deze groep liet zich inspireren door de kerken aan de pelgrimsroute naar Santiago de Compostela; in het zuidportaal, met de afbeeldingen van heiligen, is dit het duidelijkst te zien.

Kilpeck

Ten zuiden van Hereford staat in het kleine dorp Kilpeck de 11de-eeuwse parochiekerk Mary and David. Het dorp is te bereiken via een afslag van de A465. Dit is een authentiek Normandisch kerkje dat sinds de bouw nauwelijks veranderingen heeft ondergaan. In de kerk zijn wel nog delen te zien van het Saksische kerkje dat op dezelfde plaats stond. Willem de Veroveraar liet na zijn verovering van Engeland ten westen van het kerkje een kasteel bouwen en een kleine gemeenschap daaromheen. Het dorpje werd al na een paar generaties verlaten. De restanten zijn nog te bezichtigen. In het interieur van de kerk is steensnijwerk te zien van een groep 11de-eeuwse reizende steenhouwers, die in Herefordshire, Gloucestershire, Worcestershire en Shropshire van plaats naar plaats trokken om er te werken. Het opvallendst is het steensnijwerk rond de zuidelijke ingangspoort, voorstellende 'De schepping' en 'De verleiding in de tuin van Eden'. De buitenkant van het kerkje is rondom versierd met meer dan 60 stenen figuurtjes van dieren, muzikanten et cetera, waaronder ook een Sheila-na-gig, een Keltisch vruchtbaarheidssymbool.

Parochiekerkje van Kilpeck (Herefordshire) uit de 11de eeuw.

Leominster

Het stadscentrum van Leominster behoort tot de mooiste in de regio. De middeleeuwse straten zijn gevuld met vakwerkhuizen met overhangende eerste verdiepingen, zoals in School Lane, Drapers' Lane en High Street. De priorijkerk, herbouwd in de 11de eeuw, maakte oorspronkelijk deel uit van het nonnenklooster uit 660. Tijdens de reformatie werd een gedeelte van het klooster verwoest en bleef alleen de priorijkerk over. Het noordelijke deel is het oudere deel en bevat een gebeeldhouwd portaal.
Buiten de stad staat bij de B4362 het oorspronkelijk 11de-eeuwse **Croft Castle**. De vier ronde torens op de hoeken en oude muren dateren van de 14de en 15de eeuw maar het interieur is van 300 jaar later.

> *CROFT CASTLE. Geopend: 's zomers dag. kasteel 13–17, tuinen 11–17, 's winters za. en zo. 10–16 uur. Met tearoom.*

SHROPSHIRE

Shropshire heeft twee gezichten. Er is het Shropshire van middeleeuwse dorpjes en het verstilde platteland zoals verwoord in de gedichtenreeks *A Shropshire Lad* van A.E. Housman (1859–1936). Dit landelijke Shropshire kun je te voet verkennen via **Offa's Dyke Path** over de oude ophoging die rond 800 in opdracht van koning Offa werd gebouwd en als grens tussen Engeland en Wales diende. De door mensen opgeworpen dijk heeft als een natuurlijke barrière gewerkt en heeft in de loop van de geschiedenis de grens tussen Engeland en Wales verhard. De Welsh waren niet blij met

9

Landschap van Offa's Dyke.

de dijk, zoals blijkt uit een hardnekkige fabel die stelde dat de duivel de dijk in één nacht heeft opgeworpen. De andere benaming, *Offa's Ditch*, verwijst naar de geul die aan de Wales-zijde langs de dijk loopt. Bij het noordelijkste puntje van het pad (dat doorloopt in Cheshire) ligt aan een tweede dijk, *Watt's Dyke*, **Old Oswestry**, een van de best bewaarde heuvelforten in Engeland. Het werd gebouwd in drie fasen tussen 600 en de 1ste eeuw v. Chr.
Tegenover het landelijke Shropshire staat het roemrijke industriële verleden van de oostelijke streek die tegen de Midlands aanligt. Rondom Ironbridge wordt dit gememoreerd in een groot openluchtmuseum voor Brits industrieel erfgoed.

Shrewsbury

Provinciehoofdstad Shrewsbury ligt op een strategisch gelegen heuvel aan de Severn, de rivier die Shropshire verdeelt in de noordelijke plains en de zuidelijke heuvels. De rivier slingert zich in een hoefijzervorm om het centrum van de stad. In de tijd van het Angelsaksische koninkrijk Mercia – de tijd van koning Offa – heette de nederzetting Scrobbesbyrig, later werd dit verbasterd tot Shrewsbury (spreek uit als 'Sjrozebury'). Het stratenplan van Shrewsbury is middeleeuws, de periode waarin de nederzetting als doorgeefluik voor wollen stoffen uit Wales tot stad kon uitgroeien. Kort na de Normandische invasie van Engeland werd ter verdediging van de opkomende handelsstad een kasteel gebouwd en een eeuw later werd dit aangevuld met een stadsmuur. Het middeleeuwse verleden is ook be-

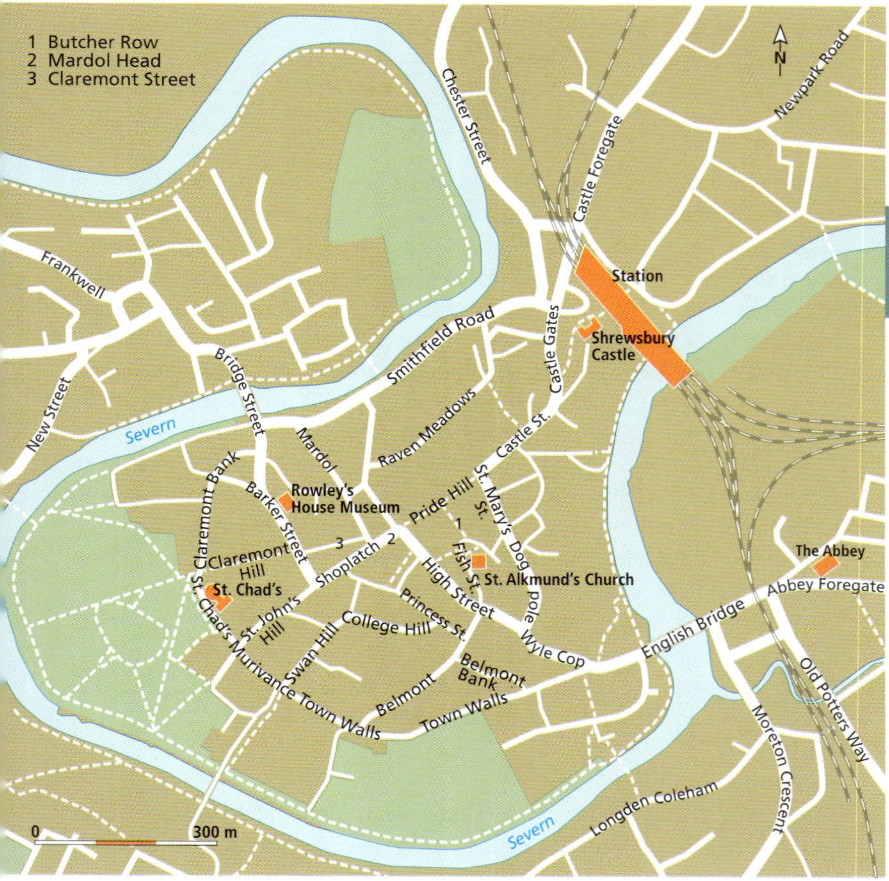

Shrewsbury

houden in de ruïnes van de abdij. De meeste vakwerkhuizen in de stad zijn van na 1500, toen na een economische depressie de wolhandel weer aantrok.

> *TOURIST INFORMATION CENTRE, Rowley's House, Barker Street, tel. +44 1743258888.*

Centrum

Met de stad gevangen in de lus van de rivier, was het kasteel dat uitkijkt op de rivier vroeger de enige toegang tot de stad over land. Nu ligt het wat uit het zicht, naast het als een kasteel gebouwde treinstation. De bouw dateert uit de 11de eeuw. Tijdens de Engelse burgeroorlog in de 17de eeuw werd het ontmanteld en later tot woning verbouwd. Tegenwoordig is het weer in ere hersteld. In het kasteel bevindt zich een Regimental Museum, met de verzamelingen van vier Shropshire regimenten.

> *CASTLE EN MUSEUM, tel. +44 1743358516. Geopend: di.–za. 10.30–16 uur, apr.–sep. ook zo.*

9

De straten met de meeste vakwerkhuizen zijn Fish Street en Butcher Row rond het kerkplein van de St. Alkmund's kerk. Tussen dit plein en Fish Street loopt de zogenoemde **Bear Steps**: een rij cottages uit de periode 14de–16de eeuw. Buiten deze straten zit je al weer snel in het moderne winkelcentrum. In de winkelstraat Pride Hill (vernoemd naar wolhandelaar John Pride) is een herinnering aan een beroemde inwoner van de stad: Charles Darwin. Het overdekte shopping centre is naar hem vernoemd als eerbetoon. Een glazen façade herinnert aan Darwins evolutietheorie. In de nabijheid staat de St. Mary's, de oudste kerk van de stad. Rond 1140 werd op dezelfde plaats een Normandische kerk gebouwd, waarvan nog delen zijn te zien. De westelijke toren (met een 73 m hoge spits), die in 1170 werd toegevoegd, behoort tot de drie hoogste van Engeland. Interessant is ook de zuidwestelijke **St. Chad's Church**. De hoekige façade is als iedere andere 18de-eeuwse kerk, maar aan de achterzijde valt het ronde schip op, waarmee de architect George Stuart de nodige beroering wekte. Langs de kerk is de toegang naar de Quarry, een groot park dat doorloopt tot de rivieroever. In het zuidoosten is ook nog een stuk van de stadsmuur bewaard gebleven. Tussen rivier en stadsmuur liggen nu volkstuinen en tennisvelden.

De abdij van Shrewsbury

Een tweede straat vol oude vakwerkhuizen is **Wyle Cop**, de straat die naar de rivier afdaalt tot aan de English Bridge over de Severn. Aan de overzijde heeft lange tijd de **abdij** van Shrewsbury gestaan. De abdij maakte oorspronkelijk deel uit van een benedictijnenklooster. In 1137 werd het gebeente van St. Winifred, beschermheilige van de abdij, in een graftombe ondergebracht, waarna de abdij uitgroeide tot een pelgrimsoord. Enkele jaren geleden is de abdij trekpleister geweest voor een nieuw soort pelgrims. Het ging hier om liefhebbers van de boeken of de televisieserie over de monnik-detective Cadfael. In de boeken van Edith Pargeter, pseudoniem voor Ellis Peters (1913–1995), is de abdij het werkterrein van de kruidenkenner en speurneus uit Wales. De eerste roman behandelde de zoektocht in Wales naar de botten van de beschermheilige St. Winifred. Tegenover de abdij werd in het spoor van het succes van Cadfael tegenover de abdijkerk een avontuurlijke tentoonstelling rond de abdij en Cadfael ingericht. Toen de belangstelling voor de monnik inzakte, sloot het 'museum' zijn deuren tot opluchting van veel bewoners die van mening waren dat Shrewsbury genoeg te bieden had zonder inbreng van een nooit bestaande monnik. Ook zonder

Shrewsbury

Cadfael heb je echter een beetje verbeelding nodig om de restanten van de abdij te waarderen. Het toeristenbureau biedt wel Cadfael-routes (Brother Cadfael Car Trails en Cadfael Walks) die heel Shropshire bestrijken.
De abdij bleef gespaard tijdens de verwoestingen van de 16de-eeuwse Dissolution en de 17de-eeuwse burgeroorlog om vervolgens in een radicale stadsuitbreiding in 1836 te sneuvelen. Over het complex loopt nu een autoweg. Aan de ene zijde staat de gedeeltelijk gereconstrueerde abdijkerk, aan de andere zijde een enkel restant van de abdij. Daartussen razen auto's voorbij over de voormalige kloostertuin.

Romeinen rondom Shrewsbury

Vóór de Angelsaksen hadden de Romeinen het gebied rond Shrewsbury al ontdekt als gunstige vestigingsplaats aan de Severn, maar niet op de plaats van Shrewsbury zelf. Ruim 7 km buiten de huidige stad lag Viroconium Cornoviorum, op zijn hoogtepunt in 150 n.Chr. de vierde stad van Romeins Engeland. Het was een militair kamp voor de verovering van Wales, maar na de stichting van Chester ontwikkelde het zich tot een gewoon stadje en werd het een belangrijke tussenstop op de weg van Londen naar Chester. Aan Barker Street in Shrewsbury is in een vrijstaand vakwerkhuis, dat vastzit aan het eerste stenen huis van de stad, het stadsmuseum, **Rowley's House** gevestigd. Hierin is onder andere een verzameling Romeins–Britse voorwerpen afkomstig van

Maar liefst 27 wandelingen vallen onder de Shropshire Way.

9

Viroconium opgesteld. De restanten van Viroconium zijn ook ter plekke te bezoeken in het stadje **Wroxeter** aan de Severn met eveneens een museum. Best bewaard zijn hier de openbare baden. Ook het toeristenbureau is in dit gebouw gevestigd. Er is een geheel nieuw museumcomplex in aanbouw.

> *ROWLEY'S HOUSE. Geopend: ma.–za. 10–17, zo. 10–16 uur. Gratis toegang.*

> *WROXETER. Geopend: apr.–okt. dag. 10–18, nov.–mrt. wo.–zo. 10–16 uur.*

Stroomafwaarts van de Severn

Ten oosten van Shrewsbury ligt de nieuwe stad Telford, vernoemd naar de architect en ingenieur Thomas Telford, die in de Westelijke Midlands overal zijn sporen heeft achtergelaten. De stad is de laatste jaren enorm gegroeid en vormt nu het grootste stedelijk gebied van de county. Het is in het zuiden min of meer om een kegelvormige heuvel van 407 m heen gebouwd. Dit is de Wrekin, oorspronkelijk een vulkaan en een bekend oriëntatiepunt voor de wijde omgeving. Aan de voet staat **Buildwas Abbey**, een ruïne van een cisterciënzer abdij uit de 12de eeuw. De abdijkerk had een lengte van 54 m en is nog bijna volledig intact.

> *ABDIJ. Geopend: apr.–okt. dag. 10–18/schemering, nov.–mrt. wo.–zo. 10–16 uur.*

Ironbridge

Aan de eerste in ijzer gegoten brug ter wereld, gebouwd in 1779, dankt het plaatsje Coalbrookdale zijn overkoepelende naam Ironbridge. De brug over de Severn heeft een overspanning van 33 m. Hoewel het materiaal nieuw was,

CHARLES DARWIN IN SHREWSBURY

In 1858 publiceerde Charles Darwin in *The Origin of Species* zijn evolutietheorie. Het is een publieksboek, een echte pageturner. Dertig jaar had de bioloog gewerkt aan zijn grote publicatie. Steeds opnieuw stak hij al zijn aandacht in onderzoekjes naar mosselen, postduiven of orchideeën die de waarnemingen opgedaan tijdens zijn wereldreis konden onderbouwen. Misschien was hij ook bezorgd om de ontvangst van zijn goddeloze theorie. Darwins leven eindigde naast Isaac Newton in Westminster Abbey, zijn leven als naturalist begon in Shrewsbury. *I was born at Shrewsbury on February 12th, 1809.* Zo begint Darwin zijn autobiografie. Hij werd gedoopt in de St. Chad's Church. Het woonhuis, nu de Darwin Birthplace Society, lag even buiten de stad op The Mount en was gebouwd door zijn vader.

Darwins moeder stierf toen hij 8 jaar oud was. Een jaar later stuurde zijn vader hem naar kostschool in Shrewsbury. Over die school in zijn geboorteplaats was Darwin onomwonden: niets was destructiever dan de school van dr. Butler. Liever dan de saaie lessen te volgen, trok Charles de natuur rondom Shrewsbury in om vogels, insecten, planten en stenen te zoeken, te verzamelen of op te tekenen. Hier ontwikkelde de grote bioloog zijn levenslange passie voor verzamelen. Hij wandelde rond 'op de top van de oude versterkingen rondom Shrewsbury die in een openbaar wandelpad waren veranderd'. Het pad was zonder reling en eenmaal viel hij drie meter naar beneden. Darwin verbaasde zich er later over dat het denken tijdens die korte val zo lang had geduurd. De jonge Charles hield ook van vissen en jagen. Op 30 km van Shrewsbury woonde zijn oom van moederskant, Josiah Wedgwood (die van het porselein), waar Charles vaak kwam en waar hij uiteindelijk zijn nichtje zou huwen. Na een studie in Edinburgh en Cambridge ('niks geleerd') vertrok Darwin in 1831 met de *Beagle* op zijn vijfjarige wereldreis die hem met een vertraging van dertig jaar wereldfaam zou bezorgen. In Shrewsbury keerde hij zo nu en dan terug.

Tip: Charles Darwin online (darwin-online.org.uk) met alle publicaties, manuscripten en brieven van Darwin.

werd de brug nog gebouwd volgens de oude timmermanstechniek. In plaats van bouten of moeren hielden zwaluwstaarten en tapgaten de onderdelen bijeen.

Op de 1550 ha rondom Ironbridge in het hart van Shropshire werden de eerste stappen gezet op het pad van de industriële revolutie. En die stappen werden gezet in de ijzerindustrie, de mijnindustrie, civiele bouwtechniek, transport, keramiek, glasblazen en chemie. Ter herinnering aan het industriele verleden is er een **Iron Bridge Museum**. Met één toegangsbewijs kun je op zes locaties een aantal (openlucht)musea, monumenten en bezienswaardigheden bezichtigen die ook met een busje of te voet zijn te bereiken.

Iron Bridge bij Ironbridge.

De basis voor de industrie hier is de ontginning van de steenkool- en ijzerlagen, kalksteen en klei ten noorden van de rivier. Dit gebeurde al in de 14de eeuw en waarschijnlijk ver daarvoor. Vanaf de 16de eeuw waren er al op kleine schaal hoogovens op houtskool actief. Aan de 'revolutie' die hier nadien plaatsvond, is de naam verbonden van Abraham Darby I. Hij was de eerste in 1709 die ijzererts smolt met behulp van cokes. Dit bleek een enorme vooruitgang nu het hele gebied al zijn bossen kwijt was. Tien jaar later was het al een echte industrie met treintjes die door paarden over houten rails werden getrokken. In het laatste kwart van de 18de eeuw stond het in en om Coalbrookdale vol met hoogovens en andere industrie. In de 19de eeuw moest het gebied het afleggen tegen de mijnen van Wales en de industrie in de Midlands. Nu geldt het als centrum voor industrieel erfgoed. Bij de Iron Bridge zelf is in een pakhuis uit de jaren 1840 het weinig interessante **Museum of the Gorge** gevestigd, dat feitelijk alleen gaat over de zuivering van het rivierwater. De overige musea zijn heel wat interessanter. In het plaatsje Coalbrookdale is in de Darby Oven (*'the old furnace'*) de oorspronkelijke smeltoven van Abraham Darby I, waarin voor het eerst ijzer werd gesmolten met behulp van cokes. Het **IJzermuseum** toont de geschiedenis van het fabriceren van ijzer en staal en de uit ijzer gefabriceerde producten.

De andere drie musea liggen aan de andere zijde van Ironbridge, in Jackfield. Tussen Ironbridge en Jackfield staan langs de weg de ruïnes van de

Bedlam-ovens. Deze hoogovens voor het smelten van cokes waren vanaf 1757 bijna een eeuw in bedrijf, met een spoorlijn die cokes aanvoerde, en twee waterraderen en een stoommachine die water uit de rivier pompten.

Een kabeltrammetje in Bridgnorth.

In Jackfield is het **Tegelmuseum**. Hier zijn decoratieve art-decomuur- en -vloertegels te zien, gemaakt in de oude Craven Dunnill-fabriek. Vóór de Eerste Wereldoorlog, toen de mode voor decoratieve tegels op zijn hoogtepunt was, werden deze in het gehele land gebruikt voor de vloeren en muren van huizen, winkels, pubs, kantoren, kerken en ziekenhuizen. In Broseley staat een **Pijpmuseum**, gehuisvest in een fabriek die tot in de jaren 50 aarden pijpen fabriceerde.

Nog meer keramiek is te zien in het **China Museum** in Coalport, bij het Shropshire Union Canal, met aandacht voor het porselein dat hier werd gemaakt vanaf de 18de eeuw tot het begin van de vorige eeuw. De fabriek heeft nog twee unieke flesvormige ovens. De **Tar Tunnel** is een tunnel die, na te zijn gegraven voor mijnbouw, een te ontginnen teerlaag bleek te hebben blootgelegd. De tunnel kan worden bezocht. Ook langs het Shropshire-kanaal is bij het plaatsje Blisthill een openluchtmuseum dat zich niet zozeer richt op de industrie als wel op het doen herleven van de 19de-eeuwse samenleving: Het is een 'living history' museum met victoriaanse winkels en werkplaatsen.

> *IRONBRIDGE MUSEA, www.ironbridge.org.uk. Geopend: 10–17, 's zomers 10–18 uur.*

Bridgnorth

Vlak bij het industriële geweld van Ironbridge ligt aan de Severn het plaatsje Bridgnorth, vernoemd naar weer een andere brug over de rivier. Het 'historische' stadje valt uiteen in een bovenstad, boven op een 66 m hoog, rood zandstenen klif, en een benedenstad. De twee stadsgedeelten zijn met elkaar verbonden door zeven trappen en door een kabelspoorlijntje dat de hele dag in bedrijf is.

Op de top van het klif bevindt zich een 11de-eeuws kasteel dat zoals op zoveel plaatsen in Engeland door Cromwell in de Engelse burgeroorlog werd

Ruïne van Clun Abbey.

verwoest. Alleen één toren is bewaard gebleven, al werd ook die flink uit het lood geslagen door de explosie die het kasteel verwoestte.
Tussen Bridgnorth en het zuidelijker gelegen Kidderminster rijdt door het rivierdal in de zomer een stoomtrein (de **Severn Valley Railway**) waarvan het station over de rivier in de benedenstad is gebouwd.

Zuid-Shropshire

Ten zuidwesten van Shrewsbury ligt **The Long Mynd**, een heuvelachtig natuurgebied. Dwars over de lengte van de heuvelrug van 19 km lang en ruim 6 km breed voert een prehistorische weg. Deze **Port Way**, die begint bij het dorpje Leebotwood, is steil en gedeeltelijk moeilijk berijdbaar. Te voet gaat het een stuk beter. Het belangrijkste plaatsje in de buurt is Church Stretton, gesticht als stop aan de oude Romeinse straatweg. In The Long Mynd wordt gewandeld en gemountainbiked. Ook is hanggliding er populair.
Nog verder zuidelijk ligt **Ludlow**, een bijzonder fraai stadje gelegen op de plek waar de rivieren de Teme en de Corve samenkomen. Het stadje inclusief kasteel werd gesticht door de Normandiërs aan het einde van de 11de eeuw. De muren zijn van later datum. Evenals in Shrewsbury is in het centrum nog het middeleeuwse stratenplan te herkennen. In Ludlow staan de

straten echter loodrecht op elkaar. Het kasteel is nu als een mooi gelegen ruïne te bewonderen. Vanwege zijn ligging was het ooit de machtigste plek in the Marches. Op het terrein staat een zeldzame ronde kapel die misschien de inspiratie leverde voor de ronde kerk in Shrewsbury.

> *CASTLE, tel. +44 1584874465. Geopend: dag. 10–17 uur.*

9

Net als Shrewsbury is ook Ludlow ommuurd. Een van de oude stadspoorten – Broad Gate geheten – staat nog overeind aan het begin van de met oude panden volgepakte Broad Street. De oude parochiekerk St. Lawrence is bijzonder vanwege de misericordes (steunstukken onder de opklapbare zittingen van de koorbanken, waarop de monniken tijdens de dienst konden leunen), middeleeuws houtsnijwerk en het gebrandschilderde glas, waaronder het grote 14de-eeuwse gebrandschilderde raam in de Lady Chapel. De as van de Shropshire dichter A.E. Housman (1859–1936) is bijgezet in de noordmuur; op het kerkhof is een gedenksteen voor Housman. Het toeristenbureau in Ludlow heeft voor de echte liefhebbers een Housman Trail uitgezet door de streek.

Een van de plaatsen die is verbonden met de dichter, is het bij de grens met Wales gelegen **Clun** met een Normandische kasteelruïne, aan de gelijknamige rivier waarover een 16de-eeuwse brug ligt. Housman wijdde een bekende dichtregel aan Clun en drie andere plaatsjes: *Clunton and Clunbury, Clungunford and Clun, are the quietest places under the sun.* Ten westen strekt zich Clun Forest uit, geen bos, maar een streek van kale heuvels, met slechts enkele boerderijen, het gevolg van de herverkaveling (enclosures) van de 18de eeuw. Erlangs loopt het eerdergenoemde Offa's Dyke Path.

CHESTER EN OMGEVING

Chester

In 79 n.Chr. bouwde het Tweede Romeinse Legioen in een bocht van de Dee, Fort Deva als basis voor militaire acties tegen de opstandige Welsh. In 383 trokken de Romeinen zich terug. De eerste Saksen vestigden zich ruim driehonderd jaar later in de stad. Er verrezen twee kerken, de St. John's buiten de stadsmuren en de St. Peter and St. Paul op de plaats van de huidige kathedraal. De stadsmuren en het Romeinse fort werden herbouwd. Chester groeide in de middeleeuwen uit tot een belangrijke havenstad voor de handel met Ierland. Het beste is dit te merken aan de oorspronkelijk middeleeuwse overdekte winkelgalerijen. Deze Rows, die in de 19de eeuw flink zijn gerestaureerd, kleuren nu nog het centrum van de stad. De handel verminderde door toenemende verzanding van de Dee, waardoor grotere schepen verder stroomafwaarts voor anker moesten gaan. Om het contact

Muren van Chester.

met het achterland weer op gang te helpen werd een verbinding met het Shropshire Union Canal gegraven.

- *TOURIST INFORMATION CENTRE, gevestigd in het 19de-eeuwse stadhuis op het Town Hall Square, tel. +44 1260271095, www.visitchester.com.*
- *VISITOR CENTRE met een kleine tentoonstelling en een informatie-centrum, tel. +44 1244351609. Het busstation ligt achter het stadhuis. Het treinstation ligt op 10 min. lopen van East Gate.*

Een wandeling over de stadsmuren

Over de stadsmuren kun je een wandeling van ruim 3 km maken. Begin in Eastgate Street. De klok in Eastgate werd in 1899 geïnstalleerd ter gelegenheid van het diamanten regeringsjubileum van koningin Victoria. Ga nu naar het noorden (in de richting van de kathedraal). Op de noordoosthoek van de stadsmuur staat **King Charles' Tower**, vernoemd naar koning Charles I. De muur loopt hier langs het Shropshire Union Canal. Halverwege is Northgate, waar de muur een stuk over de nieuwe weg loopt. Daarna komen de **Gobelin Tower** (in de 18de eeuw herbouwd uit de oude middeleeuwse vestingtoren) en wat verderop de **Bonewaldesthorne's Tower**, die tot de 14de eeuw diende als bescherming van de haven. Het Canal Basin (met narrow boats) bevat de door Thomas Telford gebouwde sluizen, de **Northgate Locks**, met een verval van maar liefst 10 m.

Weer op de stadsmuur staat op de noordwesthoek **Water Tower**, gebouwd om de ingang van de haven te bewaken. Richting Watergate daalt de stadsmuur tot straathoogte af als City Walls Road.

De muur loopt naar het zuiden langs Roodee Racecourse, vroeger de plaats van de Romeinse haven, nu een bekende renbaan in Engeland. Op de volgende hoek in het uiterste zuiden van de muur en langs de rivier ligt het zwaar gerestaureerde Chester Castle met de **Agricola Tower** als enig overgebleven deel van het in 1070 gebouwde kasteel. Vervolgens komt **Bridgegate** (met de 16de-eeuwse Old Dee Bridge), de oude poort richting Wales.

Chester

Het laatste stuk van de stadsmuur loopt weer aan de oostzijde via Newgate naar Eastgate. Buiten Newgate is bij het bezoekerscentrum een kleine openbare tuin met enkele Romeinse zuilen. Vlakbij stond het **Romeinse amfitheater**, waarvan het noordelijk deel is opgegraven.

› *AMFITHEATER. Geopend: Pasen–sep. 10–18, okt.–Pasen 10–13 en 14–16 uur.*

Centrum van Chester

Eastgate Street leidt naar het hart van Chester. Links is halverwege de winkel Browns of Chester. Gesticht in de 18de eeuw heeft Browns nu een status verworven die te vergelijken is met Harrod's in Londen. De winkel behoort tot de keten Debenhams. De kruising met Bridge Street heet The Cross, vernoemd naar een stenen kruis dat in de burgeroorlog werd verwoest, maar in gerestaureerde staat in 1975 weer op het centrale punt van Chester is neergezet. 's Zomers draagt een omroeper om 12 en 15 uur hier oude proclamaties voor. De Rows – nu veelal met kleine winkeltjes – waren vroeger genoemd naar de verschillende kooplieden, die in elk van de Rows handel dreven.

Tegenover The Cross zijn de **Eastgate** en **Bridge Street Rows** uit 1888. De bovengalerijen zijn vanuit de straat te bereiken via trappen. In Bridge Street is links de ingang naar de St. Michael's Row (1910). Aan Pierpoint Lane (bij Bridge Street) is de Dewa Roman Experience. Fort Deva werd in 79 n.Chr. onder het huidige Chester gebouwd. Het museum heeft reconstructies

9

van Romeinse straten en er zijn wat Romeinse, Saksische en middeleeuwse overblijfselen.

> *DEWA ROMAN EXPERIENCE, tel. +441244343407. Geopend: ma.–za. 9–17, zo. 10–17 uur.*

9

Verder Bridge Street in kom je bij Grosvenor Street met het **Grosvenor Museum**. Dit is het lokale museum met aandacht voor de archeologie, natuurlijke historie en de geschiedenis van Chester en omgeving. Er is tevens een Art Gallery, onder meer met schilderijen van Jan Steen.

> *GROSVENOR MUSEUM, 27, Grosvenor Street, tel. +44 1244972197. Geopend: ma.–za. 10.30–17, zo. 14–17 uur.*

Aan het andere einde van de stad staat **Chester Cathedral** op de plaats van een grote benedictijner abdij. Na de Dissolution, in 1541, werd de abdijkerk de kathedraal van het nieuw gevormde bisdom Chester. De oudste gedeeltes van de kathedraal (noordelijke dwarsbeuk en klooster) dateren van de 12de eeuw. Nog aan het einde van de 19de eeuw werden uitgebreide restauraties uitgevoerd (door Gilbert Scott), waaronder de kloostergebouwen rondom de kloostertuin.

> *CHESTER CATHEDRAL. Geopend: dag. 7–18.30 uur.*

Richting zee

Het plaatsje **Daresbury** is het geboorteplaatsje van Charles Dodgson (1832–1898), de Britse wiskundige, schrijver en fotograaf die vooral bekend werd onder zijn pseudoniem Lewis Carroll en door zijn *Alice in Wonderland*. Zijn vader was de dominee van het dorp. In de gebrandschilderde ramen van de kerk zijn de verhalen uit Carrolls klassieker afgebeeld.
Ellesmere Port ontstond toen het kanaal van Chester naar de Mersey in een niemandsland uitkwam. In de oude dokken aan het einde van het Shropshire Union Canal is het **Ellesmere Port** ondergebracht. Dit is een openluchtmuseum met een grote verzameling van de meestal door paarden getrokken kanaalboten. De tentoonstelling gaat in op de industrie en het leven van de 'boat people'. Vanuit het museum worden op het Shropshire Union Canal boottochtjes georganiseerd.

> *ELLESMERE PORT, South Pier Road Ellesmere Port. Geopend: apr.–okt. dag. 10–17, nov.–mrt. za.–wo. 11–16 uur, do. en vr. gesloten.*

Brideshead Revisited in Tatton Park

Ongeveer 4 km ten noorden van het stadje Knutsford (bij de A5034 en onder de rook van Manchester) liggen Tatton Park en Tatton Hall, een van de mooiste Georgian landhuizen in Engeland, omringd door verschillende tuinen, meren en een hertenpark. Het interieur bestaat uit een mooie verzameling schilderijen, porselein en meubilair. De Engelse romanschrijver Evelyn Waugh (1903–1966) brak tijdens zijn bezoek aan Tatton Park zijn been en schreef er toen de roman *Brideshead Revisited*. De BBC gebruikte het interieur van Tatton Park voor de verfilming van de roman.

> *TATTON PARK. Geopend: apr.–sep. di.–zo. 12–16; tuinen: di.–zo. 10.30–17; park: dag. 10–19 uur.*

9

Tabley House

Ten oosten van Knutsford ligt Tabley House. Het neoklassieke palladiaanse landhuis werd ontworpen door John Carr in 1769. Sir John Leicester, de zoon van de eerste eigenaar, was verzamelaar van Britse schilderijen in een periode dat de Britse schilderkunst een bloei doormaakte. Turner (1775–1851) was een van de vele schilders die regelmatig op Tabley verbleven. Na de dood van de verzamelaar werd een groot deel van de verzameling verkocht.
De collectie schilderijen hangt nu in de gerestaureerde State Rooms en bestaat, behalve uit de doeken van Turner, uit werk van onder anderen Reynolds en Dobson.

> *TABLEY HOUSE. Geopend: apr.–okt. do.–za. 14–17; tearoom: 12–17 uur.*

Macclesfield

Te midden van een heuvelachtig landschap op de rand van de Cheshire-vlakte en dicht bij het Peak District ligt Macclesfield. Het stadje is sinds de 18de eeuw bekend vanwege de zijde-industrie. In 1743 werd de eerste fabriek opgericht en rond 1950 waren er nog meer dan 120 zijdefabrieken in en bij Macclesfield. Nu dertig jaar later kunststoffen de zijde hebben verdrongen, hebben bijna alle fabrieken een andere bestemming gekregen. Er zijn twee musea gewijd aan het industriële verleden.
Het **Silk Museum**, in het Macclesfield Heritage Centre aan Roe Street, toont de geschiedenis van zijde door middel van een audiovisuele presentatie, tentoonstellingen, modellen en stoffen et cetera.

> *SILK MUSEUM. Geopend: ma.–za. 11–16, zo. 13–17 uur.*

De **Paradise Mill** aan Park Lane was tot aan 1981 in bedrijf als zijdefabriek. In de vroegere fabriek zijn nog handweefgetouwen in gebruik. Tijdens een rondleiding demonstreren de wevers het productieproces van zijde.

> *PARADISE MILL, tel. +44 1625612045. Geopend: mrt.–okt. di.–zo. 13–17, nov.–feb. di.–zo. 13–16 uur.*

Ten noorden van Macclesfield ligt bij de plaats Disley (aan de A6) het historische **Lyme Park**, een stenen landhuis uit 1720. De Hall werd gebouwd door de Venetiaanse architect Giacomo Leoni in een mengeling van Engelse stijlen. Daarbij zijn victoriaanse tuinen met een oranjerie en een verzonken

Nantwich

Hollandse tuin. In het park eromheen, ooit onderdeel van het Royal Forest of Macclesfield, leven herten. Als je hier op de uitgezette paden wandelt, heb je prachtig uitzicht over de heuvels van Derbyshire en de vlakte van Cheshire.

> *LYME HALL AND PARK. Geopend: apr.–sep. Hall: di.–do. en za.–zo. 14–17; park: dag. 8 uur–schemering.*

Nantwich

Sinds de 3de eeuw wordt in Nantwich aan de Weaver zout geproduceerd. Bij de brug over de rivier bij Wood Street is nog de bron van het zout te zien. In 1583 legde een grote brand een groot deel van de stad in de as. Daardoor heeft de stad een middeleeuws stratenpatroon met een reeks goed bewaard gebleven 16de-eeuwse vakwerkhuizen. Het belangrijkste gebouw is de parochiekerk St. Mary, een van de weinige gebouwen die de brand overleefden. De kerk is gebouwd van plaatselijk rood zandsteen. Bijzonder aan het interieur is het 14de-eeuwse koor met uitgesneden tafereeltjes uit het dagelijks leven in de koorbanken.
Aan Pillory Street (dicht bij de kerk) is het Nantwich Museum over de lokale zout- en kaasindustrie.

> *NANTWICH MUSEUM, Pillory Street. Geopend: apr.–sep. ma.–za. 10.30–16.30, nov.–mrt. di.–za. 10.30–16.30 uur. Gratis toegang.*

PRAKTISCHE INFORMATIE

CHESTER

Hotel

- Brook Mollington Banastre, Parkgate Road, www.brook-hotels.co.uk, tel. +44 1244851156 (spahotel).

Restaurants

- Café Rouge, 29 Bridge Street, tel. +44 1244315626 (eenvoudig Frans).
- Bella Italia, 29 Eastgate Street, tel. +44 1244325420 (Italiaans, keten).
- Artichoke, The Steam Mill, Steam Mill Street, tel. +44 1244329229.
- Blackstocks, 33 Northgate Street, +44 1244325822 (fish and chips).
- Deli-vert, 10a Faulkner Street, Hoole, +44 1244340505.

HEREFORD

Hotel

- Somerville House, 12 Bodenham Road, www.somervillehouse.net, tel. +44 1432273991.

Restaurants

- The Stagecoach Inn, 45 West Street, tel. +44 1432265894 (Brits).
- ASK, 38-39 Broad Street, tel. +44 1432353337 (Italiaans, keten).

Uitgaan

In de kathedralen van Hereford, Gloucester en Worcester worden regelmatig muziekuitvoeringen en orgelconcerten gegeven, en bij toerbeurt bieden ze jaarlijks onderdak aan het Three Choirs Festival.

WORCESTER

Hotels

- Fownes Resort Hotel, City Walls Road, www.fowneshotelworcester.co.uk, tel. +44 1905613151.
- Giffard Hotel, High Street, via www.ebookers.nl of www.expedia.nl, tel. +44 1962852628.

Restaurants

- King Charles II, 29 New Street, tel. +44 190522449. (Engels, deze koning hield zich er schuil tijdens de Engelse burgeroorlog.)
- Browns, 24 Quay Street, tel. +44 190526263 (Brits, keten).

SHREWSBURY

Hotels

- Lion and Pheasant Hotel, 49-50 Lower Wyle Cop, lionandpheasant.co.uk, tel. +44 1743770345.
- Albright Hussey Hotel, Ellesmere Road, www.albrighthussey.co.uk, tel. +44 1939290571.

Restaurants

- ASK, 23 High Street, tel. +44 1743242172 (Italiaans, keten).
- Loch Fyne Talbot House, Market Street, tel. +44 1743277140 (vis).

Birmingham en omgeving

Birmingham en omgeving hebben de bezoeker vooral verworvenheden van de industrie te bieden: pottenbakkers in The Potteries, juweliers in Birmingham en bierbrouwers in Burton. Het begin hiervan ligt in de 18de eeuw toen de rijke steenkoollagen werden ontgonnen in Derbyshire, Staffordshire en tussen de vallei van de Trent en Stourbridge. Hierbij hoorde een goed transportnetwerk. Vanaf 1760 werden hiertoe talloze kanalen aangelegd. De Severn was al de drukst bevaren rivier van Engeland; de kanalen verbonden de rivier met de Trent en de noordelijk gelegen industriegebieden. Een tweede, verfijnder, netwerk diende voor transport van en naar de Black Country en een derde naar verder weg gelegen plaatsen in het zuiden (Worcester, Warwick en Oxford).
Verrassend is de rijke aanwezigheid van kunst van schilders en ambachtslieden die zich hebben afgezet tegen de standaardisering en massificatie van de 19de-eeuwse industrie. Overal in de streek zijn sporen te vinden van William Morris en de prerafaëlitische schilderkunst. In Wolverhampton, Birmingham en Walsall zijn ook interessante verzamelingen van moderne kunst.

< Birminghams monument voor John Baskerville, de ontwerper van het naar hem vernoemde lettertype.

Victoriaans Birmingham.

BIRMINGHAM

Birmingham, liefkozend tot Brum afgekort, is in grootte de tweede stad van Engeland. Het heeft lange tijd te boek gestaan als industriestad, maar door de bouw van een nieuwe concertzaal en een schouwburg profileert men zich als cultuurstad met symfonieorkest, ballet en kunstcollecties. Er zijn enkele goede musea. De trend in *urban regeneration* heeft er ook hier voor gezorgd dat het waterfront bestaande uit kanalen, sluizen en pakhuizen is behouden als cultureel erfgoed.

> *TOURIST INFORMATION CENTRE, The Rotunda, 150 New Street, tel. +44 8448883883, www.visitbirmingham.com.*

Het verhaal van een industriële successtory

Birmingham weet zijn helden te eren. Overal in de stad staan standbeelden van de mannen die de stad ten tijde van de industriële revolutie groot hebben gemaakt. Grootheden zijn de industrieel Matthew Boulton, uitvinder van de stoommachine James Watt (1736–1810) en uitvinder van de gasverlichting William Murdoch (1754–1839). Samen delen zij een standbeeld op Centenary Square. James Watt heeft ook nog een standbeeld voor zichzelf, naast dat van natuurkundige Joseph Priestley (1733–1804) op Chamberlain Square. Dit plein is weer vernoemd naar burgemeester en staatsman Joseph Chamberlain (1873–1914) aan wie verschillende plaatsen in de stad herinneren. Een zestal losse letters die samen de naam van de Romeinse dichter

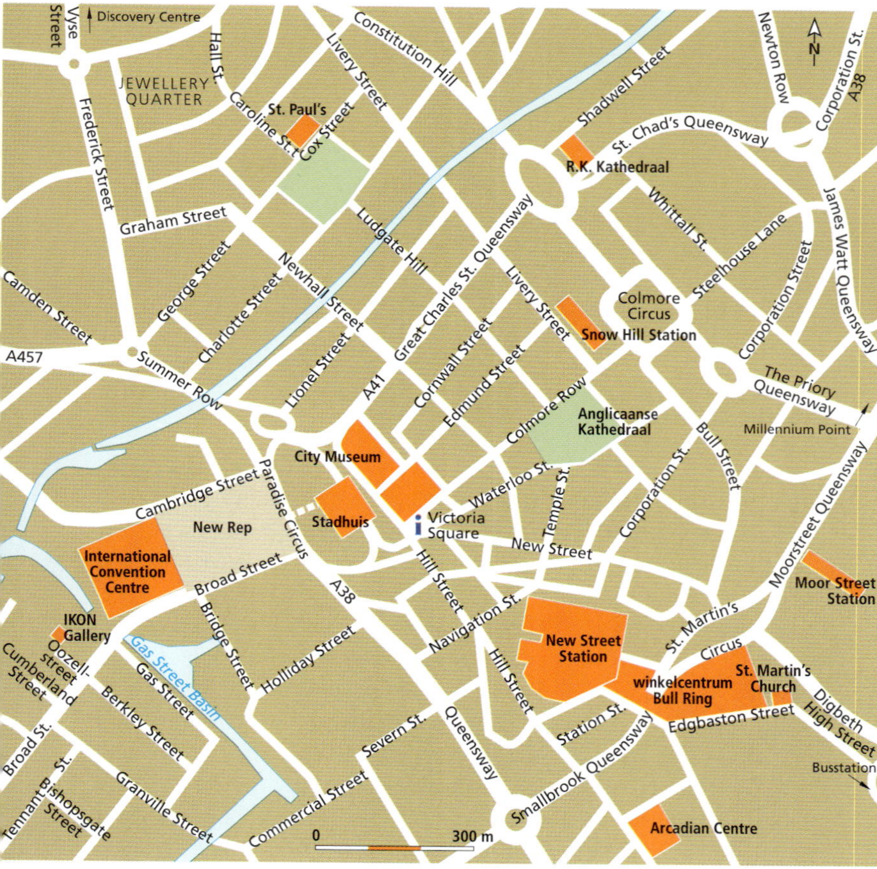

Birmingham

Virgil (Virgilius) vormen, is op het Centenary Square Birminghams stijlvolle monument voor John Baskerville (1706–1775), de ontwerper van het naar hem vernoemde lettertype.

De stad was één van de boomtowns van de 18de eeuw, zoals een 18de-eeuwer in zijn gids duidelijk maakte: ‘De reiziger die eenmaal per zes maanden Birmingham bezoekt en daarom denkt de stad te kennen, kan voor verrassingen komen te staan. De rustplaats langs een stroompje waar hij de vorige keer zijn paard kon parkeren, blijkt opeens gevuld met woonblokken.’ Door de industriële bloei die de stad twee eeuwen lang in stand wist te houden, groeide Birmingham uit tot de tweede stad van Engeland, groter dan Liverpool en Manchester. Vóór de 18de eeuw genoot Birmingham ook al enige faam als ambachtsstad. In de middeleeuwen had de familie De Bermingham de rechten verworven om er markten en koopmansbeurzen te houden. Aan

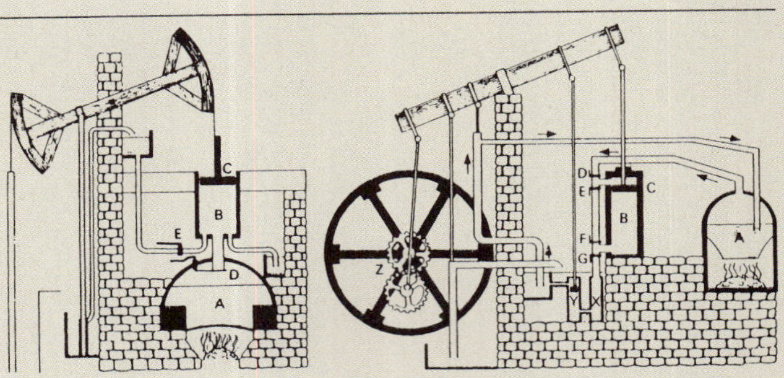

De stoommachine van James Watt. a = waterreservoir; b= cilinder waarin zuiger; c-g= ventielen, kleppen, kranen voor de verdeling van stoom en water; x-y= condensatieruimte; z= vliegwiel.

DE STOOMMACHINE VAN JAMES WATT

De eerste ontwerpen voor een stoommachine in het begin van de 18de eeuw kwamen voort uit de toegenomen kennis over atmosferische druk en over het creëren van een vacuüm met behulp van een zuiger. Thomas Savery merkte dat er vraag was naar een efficiënte manier om water uit mijnen te pompen. Hij patenteerde een motor om water te pompen 'met behulp van de drijfkracht van vuur'. Tegelijkertijd ontwierp Thomas Newcomen een beter apparaat dat echter door Savery's patent niet zomaar in gebruik kon worden genomen. Na Savery's dood werd Newcomens machine, die werkte op atmosferische druk (in plaats van door het vacuüm dat wordt gecreëerd door de condensatie van gas in een cilinder), in gebruik genomen in de mijnbouw in Dudley Castle (Worcestershire). Het was James Watt die Newcomens motor ombouwde voor het in beweging brengen van stangen. In 1769 patenteerde hij de roterende stoommachine. Hierna stortte Watt zich op verdere toepassingen.

het begin van de 14de eeuw was Birmingham een belangrijk centrum van handwerkslieden, bekend om het smeedwerk en de productie van geweren, gereedschappen, gespen, knopen en voorwerpen van brons en koper. De grootscheepse vlucht die de industriële ontwikkeling in de loop van de 18de eeuw nam, kwam door de initiatieven in het nabijgelegen Iron Bridge en de aanwezigheid van steenkoollagen in en rondom de stad. Bovendien lag de stad in het centrum van een wijdvertakt kanalen- (en later), spoorweg- en wegennet. Nog steeds heeft de stad 48 km aan waterwegen en kanalen binnen haar grenzen.

De 18de-eeuwse industrie richtte zich op een groeiende markt van consumptiegoederen (snuisterijen, voorwerpen van glas, brons, koper en edelmetaal). In eerste instantie werden het porselein, glaswerk en zilverwerk voor een kleine elite geproduceerd, maar Birmingham werd vooral groot omdat men hier en in de directe omgeving in staat was voor het eerst een vorm van massaproductie tot stand te brengen. Boulton kon door de toepassing van gasverlichting zijn fabriek ook 's nachts laten draaien, terwijl in de metaal- en aardewerkfabrieken flink werd geëxperimenteerd met gestandaardiseerde en daardoor versnelde en goedkope fabricagemethoden. Zo ontstonden het verzilverd serviesgoed en bone china-aardewerk. De stad wist de komst van elektriciteit succesvol te overleven. Het succes van het verzilverde *Sheffield Plate* voor serviesgoed werd bijvoorbeeld door *electro-plating* – niet uitgevonden, maar wel verbeterd en gepatenteerd in Birmingham – gecontinueerd. In de 20ste eeuw bereikten de motor- en auto-industrie (Wolseley en Austin) in Birmingham een hoogtepunt. Op een bepaald moment werd 25% van de export van Engeland door de industrieën in en rond Birmingham gefabriceerd.

Het stadscentrum

De stad heeft door de snelle groei een ietwat verscheurd karakter. Er zijn verschillende aardige oude en nieuwe stadsdelen, maar die worden door brede autowegen en overdekte winkelcentra van elkaar gescheiden. Vooral het kolossale New Street Station met het grootse winkelcomplex de New Bullring is een obstakel tussen het centrum en de zuidelijker gelegen delen. Achter deze kolos ligt de Chinese wijk van Birmingham, met als baken een grote stenen pagode.

Twee pleinen

Het hart van Birmingham bestaat uit twee pleinen die onderling verbonden zijn door een klein overdekt winkelcentrum en een voetgangersbrug. Het eerste plein is **Victoria Square**. Opgetuigd met een standbeeld van koningin Victoria en een met een citaat van T.S. Eliot versierde fontein, vertegenwoordigt het plein het roemrijke verleden van de stad. Aan het neoclassicistische plein is het City Museum & Art Gallery gevestigd en het door Joseph Hansom ontworpen stadhuis naar voorbeeld van de Romeinse tempel in het Zuid-Franse Nîmes. Langs het plein lopen de winkelstraten New Street en Corporation Street.
Het tweede plein, **Centenary Square**, is de trots van het nieuwe Birmingham. Het wordt gedomineerd door de nieuwbouw van de Symphony Hall (thuisplaats van het City of Birmingham Symphony Orchestra), het Convention Centre (ICC) en de 'New Rep', het nieuwe Repertory Theatre (de oude Rep staat verborgen achter New Street Station). Langs het plein loopt een belangrijke uitgaansstraat, Broad Street. Spectaculair is de bibliotheek,

Long boats in het Gas Street Basin van Birmingham.

de grootste van Europa, die als een feesttaart is ontworpen door het Nederlandse bureau Mecanoo.
De leukste plek in de stad is die waar oud en nieuw Birmingham succesvol zijn verenigd: **Gas Street Basin**. Op dit kruispunt van kanalen stonden vroeger de pakhuizen vol met de *toys* en porselein die rondom Birmingham werden geproduceerd en via onder andere het Worcester and Birmingham Canal door de hele Midlands werden getransporteerd. Een ingrijpende renovatie heeft het gebied omgetoverd in een aantrekkelijk wandel- en uitgaansgebied. Wat er nog stond aan pakhuizen, is gerestaureerd en geschikt gemaakt voor bewoning. Nieuwbouw is aangepast aan de oude architectuur met uitzondering van The Mailbox, een groot bouwblok met cafés, restaurants en een hotel. Aan het einde van Gas Street is dit complex door middel van een lange loopbrug te bereiken. Gas Street Basin zelf is een haventje voor tientallen, volgens traditie in vrolijke kleuren geschilderde, long boats. Het gebied is te bereiken door vóór het ICC langs Cambridge Street in te gaan. Daar openbaart zich ook het systeem van opeenvolgende sluisjes in het **Birmingham and Fazeley Canal**, dat werd aangelegd om het hoogteverschil in de stad te compenseren. Een tweede route naar het lager gelegen kanalen-wandelgebied leidt door het openbaar toegankelijke gebouw van het ICC. Een derde zuidelijke route, via Commercial Street, komt direct uit op The Mailbox. In Off Broad Street vind je twee galerieën. Op Brindley Place zit **Number 9 The Gallery**. In een neogotisch pand zit op 1, Oozells

Nieuwe en oude architectuur in het centrum van Birmingham.

Square de meer *sophisticated* **IKON Gallery** met wisselende tentoonstellingen (en een café).

Kerken

Tussen de meerbaans autowegen, pakhuizen en de kantoorflats is het zoeken naar tastbare sporen van het pre-industriële verleden. Naast treinstation New Street ligt **The New Bullring**, een complex van twee shopping malls op de plaats van een oude marktplaats en een naoorlogse eerdere overdekte 'Bullring'. Meest opvallend is natuurlijk het verbluffende Selfridges-gebouw – net zo oogverblindend als *the white cliffs of Dover*, schreef *The Guardian*. Het complex is neergezet in het middelpunt van 'Oud-Birmingham'. Ernaast staat de **St. Martin's Church**, de oude parochiekerk uit de 14de eeuw die niet ontkwam aan een ingrijpende 19de-eeuwse renovatie. In de kerk liggen de grafzerken van de middeleeuwse familie De Bermingham.
Uit de industriële revolutie dateren de **Back-to-Backs**, kleine arbeiderswoningen die herinneren aan de erbarmelijke omstandigheden waarin de arbeidersklasse in de Midlands woonde. De woningen zijn tegenwoordig English Heritage en heringericht. Om de 'experience' compleet te maken is het zelfs mogelijk in een paar van de woningen te overnachten.

> *BACK-TO-BACKS. Een bezoek kan alleen via een 'guided tour' op afspraak via de National Trust, tel. +44 121667671. De appartementen voor een overnachting staan in Inge Street.*

De twee andere grote kerken in de stad dateren uit de industriële revolutie. In een parkje bij Colmore Row staat de **St. Philip's Cathedral**. De kerk werd in de 18de eeuw, toen Birmingham zich begon uit te breiden, door de architect Thomas Archer als parochiekerk in palladiaanse stijl gebouwd. De toren werd later afgebouwd. De prerafaëlitische kunstenaar Edward Burne-Jones, in deze kerk gedoopt, ontwierp de vier ramen van gebrandschilderd glas in het koor, voorstellende de Geboorte van Christus, de Kruisiging, de Hemelvaart en het Laatste Oordeel. De ramen werden gemaakt door zijn vriend William Morris.

10

> *ST. PHILIP'S CATHEDRAL. Geopend: ma.–za. 8–17.30, zo. 13–15.45 uur.*

Vlakbij, aan Queensway, staat de 19de-eeuwse rooms-katholieke **St. Chad's Cathedral**, gebouwd in gotische stijl naar een ontwerp van A.W. Pugin, leider van de 19de-eeuwse opleving van gotiek.

> *ST. CHAD'S CATHEDRAL. Geopend: ma.–za. 9–18.30, zo. 9–13 en 14–18 uur.*

Hockley en verder noordelijk

Ten noorden van het stadscentrum ligt rondom Frederick Street het **Jewellery Quarter** in een wijk die eigenlijk Hockley heet. In de wijk zijn al meer dan 200 jaar tientallen juweliers, zilversmeden en instrumentenmakers gevestigd. De 'poort' ernaartoe is St. Paul's Square, met veel Georgian gebouwen en in het midden de St. Paul's Church, in de 18de eeuw de 'jewellers' church'. In het hart van de wijk is in Vyse Street het **Museum of the Jewellery Quarter** gevestigd, waar bezoekers in een juwelenfabriek van Smith & Pepper, die werd geopend in 1899 en in stijl is gehouden, een rondleiding en demonstratie kunnen volgen.

> *MUSEUM OF THE JEWELLERY QUARTER, 75–79 Vyse Street. Geopend: ma.–vr. 10–16, za. 11–17 uur. Ook bereikbaar via het Jewellery Quarter Station vanuit New Street Station.*

Verder noordelijk staat in de wijk Handsworth aan Soho Avenue het **Soho House**, het woonhuis van de industrieel Matthew Boulton en de ontmoetingsplek voor leden van de Lunar Society, een groepje geleerde vrienden dat regelmatig bij volle maan bijeenkwam in The Lunar Room. Naast het huis is een Visitor Centre met tentoonstellingen, tearoom en winkel. In de kerk van Handsworth liggen Boulton en James Watt begraven.

> *SOHO HOUSE. Geopend: di.–zo. 12–16 uur. Gratis toegang.*

Nog verder noordelijk, op zo'n 3 km van het centrum, staat in Aston Park **Aston Hall**, een 17de-eeuws landelijk woonhuis gebouwd in Jacobean style. Het huis is weelderig ingericht met onder meer een lange beeldengalerij. Er zijn regelmatig tijdelijke tentoonstellingen.

Birmingham, City Museum.

> *ASTON HALL. Geopend: apr.–okt. di.–vr. 14–17, za.–zo. 12–16 uur. Bereikbaar via Aston treinstation of afslag 6 van de M6. Gratis toegang.*

Musea van Birmingham

Het **City Museum & Art Gallery** heeft een omvangrijke kunstcollectie met veel aandacht voor de 19de-eeuwse prerafaëlitische kunst en het porselein van stads- en streekgenoten. Op de bovenste verdieping zijn een archeologische afdeling en een wetenschappelijk museum dat zich geheel richt op kinderen. Het museum heeft als extraatje een aantrekkelijke tearoom in Edwardian style. Aan het museum verbonden is de Gas Hall met tijdelijke tentoonstellingen.

De eerste zaal na de entree is de Round Room, waar de schilderijen op 18de-eeuwse wijze boven elkaar zijn opgehangen. De schilderijen hebben vooral de klassieke oudheid en de Oriënt tot onderwerp. Een voorbeeld is het schilderij *Pheidias and the Frieze of the Parthenon* van de oorspronkelijk Nederlandse schilder Sir Lawrence Alma-Tadema, die in Engeland furore maakte. De industriële galerij schenkt aandacht aan glaswerk en andere industriele voorwerpen. De zaal met zichtbare ijzeren bogen is zelf een museumstuk van de industriële tijd. Hier leidt een trap naar de afdelingen waar de geschiedenis van het Staffordshire- en Worcester-aardewerk nauwkeurig wordt gevolgd, en ook metaalbewerking en glaswerk, waaronder exemplaren van William Morris en de anti-industriële arts-and-craftsbeweging. Het museum bezit een grote collectie van de schilders van deze stroming die zich in en om Birmingham ophielden, onder wie Edward Burne-Jones en William Holman Hurt. Tot slot is er een mooie buitenlandse collectie met onder meer stukken van Mabuse, Cranach, verschillende Vlaamse en Hollandse meesters en een bijzondere Bijbelse verbeelding van Botticelli.

> *CITY MUSEUM AND ART GALLERY. Geopend: ma.–za. 10–17, zo. 12.30–17 uur. Gratis toegang (niet altijd van toepassing op tijdelijke tentoonstellingen).*

10

Thinktank, museum of science aan het plein Millennium Point is gewijd aan de industriële revolutie die de stad groot maakte. Te zien zijn machines en stoommachines (het heeft de oudste stoommachine ter wereld), de City-of-Birmingham-locomotief, antieke auto's, motorfietsen, een spitfire, oude geweren en pistolen.

> *THINKTANK, www.bmag.org.uk. Geopend: ma.–do. 10–17, vr. 10.30–17, za. 10–17, zo. 12.30–17 uur.*

In Edgbaston staat het **Barber Institute of Fine Arts**. Het Institute, deel uitmakend van de universiteit van Birmingham, is een van de beste kleine schilderijenmusea ter wereld met onder meer Italiaanse, Franse, Nederlandse en Engelse meesters van de 13de tot en met het midden van de 20ste eeuw. Verder is er een belangrijke verzameling beeldhouwwerken, tekeningen en etsen, manuscripten, zeldzame boeken en een verzameling Romeinse en Byzantijnse munten.

> *BARBER INSTITUTE, University of Birmingham. Geopend: ma.–vr. 10–17, za.–zo. 11–17 uur. Bereikbaar met bussen 61, 62 en 63 vanuit Corporation Street of Navigation Street en met de trein (New Street Station – University Station).*

In Edgbaston omvatten de **Botanic Gardens and Glasshouses** meer dan 4 ha tuinen met de grootste verzameling bomen en planten van de Midlands. Verder zijn er tropische en andere kassen, en volières met tropische en andere vogels. 's Zomers speelt er op zondagmiddagen een kapel.

> *BOTANIC GARDENS, Westbourne Road, Edgbaston. Geopend: dag. 9 (zo. 10)–19 uur (of zonsondergang indien eerder).*

Bournville in het zuidwesten van Birmingham is een zorgvuldig gepland stadje, dat in 1879 werd gesticht door quakers in wat toen nog landelijk gebied was en bekend als Bournebrook. Het idee was dat arbeiders in betere woonomstandigheden konden leven – in de Engelse cottage, gebouwd door Alexander Harvey, en omgeven door groen – dan in het overvolle Birmingham. Initiatiefnemers waren de broers Cadbury die een chocoladefabriek runden. Nu is er **Cadbury World**, een soort pretpark en permanente ten-

Bournville met het cricketpaviljoen uit 1902.

toonstelling over de geschiedenis van de chocolade en de familie Cadbury ineen.

> *CADBURY WORLD. Bij de A4040 Outer Circle Ring Road, 1 mijl ten zuiden van de A38 Bristol Road Junction. Geopend: voor informatie over openingstijden et cetera tel. +44 1214514180. Voor reservering van tickets: tel. +44 1214514159, www.cadburyworld.co.uk.*

Verbonden met de familie Cadbury is **Selly Manor**, dat bestaat uit twee vakwerkhuizen, die door George Cadbury bij stukjes en beetjes over een afstand van een mijl werden verplaatst en weer opgebouwd in Bournville. In de manor is een leuke verzameling meubilair.

> *SELLY MANOR, Maple Road. Geopend: di.–vr. 10–17 uur.*

THE BLACK COUNTRY

De duistere benaming *black country* heeft de streek te danken aan de door stoommachines aangedreven steenkoolindustrie en de daarmee gepaard gaande intense vervuiling. In het begin van de 18de eeuw vormden de delen van wat nu een stedelijk gebied is, nog afzonderlijke dorpen waar lokaal ambachtelijk en vroegindustrieel werk werd verricht. Hierop volgden twee eeuwen stedelijke en industriële ontwikkeling. Na de Tweede Wereldoorlog zakte de ontginning van steenkool definitief in. De mijnen zijn gesloten, de naam Black Country is gebleven.

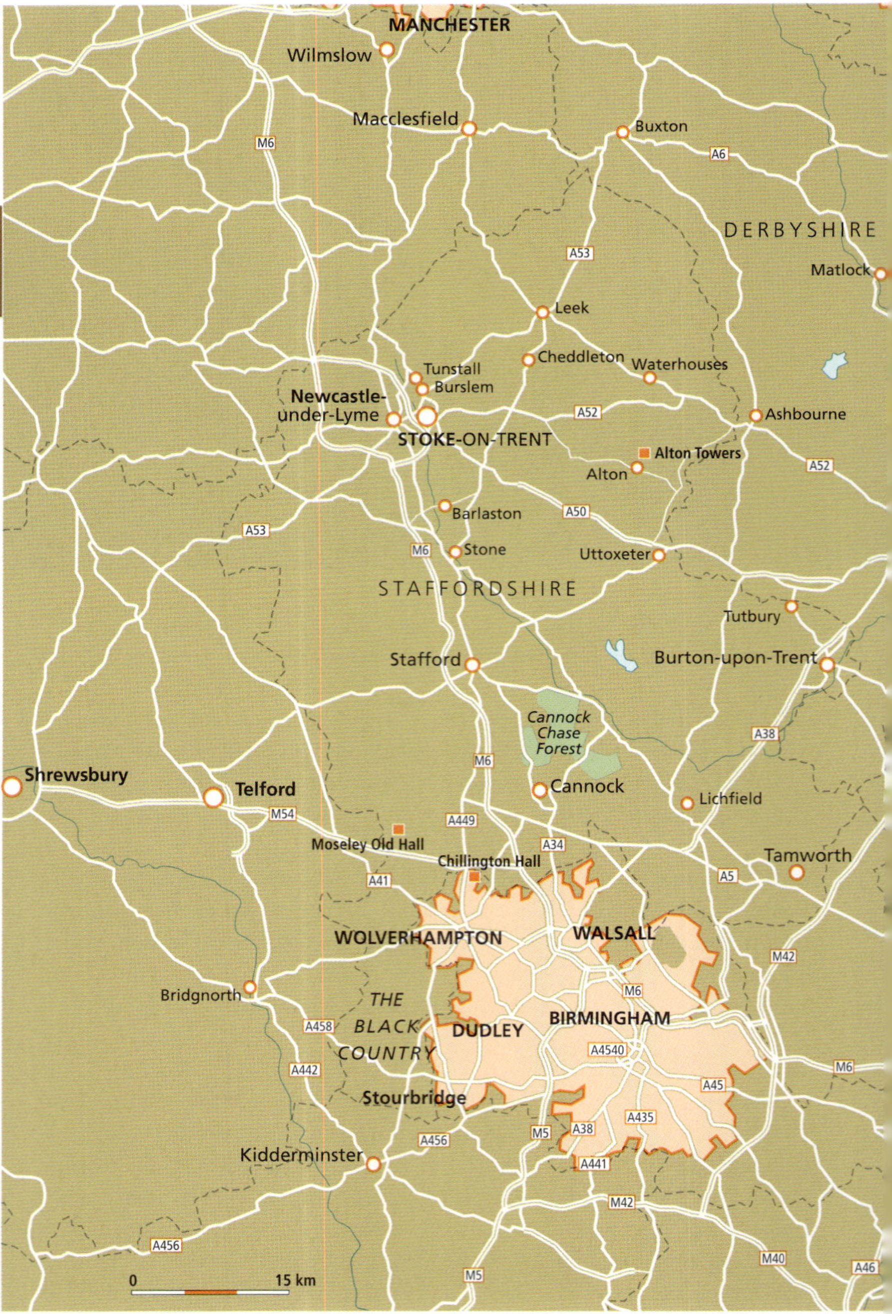

Birmingham en omgeving

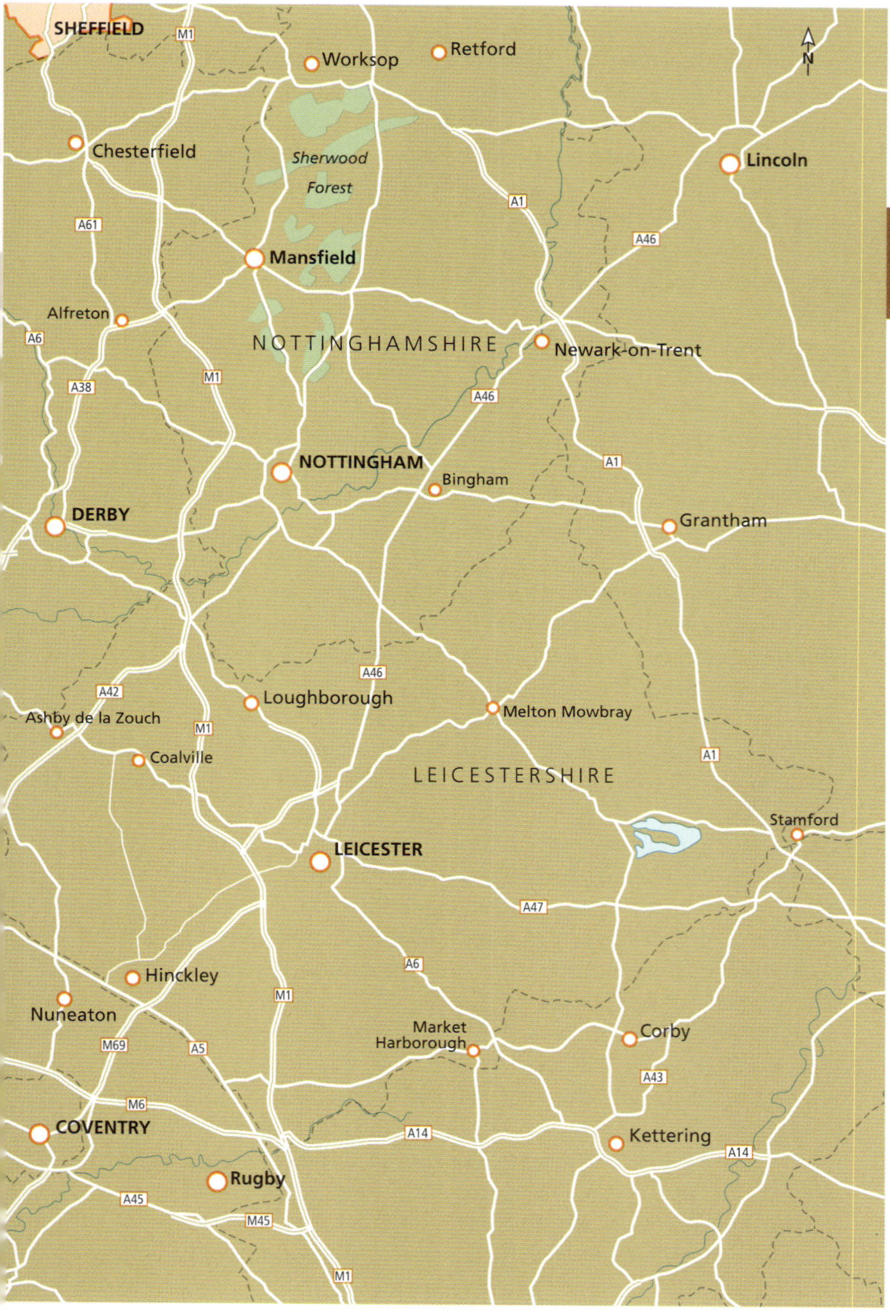
SHEFFIELD
M1
Worksop
Retford
N
Chesterfield
Sherwood
Forest
Lincoln
A1
A61
A46
Mansfield
Alfreton
A6
NOTTINGHAMSHIRE
Newark-on-Trent
M1
A38
A46
A1
NOTTINGHAM
Bingham
DERBY
Grantham
A46
A42
Loughborough
Melton Mowbray
Ashby de la Zouch
M1
Coalville
A1
LEICESTERSHIRE
Stamford
LEICESTER
A47
A6
Hinckley
M1
Nuneaton
Market
Harborough
Corby
M69
A5
A43
M6
COVENTRY
A14
Kettering
A14
Rugby
A45
M45
M1

10

Wolverhampton en omgeving

Aan de noordwestrand van Birmingham ligt Wolverhampton, vanwege de vele steenkolenmijnen de onbenoemde hoofdstad van Black Country. De ondiepe mijnen sloten voor een groot deel al in de 19de eeuw, de rest volgde in de loop van de 20ste eeuw. Wat bleef was de motorindustrie. Er is een interessant museum: de **Wolverhampton Art Gallery and Museum**. In het gebouw in Lichfield Street hangen de oude en nieuwe kunstcollecties. De dependance Bantock House aan Finchfield Road is gewijd aan de stadsgeschiedenis. In de Bilston Craft Gallery aan Mount Pleasant in Bilston staat ambachtelijke kunst centraal.

10

> *WOLVERHAMPTON ART GALLERY. Geopend: ma.–za. 10–17 uur. Gratis toegang.*

Buiten Wolverhampton ligt een tweetal landhuizen waaraan de naam van landschapsarchitect Capability Brown is verbonden. **Weston Park** werd gebouwd in 1671. Het heeft een verzameling schilderijen, wandtapijten, meubilair, porselein en zilver. In het park eromheen graast een kudde herten en schapen. Verder zijn er een galerie, tropische kas, restaurant en een miniatuurspoorweg. Het park verwelkomt campers en caravans. Ook ten noordwesten van Wolverhampton ligt bij Codsall Wood (bij de A41) **Chillington Hall**, een sober Georgian landhuis waarvan het park ook door Capability Brown is ontworpen.

Voor Civil War-fans alleen is **Moseley Old Hall** interessant. De ongelukkig aan zijn einde gekomen koning Charles I hield zich na de slag om Worcester schuil in dit elizabethaanse woonhuis. Het interieur omvat zijn bed en zijn schuilplaatsen.

Ongeveer 5 km ten westen van Wolverhampton (bij de A454) ligt **Wightwick Manor**. Het huis werd gebouwd in 1887 door Edward Ould, een volgeling van William Morris. Het behang is oorspronkelijk evenals het glas van Kempe en de tegels van De Morgan. Aan de muren hangen prerafaëlitische schilderijen. Verder zijn er een tuin, een aardewerkstudio, een William Morris-winkel en een tearoom.

> *WESTON PARK. Geopend: apr.–sep. 13–17, nov.–dec. 13.30–16.30; park: 10.30-18 uur.*

> *CHILLINGTON HALL. Geopend: apr.–mei. do. (aug. ook zo.) 14.30–17.30 uur.*

> *MOSELEY OLD HALL, Moseley Old Hall Lane, Fordhouses, Wolverhampton, tel. 01902-782808. Bereikbaar: ten zuiden van M54 tussen A449 en A460. Geopend: apr. za.–zo. 13.30–16.30, mei–okt. za.–ma. 13.30–17.30 uur.*

> *WIGHTWICK MANOR, Wightwick Bank, Wolverhampton, tel. +44 1902761400. Bereikbaar: 5 km ten westen van Wolverhampton aan de A454 naar Bridgnorth. Geopend: mrt.–dec. do. en za. 14.30–17.30; tuin: 14–18 uur. Ook rondleidingen.*

10

Walsall

Voordat de steenkoolindustrie Walsall in haar greep kreeg, was dit stadje het centrum van leerbewerking in Engeland, met de fabricage van zadels, tuig en tassen voor het transport via paarden. Later, toen in naburig Wolverhampton vanaf 1870 fietsen werden gemaakt, kwamen daar fietszadels bij. Bezienswaardig is echter vooral het **Walsall Museum & Art Gallery** aan Gallery Square, gevestigd in een indrukwekkend, met, zoals zo vaak in Engeland, loterijgelden gefinancierd gebouw. Hier is een collectie van schilderijen, tekeningen en beeldhouwwerken met werk van Picasso, Braque, Van Gogh, Modigliani en Jacob Epstein (wiens weduwe de collectie aan het museum schonk).

> *WALSALL MUSEUM & ART GALLERY, Holyhead Road, Wednesbury. Geopend: di.–za. 10–17, zo. 12–17 uur. Gratis toegang.*

Dudley

Dudley ontstond rond het middeleeuwse **Dudley Castle**. Het kasteel, oorspronkelijk gebouwd van hout, werd in de 12de eeuw herbouwd in steen, maar al in 1175 verwoest. In de eeuwen daarna werd het nog een paar maal opgeknapt, vooral door toevoegingen in de 16de eeuw. Vervolgens werd het in de burgeroorlog opnieuw verwoest. De ruïne kan worden bezocht. Er is een audiovisuele voorstelling over de geschiedenis van het kasteel. De hoofdtoren biedt uitzicht over Black Country. Bij het kasteel is een dierentuin.

> *DUDLEY ZOO & CASTLE, 2 The Broadway (bij de A459). Geopend: dag. 10–laatste toegang 16.30 ('s zomers), 15.30 uur ('s winters).*

Interessanter dan het kasteel is het industriële verleden van de stad. Hier besteedt het **Black Country Living Museum** aan Tipton Road aandacht aan. Het museum is een 'living history'-openluchtmuseum, herbouwd als een victoriaans dorp in Black Country en geeft een beeld van het industriele leven en werken, met huizen, winkels, werkplaatsen, stoommachines, botenwerf en een mijn. Mensen bootsen gekleed in kostuums oude werkzaamheden uit. Tegen bijbetaling kun je met een elektrische kanaalboot een tochtje maken door tunnels en kalksteengrotten onder Castle Hill. De grotten zijn aan het eind van de 18de eeuw ontstaan door het winnen van kalksteen in opdracht van de graaf van Dudley. Vervolgens werden er tunnels gegraven voor de doorstroming van een kanaal.

Ten zuidwesten van Dudley, bij Brierley Hill, zijn de **Delph Locks**, een trap van acht sluizen. De sluizen werden gebouwd in 1779 om het hoogteverschil tussen Dudley en het Stourbridge Canal te overbruggen.

> *BLACK COUNTRY LIVING MUSEUM, gelegen aan de A4037, Tipton Road, tel. 0121-5579643. Geopend: mrt.–okt. dag. 10–17, nov.–febr. wo.–zo. 10–16 uur.*

Hendrik II vereeuwigd op de kathedraal van Lichfield.

10

Stourbridge

De plaats Stourbridge is wereldberoemd om het kristal en glas dat in dit gebied vanaf het midden van de 17de eeuw wordt gemaakt. Toen vestigden zich hugenoten in de streek die een eeuw eerder vanuit Frankrijk en Vlaanderen naar Staffordshire waren gevlucht. Het materiaal werd van andere plekken betrokken en per kanaalboot aangevoerd. De bloeitijd van Stourbridge was de 19de eeuw, toen nieuwe kleuren en grafeer- en versiertechnieken werden ontwikkeld.

In het gebied rond Stourbridge ligt de oorsprong van verschillende glasfabrieken als die van Royal Brierley (Dartington) Crystal, Brierley Hill, Stuart Crystal met een authentieke oven (**Red House Glass Cone**) en Royal Doulton Crystal (Amblecote, Stourbridge).

In Kingswinford ten zuiden van Stourbridge is het **Broadfield House Glass Museum**, met glas vanaf de tijd van de Romeinen, maar vooral het gegraveerde en gekleurde glas. Het Crystal Glass Centre (Churton House, Audnam, 1,5 km ten zuiden van Stourbridge (bij de A491)) heeft ook een tentoonstelling, winkel en een werkplaats.

> *BROADFIELD HOUSE GLASS MUSEUM. Geopend: di.–zo. 12–16 uur.*

> *CRYSTAL GLASS CENTRE, Churton House, Audnam Stourbridge. Bereikbaarheid: ten noorden van Stourbridge-centrum aan de A491 (High Street). Geopend: dag. 10–16 uur.*

> *RED HOUSE GLASS CONE. High Street, Wordsley, Stourbridge. Gratis toegang.*

LANGS DE TRENT

Lichfield

De stad Lichfield (94.000 inwoners) is al van verre herkenbaar door de drie slanke torenspitsen van de kathedraal. De stad is ook de geboorteplaats van Samuel Johnson, de 18de-eeuwse *man of letters* en auteur van het eerste Engelse woordenboek.

> *TOURIST INFORMATION CENTRE, in Donegal House naast de Guild Hall in Bore Street.*

Samuel Johnson is een kind van de streek rond Birmingham.

SAMUEL JOHNSON IN LICHFIELD

Dam Street in Lichfield loopt vanuit de kathedraal naar het Market Square. Hier staat een standbeeld van Samuel Johnson (1709–1784), vooral bekend als schrijver van het eerste uitgebreide Engelse woordenboek, dat in 1755 werd gepubliceerd. Daarbij was hij ook criticus, dichter, journalist en biograaf. Johnson, die pas op late leeftijd als eerbetoon een academische titel verkreeg en sindsdien steevast dr. Johnson werd genoemd, geldt als een van de grote intellectuele helden van de 18de eeuw. Vermaard was hij onder meer om zijn kennis van het werk van Shakespeare. Hij is verder bekend vanwege zijn verslag van een reis naar Schotland met James Boswell (wiens beeld ook op het marktplein staat) en het literaire monument in de vorm van zijn biografie die diezelfde Boswell kort na zijn dood schreef. Johnsons vader was een arme boekhandelaar wiens winkel ook zijn woonhuis was. Ook nu is er in het pand nog een boekwinkel gevestigd. Op zijn sterfbed vroeg vader Johnson Samuel hem te helpen, onder andere door boeken te verkopen op de markt in Uttoxeter. Samuel weigerde, iets wat hem later zeer speet. Om boete te doen voor zijn weigering, is hij na de dood van zijn vader alsnog naar Uttoxeter gegaan om daar vervolgens uren op het marktplein te staan mediteren. Het is ironisch dat Johnsons standbeeld (met sombere blik) nu is geplaatst op de markt.
Het geboortehuis op het marktplein gaat in op het leven en werk van Johnson met behulp van een aantal tableaus, een video en tentoongestelde memorabilia. Voor de echte Samuel Johnson-fans is er nog een Johnson Trail door de stad en de omgeving van Lichfield. In het stadje zijn onder andere het graf van de familie Johnson in St. Michael's Church te bezoeken, evenals het tot winkels verbouwde perceel van Samuels lagere school (Dame Oliver's School) in Dam Street. Tegenover het armenhuis Hospital of St. John the Baptist in St. John Street stond de middelbare school van Johnson.

> **SAMUEL JOHNSON'S BIRTHPLACE. Geopend: ma.–za. 10.30–16.30 uur.**

Kathedraal

Op de plaats van de kathedraal in Lichfield werd in 700 voor het lichaam van Saint Chad, de eerste bisschop van Lichfield, een Saksische kerk gebouwd. In de 11de eeuw werd op dezelfde plaats een Normandische kathedraal gebouwd en in 1195 werd begonnen met de derde, huidige kathedraal, eveneens ter ere van Saint Chad. Het is de enige middeleeuwse kathedraal met drie torens, hoewel de kerk in latere eeuwen wel zwaar werd beschadigd en aangepast. Er is bijvoorbeeld weinig over van de middeleeuwse gebouwen die voor de Engelse burgeroorlog de kerk omsloten. Na de verwoestende burgeroorlog heeft de katholieke Charles II veel geld in de restauratie van de kerk en de stad gestoken. Als dank werd zijn standbeeld, nu op zijn beurt flink beschadigd, bijgezet in de buitengevel.
De voorgevel van de kathedraal is versierd met een reeks beelden van alle Engelse koningen, heiligen en helden. Bij binnenkomst van de kathedraal valt vooral het 13de-eeuwse schip op met rijen gracieuze pilaren en de gewelven erboven die in één ononderbroken lijn naar het uiteinde lopen. De Lady Chapel werd voltooid in 1330 en is het mooiste gedeelte van de kathedraal. Van hieruit is ook de vreemde bocht waar te nemen, die bij het bouwen ontstond. Achter het hoogaltaar is in het presbyterium in de vloer de plaats gemarkeerd waar eens het grafmonument van Saint Chad stond. Het graf werd onder Hendrik VIII vernietigd. In het Chapter House verbeelden de ramen de zogenaamde Lichfield Gospels. Dit verlichte manuscript dateert van 730 en bevat de evangeliën van Mattheus en Marcus en het vroege gedeelte van Lucas.

> *LICHFIELD CATHEDRAL. Geopend: dag. 7.30–18.15; evensong: ma.–za. (beh. wo.) 17.30, zo. 15.30 uur.*

Een tweede met St. Chad verbonden kerk is de middeleeuwse **St. Chad's Parish Church** aan St. Chad's Road, gebouwd op de plaats van het klooster dat in de 7de eeuw door Saint Chad werd gesticht. Op het kerkhof bevindt zich een bron op de plaats waar de heilige bad en mensen doopte.
Ruim 4 km ten zuidwesten van Lichfield zijn in Wall de **Wall Roman City**, de overblijfselen van een Romeinse militaire vesting. In het jaar 60 werd hier een fort gebouwd, dat later met kleinere forten werd uitgebreid. Ten westen van de heuvel is het badhuis. Er hoort een museum bij met opgegraven voorwerpen.

> *WALL ROMAN CITY. Geopend: apr.–sep. dag. 10–18, okt.–mrt. wo.–za. 10–16, zo. 14–16 uur.*

Tamworth

Het marktstadje Tamworth was in de 8ste eeuw de hoofdstad van het Saksische koninkrijk Mercia. In 913 liet Ethelfleada, de dochter van koning

Alfred, hier een vesting bouwen. Boven de plaats en boven de samenvloeiing van de Tame en Anker ligt Tamworth Castle, een Normandisch kasteel, gebouwd in de tijd van Willem de Veroveraar. In het kasteel zijn enkele kamers en een kapel te bezichtigen en een tentoonstelling over de geschiedenis van Tamworth. De **Church of St. Editha** aan St. Editha's Close is een van de grootste kerken van Staffordshire, gebouwd in 963, maar nu hoofdzakelijk 15de-eeuws. De kerk heeft gebrandschilderd glas van William Morris.

> *TAMWORTH CASTLE. Geopend: ma.–za. 10–17.30, zo. 14–17.30 uur.*

Burton-upon-Trent – bierstad

In het zachtglooiende landschap tussen Staffordshire en Derbyshire worden tarwe en gerst verbouwd. Van de gerst gaat het grootste gedeelte naar de bierbrouwerijen in Burton-upon-Trent. Dit plaatsje is sinds eeuwen bekend als de bierstad van Engeland. Al in de 6de eeuw zou er bier zijn gebrouwen in het klooster, dat hier toen werd opgericht. Maar pas in de 18de eeuw, nadat de Trent bevaarbaar was gemaakt en het Trent and Mersey Canal was gegraven, breidde de bierindustrie zich explosief uit. *Pale ale* is het specialisme van Bass, vernoemd naar William Bass, die hier al in 1777 bier brouwde. In Horninglow Street in het centrum staat het **National Brewery Centre**. Er zijn tentoonstellingen en er lopen levende museumstukken rond die vertellen over de glorieuze tijden van een stadje met 33 brouwerijen binnen de grenzen. In de winkel en het café is vooral ook veel bier uit heel Engeland te koop.

> *NATIONAL BREWERY CENTRE, Horninglow Street, tel. +44 1283-532880. Geopend: dagelijks 10–18 uur. Restaurant en bar geopend: ma.–vr. 10–18, di.–za 11–11, zo. 11–18 uur.*

Tutbury

Evenals Stourbridge ten zuiden van Birmingham is ook Tutbury bekend vanwege de fabricage van kristal. In de Georgian Crystal Company, gevestigd in een vroegere zijdefabriek aan Silk Milk Lane, kunnen bezoekers zien hoe glas wordt geblazen en versierd. In de Tutbury Glassworks Limited worden rondleidingen georganiseerd waarvoor van tevoren geboekt moet worden.

> *CRYSTAL COMPANY. Geopend: ma.–za. 9–17, zo. 10–15.30 uur. Voor rondleidingen contact opnemen via tel. +44 1283814534, mail: darron@georgian-crystal.co.uk.*

Alton Towers

Boven de oever van de Churnet verrijst het 19de-eeuwse Alton Towers. Het huis heeft een geschiedenis van meer dan 1000 jaar. In de 8ste eeuw liet de koning van Mercia op deze plaats een fort bouwen. In de 12de eeuw werd op dezelfde plaats een kasteel gebouwd, dat echter in de burgeroorlog werd vernietigd. In de 15de eeuw kwam het landgoed in bezit van de graven van Shrewsbury, die het behielden tot 1924. In het park met tuinen, zeldzame bomen, struiken, bloemen, meertjes en fonteinen, dat rond 1800 tussen valleien en bossen werd aangelegd, is thans een enorm recreatiepark met 125 attracties ontstaan. Alton Towers is nu een heel groot attractiepark met achtbanen, een zwemparadijs en hotels.

> *ALTON TOWERS. Geopend: half mrt.–okt. park: 9 uur tot één uur na het sluiten van de attracties.*

10

Stafford

Stafford is sinds de 11de eeuw hoofdstad van het graafschap Staffordshire. Het interessantst is hier St. Mary's Place achter Market Square. Hier staat de **Church of St. Mary**. De kerk werd oorspronkelijk in Normandische stijl gebouwd, maar is later bijgewerkt in de stijl van de Engelse gotiek. De hoge spits werd er tijdens een storm in 1594 afgeblazen en is niet meer herbouwd. De kerk staat te midden van een kerkhof met overal verspreide grafstenen. Opgravingen hebben een eerdere kapel blootgelegd en een houten kruis dat op de plek is aangegeven.

Op een heuvel ten westen van Stafford (bij de A518) ligt **Stafford Castle**, een voorbeeld van een vroeg-Normandisch houten kasteel (fort). Recentelijk heeft men hier de plaats van een middeleeuwse vestiging ontdekt. Er is een verzameling voorwerpen, afkomstig van de opgraving, hier ter plekke.

> *STAFFORD CASTLE. Geopend: apr.–okt. dag. 10–17, nov.–mrt. 10–16 uur.*

Trent and Mersey Canal

Dwars door de streek loopt een kanaal dat in de 18de eeuw werd gebouwd in opdracht van porseleinfabrikant Josiah Wedgwood en ingenieur James Brindley. Het bestaat uit tientallen sluizen en vijf tunnels voor de *narrow boats*. De maatschappij was gevestigd in het stadje Stone. Via het netwerk kun je varen van de Trentrivier bij Derby via Burton, Stoke en Northwich naar de Mersey. Daar staat bij Anderton een immense gerestaureerde scheepslift. Halverwege vind je bij Kidsgrove twee tunnels die zo smal waren dat scheepslui zich er liggend met hun voeten doorheen moesten duwen (zie kadertekst p. 14).

Shugborough Hall

Ongeveer 15 km ten oosten van Stafford (bij Milford aan de A513) ligt, bij de samenvloeiing van de Sow en Trent, het 18de-eeuwse Shugborough Hall, oorspronkelijk gebouwd in 1693, maar talloze malen veranderd. Enkele kamers zijn opengesteld met een verzameling schilderijen, zilver, porselein en 18de-eeuws Frans meubilair. In het verhaal *The Tale of the Son and the Moon* van J.R.R. Tolkien (1892–1973) wordt melding gemaakt van 'The

House of a Hundred Chimneys', waarmee hij Shugborough, dat tachtig schoorstenen heeft, zou bedoelen. Tolkien verbleef in de winter van 1916 en 1917 in Great Haywood, aan de rand van de Cannock Chase.
Het complex is te bezoeken als een werkend landhuis met in oude kleding gehulde 'acteurs'. In de Shugborough Park Farm en werkende graanmolen zijn landbouwwerktuigen, een boter- en kaasmakerij en een honingmakerij.

> *SHUGBOROUGH HALL. Bereikbaarheid: ten zuidwesten van Stafford. Toegang via Milford Commons aan de A513 Stafford naar Lichfield Road. Geopend: apr.–sep. dag. 11–17 uur.*

10

Leek

Borduren werd in de 19de eeuw een serieuze kunstvorm. Vrouwen zagen in het verbeteren van de techniek en patronen een manier om zich te emanciperen. In het stadje Leek nam dit een grote vlucht. Leek was al bekend als centrum voor de zijde-industrie. Het verven van de zijde werd bekend door het ontwikkelen van de kleur 'Raven Black', die in de mode kwam toen koningin Victoria in de rouw was voor haar overleden echtgenoot prins Albert. De Leek School of Embroidery kreeg connecties met de ontwerper William Morris, die er van 1885 tot 1887 doorbracht, om verftechnieken te bestuderen en ermee te experimenteren. Zijn ontwerpen werden in de zijdeproducten en ook in enkele plaatselijke gebouwen en kerken toegepast. Een van de borduurwerken van de School is een Engel (1918) en nog andere werken in de All Saint's Church (Compton) en de St. Edward the Confessor (Church Street). In de St. Edward is in de zuidelijke muur het gebrandschilderd glas van het eerste raam en van het roosvenster iets verderop gemaakt door de William Morris Company. Het oostelijke raam in de Lady Chapel is een ontwerp van Morris en Edward Burne-Jones. Het roosvenster in de noordelijke zijbeuk werd ontworpen door G.F. Bodley en gemaakt door Morris & Co.
Ook in het dorpje **Cheddleton** ten zuiden van Leek zijn in de 12de-eeuwse Church of St. Edward the Confessor gebrandschilderde ramen, ontworpen door Edward Burne-Jones die voor Morris & Co werkte.

THE POTTERIES

De stad Stoke-on-Trent ontstond in 1910, toen de zes gemeenten Longton, Fenton, Hanley (centrum), Burslem, Stoke en Tunstall werden samengevoegd. Gezamenlijk zijn de zes gemeenten reeds eeuwen bekend als 'The Potteries', de stad waar aardewerk wordt vervaardigd. Bij het noordelijker Leek staat aan de A520 tussen Leek en Stoke een oude originele **Cheddleton Flint Mill**, aangedreven door twee grote waterraderen. Dit is een zeldzaam voorbeeld van de molens die vroeger voor de aardewerkfabrieken vuursteen maalden. Het poedervuursteen werd vervolgens per narrow boat naar 'The Potteries' vervoerd.

De toegangspoort tot een van de bekendste porseleinfabrieken in Stoke-on-Trent.

> *CHEDDLETON FLINT MILL, Leek Road. Geopend: dag. 10–17 uur.*

De romanschrijver Arnold Bennett (1867–1931) vereeuwigde The Potteries door er een reeks romans aan te wijden. Hij gaf het gebied de fictieve naam *Five Towns*. Het aardewerk van Staffordshire werd over de gehele wereld beroemd, nadat Josiah Wedgwood (1730–1795) hier een fabriek had gesticht. Van de flesvormige ovens, karakteristiek voor de oude aardewerkfabrieken, zijn er nog enkele bewaard gebleven. De Spode Works is de enige fabriek die nog steeds op de oorspronkelijke plaats staat. Andere beroemde potteries zijn die van Wedgwood, Royal Doulton en Minton. Bezoekers kunnen per auto een Heritage Trail volgen langs The Potteries, waarbij bruin-witte borden naar de fabrieken, visitor centres en musea verwijzen. Hieronder volgen de zes steden met hun respectievelijk belangrijkste fabrieken, visitor centres en keramiekmusea.

Stoke

In de Spode Works aan Church Street is het **Spode Museum & Visitor Centre**. Josiah Spode I (1733–1797) opende zijn eerste fabriekje rond 1760 en begon met het maken van aardewerk voor dagelijks gebruik. In 1784 werd hij bekend door het afdrukken van blauwe patronen (reproducties van de ontwerpen van Chinees porselein) op het aardewerk via met de hand gegraveerde koperen platen, waarvan met vloeipapier afdrukken werden

10

Aardewerkfabriek in Stoke-on-Trent.

gemaakt. De drie oorspronkelijke patronen uit de periode 1790–1820 (*Blue Italian*, *Tower Blue* en *Willow*) worden nog steeds gemaakt. De traditie wil dat Spode ook de formule uitvond voor fine bone china, al is dit niet 100% zeker. Josiah Spode II ging verder met een compagnon, William Copeland. De familie Copeland bleef 180 jaar lang verbonden met Spode. De beroemde blauw-witte ontwerpen worden al meer dan 200 jaar gemaakt. Verkocht worden vooral bone china, aardewerkserviezen en geschenken. Vooral voor Chinese landschappen worden ook nu nog de afdrukken van gegraveerde koperen platen gebruikt. Op het complex kun je het museum bezoeken, evenals de werkplaats en de bijbehorende winkel.

> *SPODE VISITOR CENTRE, Elenora Street, tel. +44 1782792525. Geopend: ma.–za. 9–17, zo. 10–16 uur. Gratis toegang.*

Hanley

Hanley, het stadscentrum, vroeger een belangrijke mijnstad, is ook het belangrijkste winkelcentrum. Het **Potteries Museum & Art Gallery** aan Bethesda Street heeft een grote verzameling van vooral Staffordshire-keramiek. Tevens zijn er tentoonstellingen over de geschiedenis van The Potteries. Dit museum is geschikt als introductie, vooral omdat het niet aan enig bedrijf is verbonden.

> *POTTERIES MUSEUM, Bethesda Street, tel. +44 1782232323. Geopend: ma.–za. 10–17, zo. 14–17 uur. Gratis toegang.*

Cow creamers, tentoongesteld in Potteries Museum in Hanley.

Burslem, Barlaston en Etruria

Burslem is de oudste *pottery town*. Het is de plaats waar Wedgwood werd geboren en waar hij in 1759 zijn eerste fabriek begon. In 1769 opende hij een nieuwe fabriek in Etruria, dat een belangrijke rol in de ontwikkeling van The Potteries zou gaan spelen. Josiah Wedgwood I (1730–1795) startte in 1759 zijn eerste fabriekje. Hij produceerde crèmekleurig aardewerk (*creamware*), vaak gedecoreerd met groene blaadjes. In 1768 maakte hij ook *Black Basalt Porcelaine* (zwaar aardewerk: stoneware), voor onder andere vazen, theeserviezen, bustes en cameeën.

Het **Wedgwood Visitor Centre** in Barlaston (bij de A34) is groots opgezet. Er zijn een audiovisuele voorstelling en een tentoonstelling over de 300-jarige geschiedenis van het Wedgwood, vanaf Josiahs eerste fabriekje in Burslem, zijn fabriek in Etruria tot de nieuwe fabriek van Wedgwood in Barlaston. Je mag ook zelf een poging wagen een echte wedgwood te draaien.

> *WEDGWOOD VISITOR CENTRE. Bereikbaarheid: M1 en A50 vanuit Stoke. Geopend: ma.–vr. 9–17, za. 10–17 en zo. 10–16 uur.*

Royal Doulton is vooral bekend om de porseleinen figuurtjes, maar de fabriek maakt veel meer. Royal Doulton bestaat uit Royal Crown Derby in Derby, Minton, Royal Albert en Royal Doulton zelf. Het Royal Albert bone china wordt sinds 1936 gemaakt. In de laatste jaren is er een nieuwe vorm

De verbeelding van het zonnestelsel in het Derby Museum.

van Engels doorzichtig porselein ontwikkeld, *English Fine China*, vooral voor tafelservies. Sinds de jaren 1880 maakt Royal Doulton ook ontwerpen voor kinderen en herdenkingsborden, vazen, bekers et cetera. Het bekendst echter zijn de figuurtjes van mensen en dieren.

Het **Royal Doulton Visitor Centre** aan Nile Street, Burslem is ondergebracht in een gedeelte van de oorspronkelijke fabriek uit 1877. Het heeft 's werelds grootste openbare verzameling van Royal Doulton-figuurtjes (meer dan 1500). Bezoekers kunnen het maken en beschilderen van de figuurtjes gadeslaan. In de fabriek kun je ook de productie van bone china tafelservies aanschouwen. Dit wordt, na te zijn gebakken, met fijne penseeltjes met de hand geverfd en vervolgens geglazuurd.

> *ROYAL DOULTON VISITOR CENTRE. Geopend: ma.–za. 9.30–17, zo. 10.30–16.30 uur.*

> *FABRIEK. Rondleidingen: ma.–do. 10.30 en 14, vr. 10.30 en 13.15 uur. Bezoekers dienen van tevoren te boeken: tel. +44 1782292434.*

Ook in Burslem is de Moorland Pottery, Chelsea Works met een museum aan Moorland Road. Te zien zijn een originele flesvormige pottenbakkersoven en een fabriekswinkel.

> *MOORLAND POTTERY, Moorland Road, Burslem. Geopend: ma.–vr. 9–17, za. 10–17 uur.*

Longton

Het Gladstone Working Pottery Museum aan de Uttoxeter Road aan de zuidoostzijde van Longton is het enige nog overgebleven voorbeeld bij The Potteries van een werkende 19de-eeuwse aardewerkfabriek, met workshops en de grote karakteristieke flesvormige ovens (*kilns*), waarbij het gehele proces vanaf klei tot product kan worden gevolgd, evenals de levenswijze van de arbeiders uit die tijd.

10

> *GLADSTONE POTTERY MUSEUM, tel. +44 1782237777. Geopend: dag. 10–17 uur.*

DE DRIEHOEK DERBY-NOTTINGHAM-LEICESTER

De industriële revolutie in de Oostelijke Midlands

De eerste fabrieken werden aangedreven door water en waren dus gebonden aan snelstromende rivieren. Met de uitvinding van de stoommachine werd de afstand tot de steenkoolmijnen belangrijk. De textielindustrie ontstond dus aan rivieren in de Cotswolds en Derbyshire. In Derby werd in 1702 de eerste zijdemolen van Thomas Cotchett geopend die werkte op de stroming van de Derwent. In 1717 volgde een molen van Thomas Lombe. Vijftien jaar later waren er al een echte zijde-, ijzer- en loodindustrie, allemaal afhankelijk van de rivier. Met de industriële revolutie verdween de textielindustrie in de Cotswolds, die in Derbyshire bleef bestaan dankzij het locatievoordeel van de steenkoolmijnen. Het maken van textiel werd een industrie toen de weefgetouwen niet langer met stromend water maar met de stoommachine werden aangedreven. In 1785 kwam James Watt met zijn partner Matthew Boulton in Nottinghamshire tot de eerste stoommachine voor gebruik in de textielindustrie. Water was niet langer nodig. Thomas Lombe ging ook over op de stoommachine. Hij zette de eerste fabriek op in Derby met 300 werknemers. Tot dan was de textielindustrie kleinschalig en veelal thuiswerk. Richard Arkwright kwam in Nottingham met een machine voor de katoenindustrie. Hij verhuisde hier echter mee naar het noorden waar de katoenindustrie zich rond Manchester zou gaan concentreren. Derby, Nottingham en Leicester groeiden uit tot centra van de zijde- en kousenindustrie.

Industrie in Derby

De hoofdstad van Derbyshire aan de Derwent is een industriestad, vooral bekend om de fabricage van vervoermiddelen waaronder de auto's van de heren Rolls en Royce, en het Royal Crown Derby-porselein. In 1839 kwam de spoorweg naar Derby en werden geleidelijk fabrieken voor locomotieven en passagierstreinen geopend. De stad werd toen het hoofdkwartier van de Midland Railway Company. In 1908 werd de fabriek van Rolls-Royce in

Derby gevestigd. Een standbeeld van ingenieur Henry Royce, oprichter van de fabriek, staat in het Arboretum, in 1840 geopend als Engelands eerste openbare park.

> *TOURIST INFORMATION CENTRE, gevestigd in Assembly Rooms, Market Place, tel. +44 1332255802.*

In 1717 werd door Thomas Lombe de eerste zijdefabriek van Engeland in Derby geopend. De fabriek, in Silk Mill Lane off Full Street, is nu **The Silk Mill**. Het museum heeft onder andere een verzameling Rolls-Royce-vliegtuigmotoren en treinmotoren en gaat in op de 18de-eeuwse zijde-industrie. 10

> *THE SILK MILL. Het museum is vanwege een verbouwing voor onbepaalde tijd gesloten.*

Al ergens rond 1750 werd in Derby porselein gefabriceerd. In 1756 nam William Duesbury het management over en kreeg de fabriek nationale bekendheid, vooral vanwege de porseleinen figuurtjes naar voorbeeld van het Franse sèvres-porselein. Derby concurreerde met Wedgwood om de markt voor chic porselein in handen te krijgen. Duesbury sloeg zijn slag op het moment dat koning George III beschermheer werd en hem het recht gaf een kroon op het porselein te zetten. Later zou koningin Victoria toestemming geven voor het voeren van de naam 'Royal Crown Derby'. In de Royal Crown Derby Porcelain Company kunnen bezoekers het gehele proces van het vervaardigen van porselein volgen. In het museum wordt de geschiedenis van de fabriek vanaf 1748 tot heden getoond. Er is vanzelfsprekend ook een winkel.

> *ROYAL CROWN PORCELAIN MUSEUM, 194 Ostmaston Road. Vanaf M1 afslag 25, volg A52. Geopend: ma.–vr. 10–12.30 en 14–16 uur.*

Keddleston Hall

Ongeveer 8 km ten noordwesten van Derby ligt Keddleston Hall, dat tussen 1759 en 1765 werd ontworpen door Robert Adam voor de familie Curzon. Adam was een *Palladian* in de navolging van de klassieke architectuur, maar hij wenste deze met meer flexibiliteit toe te passen dan de echte volgelingen van de Italiaanse architect Andrea Palladio. Adam putte slechts losjes uit de klassieke traditie. In Keddleston Hall verwerkte hij de Boog van Constantijn in de zuidgevel die hij op zijn reis naar Rome had gezien. In het interieur zijn vooral de Marble Hall en het Lord Curzon's Indian Museum opmerkelijk. Verder is er een verzameling schilderijen en 18de-eeuws meubilair. In het omringende park is een aantal folly's, waaronder een brug en een vispaviljoen van Robert Adam verwerkt.

> *KEDDLESTON HALL. Geopend: apr.–okt. za.–wo. 13–17.30; park en tuinen: dag. 11–18 uur.*

10

Ridders strijden bij Rockingham Castle, ten noorden van Nottingham.

Chatsworth House

Ten westen van Chesterfield in Noord-Derbyshire werd in 1555 door William Cavendish en zijn vrouw Elizabeth een huis in tudorstijl gebouwd. Aan het einde van de 17de eeuw werd het herbouwd naar de toenmalige liefde voor klassieke architectuur. Chatsworth House geldt nu als een van de mooiste landhuizen van Engeland. Het complex omvat 175 kamers met een soms wat overdadig interieur en schilderijen van Reynolds, Gainsborough, Hals en Rembrandt. Extra entree moet worden betaald voor de Queen of Scots Rooms, de kamers die Mary, Queen of Scots, gebruikte toen zij in het oude Chatsworth verbleef. Ook het omringende park, in de 18de eeuw aangelegd door de onvermijdelijke Capability Brown, en de tuinen (met kassen, rozen, een doolhof, fonteinen, vijvers, een waterval, een kanaal en 5 mijl aan voetpaden) zijn zeer de moeite waard. Voor de kinderen is er een Farmyard and Adventure Playground (speeltuin). Verder zijn er het Carriage House Restaurant en The Orangery and Carriage House Shops (winkels) te vinden.

> *CHATSWORTH HOUSE. Geopend: apr.–okt. dag. 11–17.30 uur (laatste toegang 16.30 uur).*

Nottingham

De bekendste inwoners van Nottinghamshire, Robin Hood en zijn eeuwige tegenstander de sheriff, hebben er in werkelijkheid nooit gewoond. Robin

Hood is immers een fictief personage uit de 14de- en 15de-eeuwse literatuur.
Bij de ingang van het Sherwood Forest Park staat wel de vermeende eik waar Robin Hood en jonkvrouw Marjan zouden zijn getrouwd.
Echt bestaande radicalen waren de luddieten die vanuit het Sherwood Forest acties beraamden tegen de textielfabrikanten in het begin van de industriële revolutie. Het verhaal wil dat de gezel Ned Ludlam toen hij op een dag door zijn patroon vermanend werd toegesproken zijn geduld verloor. Hij viel uit en sloeg met zijn hamer het weefgetouw kapot. Zo ontstond rondom 'Nedd Ludd, Sherwood Forest' een protestbeweging van Luddieten in de driehoek Derby–Leicester–Nottingham, gericht op het stukslaan van alle weefgetouwen 'zolang niet een normaal, van tevoren afgesproken loon werd betaald'. Het industriële verleden is terug te vinden in het **Industrial Museum** dat is gevestigd op het landgoed Wollaton Hall. Hier vind je het erfgoed van Nottinghams fiets- en autoindustrie, telecommunicatie en stoommachines.

Diwali-feest in multicultureel Leicester.

> *INDUSTRIAL MUSEUM, Wollaton Hall. Geopend: dag. 10–17 uur.*

Textiel en vele andere kunstvormen vind je in **Nottingham Castle**, waar Robin Hood en zijn kompanen op de toegangspoort worden vermeld. Het Castle huisvest de Museum & Art Gallery met schilderijen, keramiek en textiel.

> *NOTTINGHAM CASTLE. Geopend: apr.– sep. dag. 10–17.45, okt.–mrt. 10–16.45 uur.*

Leicester

De hoofdstad van Leicestershire aan de Soar en het Grand Union Canal is een echte industriestad, groot geworden door de kousen- en schoenenindustrie. Leicester heeft echter een zeer respectabel verleden dat, hoewel niet spectaculair, op verschillende plaatsen in de stad is terug te vinden.
In de pre-Romeinse tijd was Leicester de hoofdstad van de Coritani-stam. De Romeinen noemden de stad Ratae Coritanorum en legden de *Fosse Way*, de weg van Cirencester naar Lincoln, langszij. In het **Archeologisch Mu-**

10

LEICESTER CITY F.C.

Het was een wonder dat het kleine clubje Leicester City F.C. in 2016 winnaar van de Engelse Premier League werd. En omdat voetbal een Engelse uitvinding is, was het voor de Engelsen meteen een achtste wereldwonder. Het was ook best wel bijzonder, zelfs als je bedenkt dat alle clubs in de hoogste Engelse voetbalcompetitie veel geld verdienen met televisie en dus dure spelers kunnen aankopen. Sterspelers Ryad Mahrez en Jamie Vardy had de club al daarvoor voor een koopje ingelijfd. De Engelse presentator, ex-voetballer én Leicesterian Gary Lineker deed halverwege het jaar de belofte bij succes in zijn onderbroek op tv te verschijnen. En zo geschiedde.

The Foxes, zoals de bijnaam van Leicester luidt, heeft in haar meer dan honderdjarige bestaan meer seizoenen doorgebracht in de onderste regionen van het profvoetbal, en was in 2009 zelfs tot de League One afgezakt. Vervolgens wist het in twee seizoenen in een van de beste competities ter wereld met goed en creatief voetbal clubs als Chelsea, Arsenal en Manchester United achter zich te laten. Vrijwel vanaf het begin van de competitie leidde de club onder leiding van de Italiaanse Claudio Reineri en stond het de plek niet meer af. In de streek was Nottingham Forest de concurrent en het voorbeeld. Die club behaalde haar grootste succes in de jaren 70 toen het ook uit het niets landskampioen werd en bovendien tweemaal achtereen de Europacup I won.

Leicester feestte een week lang terwijl de trots voor altijd beklijft. De stad en de club stonden jarenlang als een beetje saai te boek, maar door de succesreeks van het voetbalelftal werden in heel Engeland de ogen geopend voor de multiculturele sportstad.

seum aan St. Nicolas Circle is een mijlsteen van deze weg te zien. Het museumgebouw bestaat uit een deel van de oude openbare baden van de stad dat de Jewry Wall wordt genoemd.

> *ARCHEOLOGISCH MUSEUM. Geopend: ma.–za. 10–17.30, zo. 14–17.30 uur.*

Leicester was later het bisdom van de Midden-Angelen. Hierna komt de stad in handen van de Deense Vikingen. Het is een van de Five Boroughs (waaronder ook Derby en Nottingham) waar de Denen het langst controle over hielden voordat de West-Saksen de macht overnamen. Naast het museum staat de Saksische **St. Nicolas Church** die Romeins bouwmateriaal bevat, waarschijnlijk van de ernaast gelegen baden. Wandelend van de rivier naar het centrum kun je een tocht maken naar het middeleeuwse deel van de stad. **St. Martin's Church**, nu kathedraal, was oorspronkelijk vroeg-Normandisch, maar is in latere eeuwen danig verbouwd. Daarnaast staat de eveneens middeleeuwse **Guildhall** die als stadhuis dienst heeft gedaan. In het zuidwesten van het centrum liggen de Castle Gardens, waar zich in twee 17de-eeuwse panden een museum voor de sociale geschiedenis bevindt: **Newarke Houses Museum**.

> *GUILDHALL. Geopend: ma.–za. 10–17.30, zo. 14–17.30 uur. Gratis toegang.*

> *NEWARKE HOUSES MUSEUM. Geopend: ma.–za. 10–17.30, zo. 14–17.30 uur. Gratis toegang.*

10

Met de industriële revolutie groeide Leicester uit tot een grote en belangrijke stad. Tegenwoordig is Leicester bekend vanwege de multiculturele sfeer. Vrijwel nergens is de bevolking zo gemêleerd door de komst van mensen uit alle windstreken en mensen wier familiegeschiedenis buiten Engeland is gelegen. **Belgrave Road** is de bekendste winkelstraat met juweliers en Aziatische restaurants. Nergens wordt het hindoeïstische lichtfeest Diwali zo uitbundig gevierd.

Ten noordwesten van Leicester en dicht bij Burton-on-Trent ligt **Ashby de la Zouch**. Het Normandische achtervoegsel 'de la Zouch' is afkomstig van de familie La Souche, die het land in leen kreeg van Willem de Veroveraar. De belangrijkste bezienswaardigheid zijn de ruïnes van het 15de-eeuwse Ashby de la Zouch Castle.

Na de verwoesting in de burgeroorlog is de opvallende Hastings Tower blijven staan. Van bovenaf is het uitzicht prachtig. Het kasteel werd bekend door de roman *Ivanhoe* van sir Walter Scott en als gevangenis voor Mary Stuart, Queen of Scots.

> *ASHBY DE LA ZOUCH CASTLE. Geopend: apr.–okt. dag. 10–18 uur.*

PRAKTISCHE INFORMATIE

BIRMINGHAM

Informatie over tentoonstellingen is verkrijgbaar via birminghamart-map.org.

Hotels

- Copthorne Hotel Birmingham, Paradise Circus (in het centrum bij Centenary Square), www.millenniumhotels.co.uk/copthornebirmingham, tel. +44 1212002727.
- Hotel du Vin & Bistro, Church Street, www.hotelduvin.com tel. + 44 8447364250 (gevestigd in een oud victoriaans ziekenhuis in Jewellery Quarter).

Lunch

- Great British Eatery, Broadway Plaza, Francis Road, +44 01214565955 (fish and chips).
- Urban Pies, The Bullring Shopping Centre, +44 01216430040 (Engelse pies).
- Peel & Stone, Arch 33, Water Street, +44 01215721713 (warme lunch, bakkerij).
- Café Ikon, 1 Oozells Square, Brindleyplace, +44 01212483226 (café bij gallery).
- Canalside café, Canalside Cottage, 35 Worcester Bar, Gas Street Basin, off Gas Street (vegetarische lunch).
- Rod Roj, Smallbrook Queensway, +44 01216330999 (kebab).

Restaurants

- The Mailbox (Gas Street Basin). In en om The Mailbox (herkenbaar aan de rode façade) zijn tientallen restaurants en cafés gevestigd.
- Diwan, 36 Alcester Road, tel. +44 1214424920 (Pakistaans-Balti).
- Hotel du Vin & Bistro (zie onder hotel), tel. +44 8447364250 (Franse bistrosfeer).
- Lasan, Dakota Buildings, James Street, Hockley, tel. +44 1212123664 (Indiaas).
- Opus, 54 Cornwall Street, tel. +44 1212002323 (Brits).
- Wagamama, the Bullring, Edgbaston street, tel. +44 1216333033 (Japans).
- Jamie's Italian, the Bullring-Middle Mall, tel. +44 1212703610 (Italiaans).

Uitgaan

In de Bull Ring Malls in het centrum zijn verschillende cafés en restaurants gevestigd.
Het meest trendy uitgaansleven van Centraal-Engeland speelt zich af in de grote stad Birmingham. Er zijn zeer veel excentrieke clubs te vinden, van karaokezaal tot Indiase tapasbar (!). Deze clubs hebben vrijwel altijd portiers in dienst die op de uitgaanskleding van de clientèle letten. Deze clubs zijn vooral in Broad Street, The Mailbox (in het Gas Street Basin) en Chinatown te vinden. Ook is er een groot aantal restaurants. Jools Holland's Jam House is er voor eten of drinken met

livemuziek, 3-5 St Paul's Square, tel. +44 01212003030.
Aan Broad Street zijn ook de grote bioscopen van Birmingham gevestigd.
De beste concertzalen van Centraal-Engeland zijn in de eerste plaats te vinden in Birmingham, met zijn moderne, grote Symphony Hall (Centenary Square). Het Birmingham Royal Ballet, dat hier optreedt, is nationaal befaamd. In de Nec of LG Arena spelen grote popbands. Birmingham heeft daarnaast een groot modern theater, de New Rep (Centenary Square), dat de thuisbasis vormt van het Repertory Theatre-gezelschap.

Winkelen

Rondom New Street Station zijn de belangrijkste winkelstraten van Birmingham gevestigd. Boven het station zit een nieuw winkelcentrum. De Bull Ring is een overdekt winkelcentrum. Shoppen kan verder in de winkelcentra The Mailbox, en in de klassieke Great Western Arcade aan Colmore Row.

LEICESTER

Hotel

- Spindle Lodge, 2 West Walk, tel. +44 1162338801, www.spindlelodge.co.uk.

Restaurants

- Mrs Bridges Tea Rooms, Loseby Lane, +44 0116262 3131 (Britse lunch) en andere cafés aan Loseby Lane.
- Bobby's, 154-156 Belgrave Road (Zuid-Indiaas en vegetarisch) (en andere Indiase restaurants in Belgrave Road), tel. +44 1162662448.
- The Case, 4-6 Hotel St. Martin's, tel. +44 1162517675 (modern).
- San Carlo, 38-40 Granby Street +44 1162519332, (Italiaans).
- Wagamama, 6 Highcross Lane, tel. +44 1162530046 (vestiging van een keten, Japans).

NOTTINGHAM

Hotel

- Cotswold Hotel, 330-332 Mansfield Road, www.cotswold-hotel.co.uk, tel. +44 1159551070.

Restaurants

- Sonny's, 3 Carlton Street, tel. +44 1159473041 (Amerikaans).
- Wagamama, the Cornerhouse, Burton Street, tel. +44 1159241797 (vestiging van een keten, Japans).

i | Algemene informatie

ADRESSEN

Ambassades en consulaten

- Ambassade van Groot-Brittannië en Noord-Ierland, Lange Voorhout 10, 2514 ED Den Haag, tel. 070-4270427
- Website UK in Nederland: www.britain.nl
- Brits consulaat-generaal, Koningslaan 44, Postbus 75488, 1070 AL Amsterdam, tel. 020-6764343
- Ambassade van Groot-Brittannië in België, Aarlenstraat 85, 1040 Brussel, tel. +32 22876211
- Nederlandse ambassade, 38 Hyde Park Gate, London SW7 5DP, tel. +44 2075903200
- Metrostations nabij: High Street Kensington (District and Circle Lines) en Gloucester Road Station (District and Piccadilly Lines)
- Belgische ambassade, 17 Grosvenor Crescent, SW1X 7EE London, tel. +442074703700
- Consulaat-generaal van België in Birmingham, honorary Consulate Birmingham, 1429 Pershore Road – Stirchley B30 2JL Birmingham, tel. +44 1214333056

Toeristische informatie

Het Brits Toeristenbureau is bereikbaar via www.visitbritain.com. Op deze website is informatie bijeengebracht over reismogelijkheden, accommodatie (met zoekmogelijkheden per type, regio en prijsklasse), bezienswaardigheden en recente evenementen. Op de websites van de English Heritage en de National Trust vind je gedetailleerde informatie over toegangstijden (die door het jaar heen erg variëren) en -prijzen.

Voor de regio's:

- Heart of England Tourist Board, www.visiteastofengland.com en Woodside, Larkhill Road, Worcester, WR5 2EF
- Heart of England Tourist Board, www.visitheartofengland.com
- Voor plaatselijke inlichtingen kun je terecht bij de lokale Tourist Information Centres. Hier zijn (vaak gratis) stadsplattegronden, folders en uitgaanskranten verkrijgbaar.

REIZEN NAAR ENGELAND

Het meest actueel bijgewerkte overzicht van alle reismogelijkheden vind je bij de visitbritain-website.

Vliegtuig

Vanaf onder andere Amsterdam, Rotterdam, Maastricht, Aachen Airport, Brussel en Antwerpen onderhouden diverse luchtvaartmaatschappijen (waaronder KLM, Transavia, British Midlands en British Airways) directe lijnverbindingen met de luchthavens van Londen (Heathrow, Gatwick, London City Airport, Stansted en Luton). Ook naar enkele bestemmingen in Centraal-Engeland kun je direct vliegen: Birmingham, Derby en Norwich.

Veerboot

Vanuit Nederland en België is er een aantal mogelijkheden om per

i

veerboot naar Engeland te reizen, desgewenst met overnachting op de boot (de snelste oversteek betreft Calais–Dover, met maatschappij Hoverspeed):

- IJmuiden–Newcastle-upon-Tyne (de overtocht duurt ca. 16 uur met overnachting in een hut). Boeken via DFDS Seaways, vanuit Nederland en België, tel. + 31 (0) 255-546666, www.dfdsseaways.nl/
- Hoek van Holland–Harwich (de overtocht met de HSS duurt ca. 4 uur). Stena Line, Nederland, tel. 0900 - 8123 en reserveringen vanuit het buitenland tel. +31 174315800, of via www.stenaline.nl
- Rotterdam Europoort–Hull (de overtocht duurt ca. 12 uur). P&O North Sea Ferries, via www.poferries.com
- Zeebrugge–Hull (P&O North Sea Ferries; de overtocht duurt ca. 12 uur)
- Zeebrugge–Felixstowe (P&O European Ferries, Nederland)

Shuttle

De shuttletrein vervoert dagelijks passagiers door de Kanaaltunnel van Calais naar Folkestone. De terminals liggen direct aan de autosnelwegen (A16 in Frankrijk, M20 in Engeland). De reis van Calais naar Folkestone duurt ongeveer één uur (waarvan 35 min. in de Kanaaltunnel). Tijdens spitsuren rijdt Le Shuttle viermaal per uur. Zie verder www.eurotunnel.com. Voor reserveringen: Nederland, tel. 0870-5353535, België, tel. 070-223210.

Trein

De Eurostar rijdt met passagiers zonder voertuigen door de kanaaltunnel van station Brussel-Zuid naar station London Waterloo International. Uiterlijk 20 min. vóór vertrek van de Eurostar check je in op Brussel-Zuid. In de treinprijs is de rit vanaf een Nederlands station inbegrepen. De reis naar Londen duurt ongeveer 3 uur. Boeken (reservering is verplicht en bij de prijs inbegrepen) vanaf twee maanden vóór de reisdatum; voor het goedkopere 'Apex-tarief' de heen- en terugreis minimaal 14 dagen van tevoren reserveren. Tickets zijn o.a. verkrijgbaar bij de grote Nederlandse en Belgische treinstations.
Eurostar, www.eurostar.com, tel. 0900-9296 (€ 0,35 per minuut) en tel. +31-302331676 (vanuit het buitenland)

Bus

Eurolines en andere busmaatschappijen verzorgen vanuit Nederland en België dagelijkse busdiensten naar Londen Victoria Coach Station en andere bestemmingen in het VK (de oversteek wordt meestal gemaakt met de veerboot). Een retour is 6 maanden geldig.
Eurolines (Budget Bus), www.eurolines.nl, tel. +31 (0)20-5608788. Eurolines heeft winkels in Amsterdam, Den Haag, Eindhoven, Rotterdam en Utrecht.

Grensdocumenten en douanebepalingen
Je dient in het bezit te zijn van een geldig paspoort of (bij een verblijf van maximaal drie maanden) van een geldige Europese identiteitskaart (niet geldig bij banktransacties). Een visum is voor Europese Unieleden niet nodig. Huisdieren worden niet toegelaten.

Tijdverschil
In Groot-Brittannië is het één uur vroeger dan in Nederland en België (tijdens zowel zomer- als wintertijd).

REIZEN IN ENGELAND

Auto en motor
Een geldig rijbewijs en groene kaart zijn verplicht. Het autowegennet in Engeland is uitgebreid en kwalitatief zeer goed; evenals het reliëf van Engeland kunnen wegen wel flink geaccidenteerd zijn.
Wegen zijn geclassificeerd met behulp van letters en voorzien van een eigen nummer. Snelwegen worden op blauwe afstandsborden aangeduid met een M (*Motorways*). Deze snelwegen zijn in Centraal-Engeland sterk op Londen georiënteerd, waardoor het vaak eenvoudiger is snel van noord naar zuid of omgekeerd te rijden, dan van oost naar west of vice versa. De overige wegen worden als volgt aangeduid: A, op groene borden, voor belangrijke verbindingswegen (veelal met gescheiden rijbanen); B, op witte borden, voor secundaire wegen van regionaal belang. Kleinere wegen zijn niet geclassificeerd. Ringwegen heten *by-pass* of *ring-road*.
Afstanden worden aangegeven in mijlen (*miles*): 1 mijl staat gelijk aan 1,6 km. Handig om te onthouden: 60 mijl is ca. 100 km.

Enkele verkeersregels
Regel nummer 1 is bekend: verkeer in Engeland houdt links. Inhalen gebeurt dus rechts. Bij huurauto's zit het stuur rechts en schakelen doe je met je linkerhand. De versnellingen zitten op hun vertrouwde plek.
Het verkeer op verkeersrotondes (*roundabouts*) heeft altijd voorrang. Op kruispunten heeft het van rechts komend verkeer altijd voorrang.
Een dubbele witte lijn dwars over de straat of een roodgerande driehoek met de tekst *Give Way* betekent: voorrang geven aan verkeer van beide kanten.
Binnen de bebouwde kom is de maximumsnelheid 30 mijl (48 km) per uur. Daarbuiten, op tweebaanswegen 60 mijl (96 km) per uur en op autosnelwegen en wegen met gescheiden rijbanen (vierbaanswegen) 70 mijl (112 km) per uur. Auto's met aanhanger mogen buiten de bebouwde kom respectievelijk 60 mijl (96 km) en 50 mijl (80 km) per uur rijden.
Er bestaat een parkeerverbod op bruggen, langs een dubbele gele lijn en langs witte zigzaglijnen aan beide kanten van een voetgangersoversteekplaats. Langs een enkele gele lijn mag je slechts heel kort stoppen. Parkeren langs de auto-

snelwegen is niet toegestaan. Langs de A-wegen zijn de parkeerplaatsen aangegeven door een bordje met *lay by* of het gebruikelijke P-bord. Verdere verkeersregels vind je in de brochure *Groot-Brittannië*, uitgegeven door de ANWB; en in *Highway Code*, verkrijgbaar bij het kantoor van de Automobile Association (AA; de zusterclub van de ANWB in Groot-Brittannië): Automobile Association (AA), www.theAA.com.

Pech onderweg

Op vertoon van de Wegenwacht Europa Service van de ANWB (voorheen: Internationale Reis- en Kredietbrief) kun je gratis geholpen worden bij pech. Je kunt ook het gratis AA Breakdown-nummer 0800-887766 bellen (dag en nacht). Langs de hoofdwegen kun je gebruikmaken van de praatpalen. Je moet nadrukkelijk om hulpverlening door de AA vragen, anders kan het zijn dat men een garage stuurt. Wel is er nog een tweede grote wegenwacht, de RAC (www.rac.co.uk). Zij bieden een soortgelijke service als de AA.
Bel voor hulp 0800 887766 of met een mobieltje tel. 08457 887766. De AA heeft nu een AA-app die aangeeft op welke locatie de auto met pech zich bevindt.

Trein

Treinen rijden over het algemeen vaak en op tijd. In Engeland zijn de meeste grotere plaatsen per spoor te bereiken. Ook hier geldt dat de intercitytrajecten in Centraal-Engeland sterk op Londen zijn georiënteerd en dat reizen van noord naar zuid of vice versa vaak makkelijker zijn te plannen dan oost-westreizen (dan moet er al snel via Londen worden gereisd). Treinstellen zijn vaak wat verouderd. Bovendien zijn de treintickets duur. Omdat de Britse spoorwegen niet door één nationale maatschappij worden beheerd, maar door talloze lokale en regionale maatschappijen, zijn de kortingsregelingen nogal ondoorzichtig. Als vuistregel geldt: hoe populairder een traject, hoe duurder het kaartje, en hoe langer van tevoren een ticket is aangeschaft, hoe groter de korting. De goedkopere kaartjes voor intercitytrajecten heten *Apex-tickets*, die minstens 7 dagen van tevoren moeten worden geboekt, en *SuperApex-tickets*, die je minstens 14 dagen van tevoren moet boeken. Langeafstandsritten met intercity's vallen flink duur uit wanneer het kaartje niet van tevoren is geboekt. Voor toeristen is zo lang vooruit boeken vaak niet aan de orde. Dan kan nog wel worden geprofiteerd van de kortingsregeling die geldt voor het reizen buiten de spitsuren en in het weekeinde. De dalurenkaartjes heten *Savers*, *Supersavers* of *Cheap Days*. Een enkeltje heet *single*, een retourtje *return*. Regionale spoorwegmaatschappijen houden er ook eigen kortingsregelingen op na. Voor een niet van tevoren geboekte langeafstandsrit kun je daarom beter losse 'regionale' tickets kopen: beslist aan te raden wanneer je toch al van

plan was onderweg ergens uit te stappen.
De Britse dienstregeling kun je gratis op de stations krijgen en in regionale boekjes opzoeken (er is helaas geen 'nationaal' spoorboekje). Toeristen die intensief met de trein denken te gaan reizen, zijn vaak goedkoper uit met een pas voor onbeperkt gebruik van de diensten van alle maatschappijen. De *BritRail Pass* is geldig voor 4, 8, 15 of 22 achtereenvolgende reisdagen; de *BritRail FlexiPass* voor 3, 4, 8, 15 of 22 reisdagen naar keuze binnen een periode van maximaal 60 dagen. Daarnaast zijn er ook kortingen voor kinderen, jongeren onder de 26 en senioren boven de 60. Informeer bij het Brits Toeristenbureau of bij: Brit Rail International, www.britrail.com. Zie voor reisinformatie travelinedata.org. Networkrail is verantwoordelijk voor het spoor en de rest van de infrastructuur plus een aantal stations, op de website staan *timetables*: www.networkrail.co.uk. Zie voor kaartjes de website www.nationalrail.co.uk.

Coach

Regionaal busverkeer is voor de langeafstandstrajecten goed georganiseerd en vanwege de sterk met de trein concurrerende prijzen erg populair in Engeland. Op de lange trajecten rijden, vergeleken met de trein, goedkope en gerieflijke *coaches*, de intercity's onder de bussen. National Express is een maatschappij die dagelijks regelmatig vertrekkende sneldiensten onderhoudt tussen de grotere steden in Centraal-Engeland; in Londen vind je deze maatschappij in Victoria Coach Station (waar ook de bussen uit Nederland en België aankomen). Buskaartjes voor de coaches kun je van tevoren kopen bij de bestuurder of op het busstation om zeker te zijn van een plaats. Er is ook een goedkope Tourist Trail Pass te koop op luchthavens, het Victoria Coach Station en reisbureaus. Informatie: National Express, www.nationalexpress.co.uk en tel. +44 8717818181. Zie voor de coach Oxford-Londen www.oxfordtube.com.

Regionale en lokale bus

Het regionale busverkeer vindt soms plaats met coaches, maar soms ook met bussen die voor regionale afstanden eigenlijk minder geschikt zijn (*buses*). Ze zijn niet erg gerieflijk voor een lange rit en doen onderweg erg veel haltes aan, waardoor de rit extra lang duurt. Als vuistregel geldt dat de kans om in zo'n regiobus te belanden groter wordt naarmate de gekozen bestemming meer op het platteland ligt; de snelle en gerieflijke coaches rijden immers alleen naar de grotere steden. Een tweede probleem met dit regionale busverkeer naar kleinere plaatsen en dorpen is, dat de diensten erg onregelmatig zijn en tussen de middag of vanaf de vroege avond vaak zelfs geheel afwezig. Wanneer je kleinere plaatsen met de bus wilt bezoeken, moet je dus

i

goed letten op het dienstenschema en ruim de tijd voor de heen- en terugreis uittrekken.
Voor regionale bussen evenals lokale stadsbussen, koop je een kaartje bij de bestuurder, zo veel mogelijk met gepast geld. Vaak rolt het kaartje uit de ticketmachine in de vorm van een lange 'bon', die je zelf moet afscheuren. Er zijn enkeltjes, retourtjes, dag- en weekkaarten verkrijgbaar. In grote steden opereren stadsbussen van diverse maatschappijen – let op, want kaartjes zijn vaak alleen geldig op bussen van dezelfde maatschappij.

Boot

Een minder bekend, maar in Centraal-Engeland zeer toepasselijk vervoermiddel is de kanaalboot. De kleine 18de- en 19de-eeuwse kanaalboten (narrow boats of long boats) zijn sinds decennia in gebruik als pleziervaartuigen en uitgerust met een motor, bedden, zithoek en keuken. Ze zijn vrij gemakkelijk te besturen. Veel Britten hebben zo'n vaartuig in bezit en maken tijdens het weekeinde en de vakanties rivier- en kanaaltochten, van stad tot stad en langs oude schippersherbergen. De smalle Engelse kanalen worden tegenwoordig alleen nog door pleziervaarders gebruikt, dus er is geen sprake van druk commercieel waterverkeer. Ook toeristen kunnen kanaalboten huren. In Nederland kan een boot van tevoren worden geboekt bij diverse reisbureaus; Engeland kent talloze plaatselijke verhuurbedrijven. Een instructie voor gebruik is inbegrepen. Voor meer informatie over boekingen en verkeersregels op het water kun je je wenden tot het Brits Verkeersbureau en Canal & River Trust: www.canalrivertrust.org.uk. Op de website vind je links naar regionale waterways en overzichtskaarten.

ACCOMMODATIE

Het Brits Toeristenbureau geeft gedetailleerde informatie over diverse accommodatiemogelijkheden in Engeland, inclusief adressen en prijzen. Pakketreizen (reis en accommodatie in één) zijn vaak erg voordelig; er bestaan ook *Go-as-you-please* accommodatie-vouchers, voor reizigers die niet aanéén plaats gebonden wensen te zijn. Informeer bij het Brits Toeristenbureau, bij transportmaatschappijen of bij het reisbureau. Ook tijdens je reis kun je bij plaatselijke Tourist Information Centres informeren naar adressen en prijzen. Je kunt dan tevens accommodatie reserveren in de desbetreffende plaats, of voor de volgende dag(en) in een andere plaats (*Book-a-Bed-ahead*). In het hoogseizoen is reserveren altijd aanbevolen.

Hotel

Er zijn volop hotels in verschillende prijsklassen; echt goedkoop wordt het vrijwel nooit. Tot de mooiste, meest luxueuze en duurste klasse behoren de tot hotel omgebouwde historische monumenten. Een hotelketen die zich op dit gebied

specialiseert, is Heritage Hotels, met vertegenwoordigingen in alle belangrijke plaatsen.
Goedkopere kamers zijn te vinden bij de internationale ketens in een lagere categorie (waar overigens vaak geen English breakfast wordt geboden) en bij kleine familiehotels. Veel hotels maken deel uit van een keten.

- Travelodge (www.travelodge.co.uk) is een keten met veel vestigingen in het oosten en midden van Centraal-Engeland (Ipswich, Clacton, Norwich, Ely, Cambridge, Peterborough, Leicester, Oxford, verschillende in en rondom Birmingham, Derby, Nottingham. Stoke-on-Trent) en wat minder naar het westen toe (Shrewsbury, Ludlow, Hereford, Chester, Tewkesbury, Cheltenham, Gloucester).
- Best Western (www.bestwestern.com) voor reserveringen vanuit Engeland, tel. 08457737373 en met vestigingen in Birmingham, Burt St. Edmunds, Cambridge, Chelmsford, Cirencester, Colchester, Hunstanton, Ipswich, Kenilworth, King's Lynn, Leicester, Leamington Spa, Leominster, Lichfield, Luton, Milton Keynes, Norwich, Peterborough, Stoke-on-Trent, Stratford-upon-Avon en Welwyn Garden City.
- Ramada (www.ramada.com en tel. 0808-1000783) met onder meer vestigingen in Birmingham, Bury St. Edmunds, Chester, Colchester, Coventry, Derby, Ipswich, King's Lynn, Milton Keynes, Newbury, Norwich, Peterborough en Wolverhampton.
- Days Inn (www.daysinn.com en tel. 0800-0280400) met vestigingen in Cambridge, Peterborough, Chester, Coventry, verschillende vestigingen in en rondom Birmingham, Leicester, Telford, Northampton, Burton-upon-Trent, Derby, Nottingham, Tewkesbury, Gloucester, Warwick en Oxford.
- Comfort Inn (www.comfortinn.com) en Quality Inn hebben vestigingen in Clacton-on-Sea, Great Yarmouth, Coventry, verschillende in Birmingham en St. Albans.
- Thistle (www.thistle.com en vanuit Engeland tel. 0870-4141516, vanuit Nederland 0800-0204700, vanuit België 0800-38708) heeft hotels in St. Albans, Cheltenham, Birmingham City en East Midlands Airport (nabij Derby).

B&B

Een goede en redelijk betaalbare accommodatie is de typisch Engelse B&B, soms *Guesthouse* genoemd. Meestal betekent dit logies en ontbijt bij particulieren. Adressen zijn verkrijgbaar bij het plaatselijke Tourist Information Centre. Doorgaans zijn de faciliteiten van B&B's vergelijkbaar met die in hotels. Houd er rekening mee dat creditcards niet altijd worden geaccepteerd.

Pub

Pubs bieden vaak logies, maar de kamers en faciliteiten kunnen behoorlijk slecht zijn in verhouding tot de gevraagde prijzen.

Appartement

Als je op een vast adres verblijft en zelf wilt koken, kun je een appartement of cottage huren. Gewoonlijk worden alle huishoudbenodigdheden verstrekt en zijn de appartementen volledig ingericht. Appartementen zijn er in uiteenlopende kwaliteits- en prijsklassen, en evenals bij hotels het geval is, zijn zelfs historische monumenten als vakantiehuisje te huur.

Boerderij

Een aantal boerderijen biedt gasten eveneens onderdak. In de simpelste vorm gaat het om logies zonder ontbijt. Ook zijn er kampeerboerderijen, met sanitaire voorzieningen voor kampeerders. Vaak gebruiken boerderijen het B&B-teken om zich kenbaar te maken. Zie www.farmstay.co.uk.

Camping

Er zijn tal van campings, vooral geopend van april tot oktober. Vaak tref je er stacaravans aan, bevolkt door vaste Engelse campinggangers, en is er voor rondtrekkende campers en tenten een apart terrein gereserveerd. Soms gaat het om familiecampings waar geen toeristen worden toegelaten. Op bepaalde campings kun je een stacaravan of (gezins)tent huren. In het hoogseizoen worden ook veel gemeentelijke sportvelden gebruikt als camping voor rondtrekkende campers en tenten; meestal zijn er goede sanitaire faciliteiten. Kampeerders doen er verstandig aan om lid te worden van de Caravan Club of de Camping and Caravaning Club: het lidmaatschap geeft recht op aantrekkelijke kortingen.
Vrij kamperen mag, mits toestemming aan de landeigenaar is gevraagd. Overnachten in camper of caravan langs de openbare weg is verboden.

Jeugdherberg

Jeugdherbergen (toegankelijk voor alle leeftijden) zijn eveneens volop voorhanden. Sanitaire voorzieningen zijn collectief. Er is gelegenheid om zelf te koken. Vooral als je lid bent van de Youth Hostels/Jeugdherberg Centrale, is deze vorm van logies goedkoop (www.yha.org.uk en voor reserveringen tel. +44 1629592700).

SPORTIEVE VAKANTIES

Fietsen

Met zijn talrijke steden, dorpen, campings, B&B's en hotels, en zijn goede bereikbaarheid via met name de veerboot (fietsen kunnen kosteloos mee), is Groot-Brittannië een uitstekend fietsland. Alleen het weer laat het nogal eens afweten. Grote delen van Engeland hebben reliëf en de wegen kunnen soms nogal steil zijn omdat ze rechttoe rechtaan over de heuvels zijn aangelegd. Warme kleren, regenkleding en een goed uitgeruste, sportieve fiets (met voor de bergen

geschikte remmen; terugtrap- en trommelremmen zijn zeer onveilig) zijn dus van vitaal belang.
Fietsers houden evenals het overige verkeer links aan (dus rechts inhalen). Op rotondes draaien fietsers mee aan de linkerkant van de buitenring wanneer ze de eerstvolgende afslag willen nemen; voor een tweede of volgende afslag kunnen ze ook meedraaien op de linkerkant van de binnenring om achterliggend autoverkeer de kans te geven af te slaan. De Engelse highwaycode bevat ook verkeersregels voor fietsers:www.gov.uk/browse/driving/highway-code.
Fietsen kunnen in Engeland mee op de trein; dit vereist wel een aparte boeking en het aantal plaatsen voor fietsen is per trein aan een limiet gebonden, dus wacht niet tot het laatste moment met het kopen van tickets (tel. Brit Rail: 0900-5033066; +44-345484950). In de meeste steden kun je fietsen huren.

De organisatie Sustrans zet zich al decennia in voor de fietser. Een van de resultaten is het National Cycle Network waarvan je de overzichtskaart kunt bekijken op de website www.sustrans.org.uk en de detailkaarten kunt kopen. In Engeland is een aantal fietsroutes uitgezet, aangegeven door middel van kleine blauwe bordjes met een wit fietsje en rood routenummer. De routebeschrijvingen zijn in Nederland en België verkrijgbaar. Van de routes zijn niet altijd alle stukken beschreven. Daarbij komt dat alleen delen zogenaamde groene, verkeersvrije routes zijn. Soms komen ze uit op woon-werkverkeerroutes. Typerend bij dergelijke routes is dan dat fietsers in en om steden bij gebrek aan echte fietspaden naar de stoepen worden gedirigeerd. Het is dus puzzelen om routes te combineren.
Route 1: van Dover langs Londen door East Anglia naar het noorden;
Route 45: Salisbury in Wiltshire with Chester in Cheshire, via Swindon, Cirencester, Gloucester en Worcester;
Route 51: Colchester – Oxford via Harwich, Felixstowe, Ipswich, Bury St. Edmunds, Cambridge, Bedford en Milton Keynes.
En nog 94 andere routes. Raadpleeg over fietszaken ook de site van de cyclist' touring club die ook zelf fielsvakanties verzorgt: www.ctc.org.uk.

Enkele routes

- *The Chalk Way*, over (pre)historische landwegen door de kalkheuvels, langs archeologische en historische bezienswaardigheden, geschreven door J.S. Clark (Londen, Two Wheels, 1995), Weymouth–Holme-next-the-Sea (Wiltshire, Oxfordshire, Home Counties, East-Anglia)
- *Cycling and Walking Guide: Grand Union, Oxford and Kennet & Avon Canals*, over oude jaagpaden, geschreven door R. Davies (Gildersleve, z.j.; serie Wilde's Leisure Guides) (Midlands, Warwickshire, Oxfordshire)
- Zie ook enkele routes onder 'Wandelen'

Wandelen

Het Britse boerenland is dankzij talloze openbare voetpaden over privégronden uitzonderlijk toegankelijk voor wandelaars. Er zijn tal van bewegwijzerde korte wandelroutes en langeafstandspaden uitgezet. Houd bij de uitrusting rekening met onbestendig weer. In Centraal-Engeland voeren wandelingen nauwelijks door echt desolaat gebied. Wandelingen in East Anglia en rivierdalen voeren door het laagland. Voor het overige is Centraal-Engeland (flink) heuvelachtig; hoge bergen zijn er niet. Voor langeafstandswandelaars is een kompas geen overbodige luxe. Van wandelaars wordt verwacht dat zij op de paden blijven, vee en gewassen met rust laten en hekken achter zich sluiten.

Bij lokale toeristenbureaus in Engeland is voor 'eendagswandelaars' informatie te verkrijgen over paden in de omgeving (bijvoorbeeld voor de Constable-wandeling in East Anglia). Langeafstandswandelaars kunnen voor gespecialiseerde informatie over routes, accommodatie en wandelkaarten terecht bij www.walkingbritain.co.uk en bij winkels als:

- The Rambler's Association, 2nd Floor Camelford House, 87-90 Albert Embankment, Londen
- Long Distance Walkers Association, Les Maple, 21 Upcroft, Windsor SL4 3NH, tel. +44 1753866685, www.ldwa.org.uk
- Stichting Wandelplatform Lange-Afstand-Wandelpaden via www.wandelnet.nl

Enkele van de mooiste langeafstandspaden in Centraal-Engeland:

- *Norfolk Coast Path*, direct langs het strand, 75 km (Cromer– Hunstanton; Norfolk)
- *Peddars Way*, een oude Romeinse weg, aansluitend op het Norfolk Coast Path, 75 km (Holme-next-the-Sea–Ixworth; Norfolk en Suffolk)
- *Icknield Way*, een prehistorisch pad dat Peddars Way verbindt met Ridgeway Path, 175 km (Thetford–Ivinghoe; Suffolk en Home Counties). Delen zijn opengesteld voor mountainbikes
- *Thames Path*, door het Thamesdal direct langs de rivier, 350 km (Londen–Kemble; Home Counties, Oxfordshire en Gloucestershire)
- *Ridgeway Path*, een prehistorisch pad langs archeologische bezienswaardigheden, 135 km (Tring–Avebury; Home Counties, Oxfordshire en Wiltshire)
- *Oxford Canal Walk*, over de oude jaagpaden voor trekpaarden, 135 km (Oxford–Coventry; Oxfordshire en Warwickshire). Ook voor fietsers
- *Cotswold Way*, dwars door de Cotswold Hills, 160 km (Chipping Campden–Bath; Oxfordshire, Gloucestershire en Avon)
- *Offa's Dyke Path*, door het Wye-dal, over de in de 8ste eeuw door koning Offa opgeworpen aarden verdedigingswal, 285 km (Prestatyn–Chepstow; Wales, Gloucestershire, Worcester en Hereford, Shropshire en Cheshire). Delen zijn opengesteld voor mountainbikes. Zie voor

accommodatie, routes en andere info: www.offasdyke.demon.co.uk.

DIVERSEN

Alarmnummers

- Politie, ambulance, brandweer: tel. 999 (gratis)
- Inlichtingen over adressen van huisartsen of ziekenhuizen: tel. 100 (gratis)
- Pech onderweg automobilisten: tel. 0800-887766 (gratis)

Bagage

In verband met de kans op eventuele bomaanslagen kan bagage in Engeland niet in bewaring worden gegeven op treinstations. Ook andere instanties weigeren vaak bagage in bewaring te nemen om dezelfde reden.

Cultuur en amusement

De toegang tot de vaak particuliere landhuizen en tuinen is in Groot-Brittannië niet goedkoop. Je kunt er heel veel historische musea en archeologische opgravingen bezoeken, ieder met hun eigen toegangskaartje – hoewel gemeentemusea vaak gratis zijn. Door de aanschaf van een ledenpas van English Heritage of de National Trust verwerf je onbeperkt toegang tot een groot aantal historische erfgoederen in Groot-Brittannië. Inlichtingen bij het Brits Toeristenbureau. Ook kun je soms combitickets kopen. Overheidsmusea zijn juist vaak gratis, hoewel voor tijdelijke exposities soms een entreeprijs wordt gevraagd.

Elektriciteit

De standaardnetspanning bedraagt 240 V/ 50 hertz, hetzelfde als in Nederland en België; er is echter een stekkeradapter nodig. Een Nederlands/Belgische tv doet het niet in Groot-Brittannië wegens een afwijkend transmissiesysteem.

Feestdagen

Op de volgende feestdagen zijn veel winkels, banken en bepaalde toeristische attracties gesloten:

- New Year's Day — 1 januari
- Good Friday — Goede Vrijdag
- Easter Day — 1ste paasdag
- Easter Monday — 2de paasdag
- Bank Holiday — Eerste en laatste maandag in mei en laatste maandag in augustus
- Christmas Day — 25 december, 1ste kerstdag
- Boxing Day — 26 december, 2de kerstdag

Geldzaken

Een pond sterling (GBP 1) bestaat uit 100 pence (100 p). Er zijn bankbiljetten van GBP 50, GBP 20, GBP 10 en GBP 5 en munten van GBP 2, GBP 1, 50p, 20p, 10p, 5p, 2p en 1p. De mogelijkheid tot pinnen is wijdverbreid. Banken zijn geopend ma.–vr. 9.30–15.30 à 16 uur; grote banken ook za. 9.30–13 uur. Engels geld mag worden in- en uitgevoerd.

Fooien

In restaurants is het gebruikelijk de bediening een fooi van 10 tot 15% te

i

geven, indien er geen bedieningsgeld op de rekening staat. Ook taxichauffeurs rekenen op een fooi van 10 tot 15%.

Gezondheid

Vaccinaties zijn niet nodig voor een bezoek aan Groot-Brittannië. Vakantiegangers uit landen van de Europese Unie kunnen in noodgevallen een beroep doen op een gratis behandeling bij de National Health Service (NHS). Hiermee gaat wel een ingewikkelde bureaucratische procedure gepaard. Het is beslist raadzaam om voordat je op reis gaat een reisverzekering af te sluiten, omdat bepaalde behandelingen en repatriëringskosten voor eigen rekening zijn. Het verkeersbureau heeft de volgende aanwijzingen: medicijnen het land invoeren is mogelijk, maar houd rekening met het voorschrift om medicijnen altijd te vervoeren in een verpakking die is voorzien van een duidelijk apothekerslabel. Informeer van tevoren of voor medicijnen die hier vrij verkrijgbaar zijn, dat ook geldt in Engeland. Gebruik je speciale medicijnen neem dan een duidelijke, Engelstalige brief van je arts mee met daarin naam en dosering van het geneesmiddel. Voor invoerkwesties: HM Customs and Excise Advice Centre, tel. +44 2089290152.
Zonder recept verkrijgbare medicijnen zijn te vinden bij drogisterijen (*chemists*) als Boots. In geval van nood kun je je voor medicatie wenden tot een plaatselijke huisarts (9–12 uur en in de vroege avonduren) of tot de eerstehulpafdeling van een ziekenhuis (dag en nacht). In tijden van mond- en klauwzeer onder de veestapel (*foot-and-mouth disease*) lopen mensen geen gevaar voor besmetting, ook niet via eten en drinken. Wel kunnen mensen dit virus heel makkelijk met zich meenemen op schoeisel, kleding en vervoermiddelen, en zo op dieren (vee) overdragen. In tijden van een mond- en klauwzeerepidemie zijn Engelse wandelpaden afgesloten voor alle publiek.

Klimaat en reisseizoen

Engeland heeft een gematigd zeeklimaat. Temperaturen en neerslag in de vier seizoenen verschillen niet veel van die in Nederland en België. Het regent vrij regelmatig; de minste regen is te verwachten in het voorjaar en de vroege zomer (apr.–half jul.). In het westen van het land (in Centraal-Engeland: de Midlands en de graafschappen langs de grens met Wales) is het iets natter dan in het oosten. De maandelijkse gemiddelde maximumtemperatuur in Centraal-Engeland bedraagt in april 13, in juli 21, in oktober 14, en in januari 6°C. Bij een mooie zomer kun je vooral in juli en augustuswel temperaturen tot ongeveer 30°C verwachten.
In de tweede helft van juli en in augustus is het vakantietijd in Engeland; wegverkeer is dan drukker dan normaal en attracties en accommodaties trekken extra veel bezoekers. In september is het rustig en vaak is het weer dan nog prettig. Vanaf oktober tot en met maart zijn redelijk

veel toeristische attracties beperkt geopend en sommige zelfs gesloten.

Maten en gewichten

Lengten

1 inch	2,54 cm
1 foot	30,48 cm (12 inches)
1 yard	91,44 cm (3 feet)
1 mile	1609 m = 1,6 km (1760 yards)

Gewichten

1 ounce	28,349 gram
1 pound/lbs	453,592 gram (16 ounces)
1 stone	6,35 kg (14 pounds/lbs)
1 hundredweight	50,8 kg (8 stone)

Volumes

1 pint	0,568 liter
1 quart	1,136 liter (2 pints)
1 gallon	4,546 liter (4 quarts)

Openingstijden

- Winkels in steden ma.–za. 9–17.30, wo. en do. 9–19 of 20 uur. In dorpen is er echter een *early closing day* (meestal op woensdag) en gaan winkels tussen de middag vaak een uurtje dicht.
- Tearooms ma.–za. 9–17.30 uur.
- Pubs zo.–do. 11–23, vr.–za. 11–24 uur. Toegang alleen voor personen van 18 jaar en ouder, en voor personen van 14 tot en met 17 jaar onder begeleiding van een volwassene. Sommige pubs hebben een apart familiezaaltje of een biergarten, waar gezinnen met kinderen wél welkom zijn.
- Grand cafés ma.–zo. 10–23 uur.
- Restaurants: openingsdagen en -tijden variëren. De keuken van de meeste gelegenheden is open tussen 19–21 uur, in grotere steden ook na 21 uur.

Post en telefoon

Postzegels heten *stamps*; er is een tarief voor ansichtkaarten (*postcards*) en een voor brieven (*letters*). Telefoonkaarten (*phone cards*) voor de telefooncellen op straat zijn onder andere te koop bij postkantoren.

- Postkantoren geopend: ma.–vr. 9–17.30, za. 9–12.30 uur
- Bellen naar Nederland: 00-31-netnummer zonder nul-abonneenummer
- Bellen naar België: 00-32-netnummer zonder nul-abonneenummer
- Bellen naar Engeland: 00-44-netnummer zonder nul-abonneenummer

Uitgaan

Plaatselijke uitgaanskranten zijn te verkrijgen bij de Tourist Information Centres. De grote nationale kranten en de plaatselijke dagbladen bieden op vrijdag of zaterdag eveneens een overzicht van uitgaansmogelijkheden in de grote steden.

REGISTER

r

r